Über dieses Buch

Ahmad von Denffer, in der muslimischen Szene Deutschlands wie auch international bekannt geworden als Autor und Übersetzer zahlreicher Schriften zum Thema Islam, lädt ein zu einem spannenden Gang durch die Kulturgeschichte der Deutschen. Zweck ist es, der Frage nachzugehen, „ob der Islam zu Deutschland gehört". Um Antworten darauf zu finden, werden unterwegs Haltepunkte aufgesucht und von dort aus verschiedene Besonderheiten von Literatur, Musik und Kunst bis hin zur Zeitgeschichte betrachtet. Überraschungen sind dabei nicht ausgeschlossen. Wer mitgeht, wird mancherlei aus ungewohnten Perspektiven sehen können und darüber hinaus bislang Unbeachtetes und auch Unbekanntes kennenlernen.

Der Autor

war nach dem Studium von Islam- und Völkerkunde Wissenschaftlicher Mitarbeiter an der Islamic Foundation in Leicester und Herausgeber des Nachrichtendienstes „Focus on Christian-Muslim Relations", später Deutschsprachiger Referent des Islamischen Zentrums München und Herausgeber der Zeitschrift „Al-Islam", auch Projektleiter sowie langjähriger Vorsitzender von „Muslime helfen".

OB DER ISLAM ZU DEUTSCHLAND GEHÖRT…

Ahmad von Denffer

Bibliografische Information der Deutschen Nationalbibliothek:
Die Deutsche Nationalbibliothek verzeichnet diese Publikation in der Deutschen
Nationalbibliografie; detaillierte bibliografische Daten sind im Internet über
http://dnb.dnb.de abrufbar.

Herstellung und Verlag: BoD – Books on Demand, Norderstedt

ISBN: 9783752610468

INHALT

Bismillah

KURZE VORSTELLUNG

Herzlich willkommen – ahlan wa sahlan!

Ich darf mich vorstellen – Denffer. Richtig, mit „D", wie der Buchstabe am Auto, das Kennzeichen für Deutschland, und Deutschland spielt auch für mich eine ganz wichtige Rolle, wie man noch sehen wird.

Am 8. Mai 1945 war das „tausendjährige" Deutsche Reich zu Ende, die Deutsche Wehrmacht hatte bedingungslos kapituliert, mehr als 60 Millionen Menschen waren im Zweiten Weltkrieg ums Leben gekommen. Mein Vater befand sich an diesem Tag als Kriegsgefangener im berüchtigten Lager Andernach am Rhein, meine Mutter als Ärztin an einem Krankenhaus in Dresden an der Elbe, Überlebende der Luftangriffe vom Februar. Beide Eltern waren Deutsche.

Vier Jahre später, am 8. Mai 1949, beschloß der Parlamentarische Rat in Bonn das Grundgesetz. Mit dessen Unterzeichnung am 23. Mai 1949 war dann die Bundesrepublik Deutschland begründet.

Im selben Monat und im selben Jahr habe ich das Licht der Welt erblickt. Den genauen Tag will ich hier nicht nennen, um zu vermeiden, daß mir zu viele Geburtstagsgrüße übersandt werden. Klar ist aber: Deutschland, die Bundesrepublik und das Grundgesetz haben von Anfang an mein Leben lang begleitet und mich damit auch deutlich geprägt. Viel mehr deutsch als ich geht demnach fast nicht…

Heute möchte ich Sie einladen zu einer spannenden Wanderung durch die Kulturgeschichte der Deutschen. Dabei soll ein besonderes Gelände erkundet werden – die über 1200-jährigen Beziehungen zum Islam. Zweck dieser Erkundung ist es, der Frage nachzugehen, „ob der Islam zu Deutschland gehört."

Damit durchstreifen wir ein Gebiet, auf dem nicht jeder, der davon spricht, sich wirklich auskennt. In aller Bescheidenheit darf ich indes sagen, daß ich Experte bin, sowohl Deutscher als auch Muslim. Ich rede nicht bloß davon, sondern ich lebe danach, habe also jeden Tag direkt damit zu tun, und weiß deshalb auch aus praktischer Erfahrung, wovon ich rede. Mein Wissen und meine Erfahrung teile ich gern mit Ihnen und hoffe, daß sie Ihnen nützlich sein werden.

Die Wegstrecke, die ich Ihnen vorschlage, besteht aus kürzeren und längeren Abschnitten. Wir begeben uns zu wichtigen Haltepunkten und betrachten von dort aus verschiedene Besonderheiten aus Literatur, Musik und Kunst bis hin zur Zeitgeschichte.

Ich kann Ihnen versprechen, daß Sie unterwegs nicht nur das eine oder andere zu sehen bekommen, das man landläufig kennt, sondern daß es auch einige Überraschungen geben wird. Wer mitgeht, kann dabei mancherlei aus ungewohnten Perspektiven sehen und darüber hinaus bislang Unbeachtetes und auch Unbekanntes kennenlernen.

Manche Etappen sind kurz und leicht zu bewältigen, aber es gibt auch längere Abschnitte, die vielleicht anstrengen. Pausen machen Sie natürlich wo und wie lange Sie möchten, und Sie selbst bestimmen die Geschwindigkeit, mit der es vorangeht. Am Ende der Wanderung können wir uns dann, wenn gewünscht, noch etwas genauer darüber unterhalten, was es eigentlich mit der Kultur auf sich hat. Aber diesen Teil kann man auch auslassen, ohne damit viel von dem Erkundungsgang zu versäumen.

Und nun gehen wir los – jalla, namschi – wie man auf Arabisch sagt…

DER BLAUE SCHEIN

1

Immer wieder haben wir ihn in der Hand, den blauen Zwanzig-Euro-Schein, beim Bezahlen täglicher Einkäufe. Im Blick sind die Farbe und die Wertangabe, bei den geschulten Damen und Herren an den Kassen dazu noch die Sicherheitsmerkmale. Das Motiv bleibt unbeachtet. Jeder kann sich ja selbst einmal auf die Probe stellen mit der Frage: Was ist denn auf dem Zwanzig-Euro-Schein zu sehen? Vielleicht weiß man noch, daß auf den Euro-Scheinen Bauwerke abgebildet sind. Sie stammen aus verschiedenen Epochen und die Gesamtschau soll, so läßt sich schließen, die Entwicklung der europäischen Kulturgeschichte aufzeigen. Dabei kam übrigens heraus, daß der griechisch-römischen Antike der Geldschein mit dem geringsten Wert zugeordnet wurde. Doch das ist hier nebensächlich, uns interessiert der blaue Schein.

Auf der Zwanzig-Euro-Note sind zwei Fensterbögen zu sehen, die an Kirchenfenster erinnern und unschwer erkennbar dem gotischen Stil angehören. Dessen bekanntestes Merkmal ist der hier abgebildete Spitzbogen. Den Rundbogen der vorausgegangenen Epoche der Romanik findet man auf dem Zehn-Euro-Schein.

Wie man weiß löste die Gotik als Bau- und Kunststil die Romanik seit dem 12. Jahrhundert für die nächsten vier Jahrhunderte ab. In der darauffolgenden Epoche der Renaissance hatte man sich wieder dem antiken Geschmack zugewandt und blickte mit Mißbilligung und sogar Verachtung auf den gotischen Stil des Mittelalters herab.

Die Bezeichnung „Gotik" hat tatsächlich, wie man vermuten kann, etwas mit dem Volk der Goten zu tun, doch sind diese nicht etwa die Erfinder des gotischen Stils gewesen. Vielmehr galten sie schon aus dem Blickwinkel der zu Ende gehenden Antike als Barbaren, und dieser Wertschätzung erinnerte man sich in der Renaissance, als man meinte, nun die vorausgegangenen dunklen Jahrhunderte überwunden zu haben. Ihre Architektur und Kunst empfand man, im Gegensatz zu den wiederentdeckten antiken Formen, als wertlos und barbarisch, „gotisch" eben. In diesem Sinn geht der Begriff auf den italienischen Künstler und Kunsthistoriker Vasari aus dem 16. Jahrhundert zurück. Aber wie die Zeiten, so wandeln sich auch die Geschmäcker, und die Gotik wurde wieder hochgeschätzt, als man später, vor allem während der Epoche der Romantik, den Blickwinkel wechselte und sich mit Begeisterung dem Mittelalter zuwandte.

Schon kurz zuvor hatte sich unser deutscher Nationaldichter Goethe der Sache angenommen, und so verbreitete sich in Deutschland die bis heute anzutreffende Auffassung, daß die Gotik mit ihren meisterhaft gestalteten hochragenden Kathedralen in erster Linie eine deutsche Angelegenheit ist. Fast jeder, der den Kölner Dom sieht, stellt sich das so vor. Goethe war 1770 nach Straßburg gekommen, hatte dort das Münster im gotischen Stil gesehen und sagte 1773 in einer kleinen Schrift mit dem Titel „Von deutscher Baukunst" zur Gotik: „das ist deutsche Baukunst, unsre Baukunst, da der Italiäner sich keiner eignen rühmen darf, vielweniger der Franzos…" [1]

2

Natürlich bestreiten ernst zu nehmende Kunsthistoriker keineswegs anderen europäischen Völkern ihre Gotik, und es ist Konsens, daß sie ihren Anfang in Frankreich nahm. Dessen ungeachtet konnten noch unsere Großeltern, sofern sie Oswald Spenglers „Der Untergang des Abendlandes" lasen, den Wortschwall vernehmen:

„Die faustische Seele der Gotik, schon durch die arabische Herkunft des Christentums in der Richtung ihrer Ehrfurcht geleitet, griff nach dem reichen Schatz spätarabischer Kunst. Das Arabeskenwerk einer unleugbar südlichen, ich möchte sagen A r a b e r g o t i k umspinnt die Fassaden der Kathedralen von Burgund und der Provence, beherrscht die äußere Sprache des Straßburger Münsters, mit einer Magie in Stein und führt überall, an Statuen und Portalen in Gewebemustern, Schnitze-

reien, Metallarbeiten, nicht zum wenigsten in den krausen Figuren des scholastischen Denkens und einem der höchsten abendländischen Symbole, der Sage vom heiligen Gral, * einen stillen Kampf mit dem nordischen Urgefühl einer W i k i n g e r g o t i k, wie sie im Innern des Magdeburger Domes, der Spitze des Freiburger Münsters und der Mystik Meister Eckarts herrscht. Der Spitzbogen droht mehr als einmal seine bindende Linie zu sprengen und in den Hufeisenbogen maurisch-normannischer Bauten überzugehen." [2]

Zum „heiligen Gral" hat Spengler noch angemerkt: „* Die Gralssage enthält neben altkeltischen starke arabische Züge; aber die Gestalt Parzivals dort, wo Wolfram von Eschenbach über sein Vorbild Chrestien von Troyes hinausgeht, ist rein faustisch."

Auf die Sage vom Gral können wir noch andernorts kurz zu sprechen kommen, hier soll es nur um die Gotik gehen.

Auch wenn man sich vielleicht erst einmal orientieren muß, um zu verstehen, was Spengler hier und andernorts mit „faustisch" meint – und man ihm dabei nicht unbedingt folgen möchte, es ist verkürzt gesagt der Primat des Willens zur Naturbeherrschung, nicht des Willens zu Erkenntnis – bleibt doch immerhin: Spengler, den noch heute mancher in den Blick nimmt, wenn er an das kurze Ende des tausendjährige Reiches denkt oder sich vor der „farbigen

Weltrevolution" fürchtet, Spengler wußte, daß die Gotik nicht ohne arabischen Einfluß war. Diesen Einfluß schätzte er als so bedeutend ein, daß er dafür das Wort „Arabergotik" prägte. Besonders auffällig ist dabei zudem, daß Spengler diese „Arabergotik" nicht nur mit den Kathedralen Frankreichs in Bezug setzt, sondern auch und gerade mit dem Straßburger Münster, in dem doch Goethe die „deutsche Baukunst" erkannt zu haben meinte.

Der Spitzbogen, der das Kennzeichen der gotischen Architektur wurde und diese überhaupt erst möglich machte, ist aus der muslimischen Welt nach Europa gekommen:

„Spitzbogen. Diese Architekturform kommt aus dem Orient und ist sehr alt. Sie fand im 11. Jahrhundert Eingang im Abendland, wenn man von den Bauwerken in Spanien und Sizilien absieht, die früheren Datums sind." [3]

Wer über den Hof der Ibn Tulun-Moschee in Kairo geht und den Blick von dem ungewöhnlichen Minarett abwendet, das ein Reiter auf dem Pferd erklimmen konnte, und auf die Seitenhallen richtet, sieht in langen Reihen einen Spitzbogen nach dem anderen. Ungefragt hat schon der Touristenführer davon berichtet, wann dieses Bauwerk vollendet wurde – im Jahr 265 nach der Hidschra, also 879 abendländischer Zeitrechnung. Vielleicht erinnert man sich, anläßlich einer Frankreich-Reise gelesen zu haben, daß die Gotik dort

ihren Ursprung hat und der Bau der großen gotischen Kathedralen um 1150 begonnen wurde. Zu dieser Zeit waren die Abendländer von den ersten Kreuzzügen aus dem Orient zurückgekommen und hatten zahlreiche Anregungen aus der muslimischen Kultur mit nach Hause gebracht. Auch in den Kreuzfahrerstaaten im Nahen Osten errichteten sie ihre Bauten der dortigen Architektur entsprechend. Ebenso war der Spitzbogen in Sizilien und Süditalien, wo im frühen Mittelalter Muslime lebten, gleichfalls zum besonderen Merkmal verschiedener Bauwerke geworden:

„Im architektonischen Stil hatten die sicilianischen Gebäude... durch den Gebrauch des, bald mehr bald weniger in eine Spitze auslaufenden Bogens, mit denen von Cairo Verwandtschaft, was sich aus dem politischen Zusammenhang der Insel mit Ägypten leicht erklärt". [4]

3

Selbst in Kirchenkreisen weiß man seit langem, „daß die ersten Anfänge des Gothischen Styls nicht in Deutschland, England, Frankreich oder einem anderen Lande der Christenheit zu suchen sind: sondern so gewiß der Spitzbogen das erste Element ist, aus welchem derselbe sich entwickelte, so gewiß ist es auch, daß in der Arabischen Architektur die ersten Anfänge desselben liegen. Die Geschichte bezeugt es also, daß er kein u r s p r ü n g l i c h C h r i s t l i c h e r sei, sondern gleich dem antiken und Byzantinischen, von einem fremden nicht-Christlichen Volk entlehnt." [5]

Doch das bedeutet nicht, daß die Gotik und was sie für Europa wie für Deutschland bedeutet, insgesamt als arabisch zu sehen sei. Doch der anfängliche Beitrag aus der muslimischen Welt dazu war eine Voraussetzung dafür. Dieser Beitrag bleibt heutzutage meist unbeachtet. Das gilt ebenso für vieles andere, das aus der muslimischen Kultur in die abendländische und auch die deutsche Kultur überging. Der blaue Schein läßt davon noch mehr erkennen als nur den Spitzbogen. Die Ziffern auf dem Schein und auf jedem unserer Geldscheine, mit deren Hilfe der Wert gekennzeichnet ist, heißen bis heute „arabische" Ziffern. Die Zwei, die wir verwenden, ist nichts anderes als die seitlich liegende arabische Zwei, die Null eine größer geschriebene Form der arabischen Null. Und sogar unser deutsches Wort „Ziffer" kommt aus dem Arabischen: *sifr* bedeutet Null.

Die Araber selbst nannten ihre Ziffern „indische", weil sie ursprünglich aus Indien stammten. Uns haben sie die Muslime übermittelt. Davor kannten wir nur die römischen Zahlenzeichen. Ziffern und Zahlenzeichen verschiedenster Art gibt es in allen Kulturen. Für uns in Europa sind die römisch-lateinischen historisch bedeutsam, die seit etwa dem 12. Jahrhundert langsam durch die bis heute gebräuchlichen

arabischen Zahlen ersetzt wurden und samt den damit verbundenen Rechenmethoden auch bei uns in Deutschland seither nicht wegzudenken sind. Wir erlernten sie von muslimischen Mathematikern. Insbesondere die mittelalterliche lateinische Schrift „*Algoritmi de numero indorum*" war das Werk, über das dieses Rechenwesen und Zahlenwesen in das mittelalterliche Europa gelangte.

Der Titel bedeutet übrigens nichts anderes als „Al-Chwarizmi's (Schrift) von den indischen Zahlen". Selbst der bis heute in der Mathematik und Informatik unverzichtbare Schlüsselbegriff „Algorithmus" ist nur die Verballhornung des Namens dieses bedeutenden muslimischen Mathematikers aus dem 9. Jahrhundert.

Wir, die wir keine anderen Rechensysteme kennen, zeigen darum wenig Verständnis für die große Bedeutung der Einführung der arabisch-indischen Zahlen, doch wir könnten uns vielleicht einmal die Schwierigkeiten vor Augen führen, die entstünden, wenn wir uns den Kassenzettel unseres Einkaufs im Supermarkt mit römischen Zahlen versehen vorstellen und dann versuchen würden, nachzurechnen, ob alles seine Richtigkeit hat.

4

Und es geht noch weiter mit dem blauen Schein. Selbst wenn wir vom abgebildeten Spitzbogen und den aufgedruckten Ziffern ganz absehen, bleibt immer noch der Schein in unserer Hand, und der ist aus Papier. Beim Wort „Papier" denkt man unwillkürlich an Papyrus, die Pflanze aus Ägypten, die dort von alters her zur Herstellung von Schreibmaterial diente. Auch weiß man vielleicht, daß die Herstellung von Papier aus der gewässerten Masse von gestampftem pflanzlichem Material zuerst in Ostasien, in China und Korea, erfolgte. Die Muslime übernahmen diese Technik und brachten sie zur weitverbreiteten Anwendung. Die Verwaltung des Abbasidenkalifats begann im achten Jahrhundert, ihre Dokumente auf Papier auszufertigen, der Gebrauch von Papier für Wissenschaft und Kunst folgte alsbald. Die weite Verbreitung von Wissen und Bildung, die zur kulturellen Blüte der muslimischen Welt jener Epoche führte, beruht nicht zuletzt auf der massenhaften Herstellung und Verwendung von Papier. Papier wurde zum Speichermedium des Mittelalters. In Europa begann die aus der muslimischen Welt, insbesondere aus Spanien und Sizilien übernommene und im weiteren Verlauf noch verbesserte Papierherstellung ab dem 12. Jahrhundert. Sie löste dort gleichfalls einen raschen kulturellen Wandel aus. Der nicht zu Unrecht als revolutionär verstandene Buchdruck Gutenbergs ist ohne den Gebrauch von Papier nicht vorstellbar. Doch die Erinnerung daran, daß Europa und damit auch Deutschland die Übermittlung der Herstellung und des Massengebrauchs von Papier den Muslimen verdankt, ist weitestgehend verblasst. Nur in der Fachsprache von Berufsangehörigen, die mit Papier zu tun haben, kennt man noch den Begriff „Ries", mit dem ein Bündel von 500 Bogen Papier bezeichnet wird. Daß dieses Wort vom arabischen *„rizma"* (Bündel, Ballen) kommt, weiß kaum noch jemand.

Allein schon bei etwas ganz Alltäglichem wie dem blauen Schein bezeugen Spitzbogen, Ziffern und Papier den Beitrag der Muslime zur deutschen Kultur. Doch wie kann man die Erinnerung daran und das Bewußtsein davon erwarten, wenn die meisten von uns nicht einmal wissen, was auf dem blauen Schein abgebildet ist, den wir ständig in die Hand nehmen, um unsere täglichen Einkäufe zu bezahlen?

HARUN AR-RASCHID UND
KARL DER GROSSE

1

Die Betrachtung des blauen Scheins hat uns zurückgeführt in die Zeit der frühen Begegnung von Abendländern und Muslimen. Aus jener Zeit sind zwei herausragende historische Gestalten in Erinnerung geblieben, Karl der Große und Harun ar-Raschid. Wer erinnert sich nicht an Karl den Großen, wenn er nach Aachen kommt? Der eine oder andere Besucher weiß vielleicht sogar von gewissen Beziehungen, die zwischen Karl dem Großen und dem berühmten Abbasidenkalifen Harun ar-Raschid bestanden haben sollen, und die so am Anfang der „offiziellen" Kontakte zwischen christlichem Abendland und islamischem Morgenland gestanden haben müßten. Was hat es nun auf sich mit diesen Beziehungen? Welche Kontakte hat es gegeben? Welchen Zweck sollten sie erfüllen? Was ist an ihnen bedeutungsvoll?

Diese Fragen sind nur schwer zu beantworten. Alles, was wir über die Beziehungen dieser beiden Herrscher und damit über diese beiden Welten in jener Epoche sagen können, beruht nämlich nur auf einseitiger Betrachtung. Die muslimischen Quellen, d.h. die klassischen muslimischen Geschichtsschreiber, wissen hiervon nichts zu berichten. Weder Karl der Große noch sein im Westen gelegenes – doch immerhin sehr umfangreiches – Herrschaftsgebiet werden von ihnen erwähnt.

Für die Abbasiden war, so scheint es, im Westen allenfalls Andalusien von Wichtigkeit, denn hier hatten die Nachkommen der im Jahr 749/50 von den Abbasiden gestürzten Omajjaden ihre eigene Herrschaft eingerichtet. Mit den Muslimen in Spanien hatte Karl der Große andererseits einiges zu tun, und zwischen Muslimen im Westen und den Franken gab es mancherlei Berührungspunkte, was bei einer gemeinsamen Grenze ja auch nicht verwunderlich ist.

Über Beziehungen zwischen Harun ar-Raschid und Karl dem Großen wissen wir aber nur aus den abendländischen Quellen, vor allem aus den sogenannten „Reichsannalen" und dem „Leben Karls des Großen" von Einhard, seinem ersten und wichtigsten Biographen. Dieser Einhard, dem sehr daran gelegen ist, Karl als den größten Herrscher seiner Tage zu schildern, schreibt dazu:

„Er erhöhte den Ruhm seiner Herrschaft auch noch durch die freundschaftliche Verbindung mit mehreren Königen und Völkerschaften…

Mit dem König Aaron von Persien, der mit Ausnahme Indiens fast das ganze Morgenland beherrschte, stand er in so freundschaftlichem Einvernehmen, daß dieser seine Huld der Freundschaft aller Könige und Fürsten des ganzen Erdkreises vorzog und ihn allein hoch ehren und beschenken zu müssen glaubte; und als nun seine Gesandten, die er mit Gaben zu dem heiligen Grabe unsers Herrn und Heilandes und dem Orte seiner Auferstehung geschickt hatte, auch zu Aaron kamen und ihm den Wunsch ihres Herrn eröffneten, so bewilligte er ihnen nicht bloß was von ihm begehrt wurde, sondern auch, daß jene heilige und heilbringende Stätte unter seine Gewalt komme. Und wie die Gesandten heimkehrten, so gesellte er ihnen seine eigenen bei und überschickte dem König neben Kleidern und Wohlgerüchen und andern Kostbarkeiten des Morgenlands noch ungemein reiche Geschenke, nachdem er wenige Jahre vorher ihm auf seine Bitte den einzigen Elephanten, den er damals besaß, geschickt hatte…" [6]

Dieser kurze Abschnitt enthält einerseits einige interessante Nachrichten und weckt andererseits Zweifel daran, daß es sich hierbei um authentische Geschichtsschreibung handelt. Zunächst ist da ja der offensichtliche Widerspruch, daß nach Einhard der Kalif Harun ar-Raschid den Karl den Großen allen anderen Herrschern seiner Zeit vorzog, während die muslimischen Geschichtsschreiber wie gesagt nicht einmal Karls Namen nennen. Karl ist in den Chroniken und Urkunden der Epoche des Harun nicht genannt worden. Auch scheint es nicht recht vorstellbar, daß Harun nur einen einzigen Elefanten

zur Verfügung gehabt haben soll und er diesen einzigen dann ausgerechnet zu jenem unbekannten Herrscher in jenem unbekannten Land schickte.

Immerhin sind aber die Hinweise auf überbrachte Geschenke, darunter eben auch der „einzige" Elefant, so deutlich, daß man am Empfang derselben am Kaiserhof von Karl nicht zu zweifeln braucht. Einhard erwähnt übrigens bei seiner Aufzählung die Kleider fast nur beiläufig und schreibt stattdessen dem Elefanten große Bedeutung zu, während es vielleicht gerade die Kleider sind, die noch am ehesten über die Beziehungen zwischen Harun und Karl Aufschluß geben können. Davon soll noch einmal die Rede sein. Der Elefant war aber zweifellos das ungewöhnlichste Geschenk im Abendland jener Tage.

Zunächst ist aber noch festzuhalten, daß es offensichtlich mehrere Kontakte zwischen den beiden Herrschern gegeben hat.

Der erste muß eine Gesandtschaft Karls an Harun gewesen sein, in deren Folge dann der Elefant übersandt wurde. Der zweite war eine Gesandtschaft Karls nach Jerusalem, die auch zu Harun kam und dort einen nicht näher geäußerten Wunsch von Karl übermittelte. Die Folge davon soll gewesen sein, daß Harun die Heiligen Stätten der Christenheit in Jerusalem Karl unterstellte. Aber auch hieran darf man zweifeln. Die Nachrichten hierüber sind zu gering und zu unklar, als daß man aus ihnen gesicherte Erkenntnisse gewinnen könnte. Auch wissen die muslimischen Quellen nichts davon zu berichten, daß hier einem nichtmuslimischen Herrscher ein Stück des *„daru-l-islam"*, des „Haus des Islam", übergeben wurde.

Am Rande sei noch bemerkt, daß sogar schon vor Karl dem Großen der fränkische Herrscher Pippin im Jahr 756 eine Gesandtschaft zum Hofe des Kalifen al-Mansur in Bagdad geschickt hatte, die drei Jahre später reich beschenkt zurückkehrte. Auch nach Karl dem Großen gab es weitere Gesandtschaften zum Kalifenhof.

2

Was also hat es auf sich mit diesen Gesandtschaften, mit den Geschenken, dem Elefanten und der Oberhoheit über Jerusalem?

Die sogenannten „Reichsannalen" [7] verschaffen hierüber etwas mehr Klarheit, wenn auch nicht alle Fragen beantwortet werden. Es heißt dort, daß sich Karl im Frühjahr 801 in Italien aufgehalten hat, unter anderem in Pavia:

„Hier erhielt er Nachricht, daß Gesandte des Perserkönigs Aaron (im lateinischen Originaltext steht tatsächlich „des Beherrschers der Gläubigen" — *„Aaron Amir al Mumminin regis Persarum"*) [8] im Hafen von Pisa angekommen seien; er schickte ihnen entgegen und ließ sie sich zwischen Vercelli und Epoderia (Ivrea) vorstellen. Einer von ihnen war ein Perser aus dem Morgenland und der Gesandte des genannten Königs, der andere, zwei nemlich waren es, war ein Sarazene aus Afrika und der Gesandte des Amiratus Abraham, welcher auf der Grenze Afrikas in Fossatum (Fez) herrschte. Sie berichteten, daß der Jude Isaak, den der Kaiser vor vier Jahren mit seinen Gesandten Lantfrid und Sigimund an den König der Perser abgeschickt hatte, mit großen Geschenken auf der Rückreise begriffen sei. Lantfrid und Sigimund waren beide unterwegs gestorben. Hierauf schickte er den Notar Erkanbald nach Ligurien, um eine Flotte zu rüsten, auf welche der Elephant und was noch außerdem erwartet wurde befördert werden könnte...

Im Oktober dieses Jahres kam der Jude Isaak mit dem Elephanten aus Afrika zurück und lief im Hafen der Venus (Porto Venere) ein; weil er jedoch des Schnees wegen nicht mehr über die Alpen reisen konnte, blieb er den Winter über zu Vercelli..." [9]

Karl der Große hatte demnach etwa im Jahre 797 eine dreiköpfige Gesandtschaft an Harun geschickt. Sie ist allerdings in den „Reichsannalen" unter diesem Jahr nicht verzeichnet. Diese Gesandtschaft kehrte reich beschenkt zurück, unter anderem mit einem Elefanten. Davon, daß es der „einzige" Elefant des Harun war, ist hier nicht die Rede. In der Chronik des folgenden Jahres, 802, heißt es dann:

„Am 20. Juli dieses Jahres kam Isaak mit dem Elephanten und den übrigen Geschenken des Königs der Perser an und übergab sie dem Kaiser. Der Elephant führte den Namen Abulabaz." [10]

Dieser Elefant war offensichtlich, wie schon gesagt, das ungewöhnlichste Geschenk, das Karl jemals erhalten hat. Man kann sich gut vorstellen, daß Abulabaz für die Abendländer jener Zeit ein Unikum gewesen ist, wie er überall von den Leuten bestaunt wurde, die ja noch nie im Leben einen Elefanten gesehen hatten, und daß es auch zu Karls Ansehen beigetragen haben muß, als einziger ein solches Tier zu besitzen. Der Elefant war immerhin doch so bedeutend, daß die „Reichsannalen" sogar seinen Tod verzeichnen. Dies war im Sommer 810, als Karl sich zu einem Feldzug gegen die im Norden eingefallenen Dänen rüstete und in Lippeham auf Truppen wartete:

„Während er hier etliche Tage verweilte, starb plötzlich jener Elephant, den ihm der Sarazenenkönig Aaron geschickt hatte." [11]

(Ein anderer Elefant, der auch manchmal mit Harun und Karl in Verbindung gebracht wird, ist eine Elefantenfigur aus Elfenbein, die zu einem Schachspiel gehört, das Harun dem Karl geschickt haben soll. Allerdings sind die Kunstexperten der Meinung, daß diese Figur aus einer späteren Zeit stammt).

Drei Jahre zuvor war aber bei Karl noch eine weitere Geschenksendung vom Kalifenhof eingetroffen, deren bedeutendstes Stück eine kunstvolle Wasseruhr gewesen ist, die in den „Reichsannalen" ausführlich beschrieben wird:

„Des Kaisers Gesandter Radbert starb auf der Rückreise aus dem Morgenlande; und der Gesandte des Perserkönigs mit Namen Abdella erschien mit den Mönchen aus Jerusalem, die im Auftrag des Patriarchen kamen… vor dem Kaiser und überbrachte die Geschenke, die der obengenannte König dem Kaiser geschickt hatte, nemlich ein Lustzelt und Vorhänge für den Vorhof von ungemeiner Größe und Schönheit; es waren nemlich alle von Byssus (Muschelseide) und die Vorhänge sowohl als die Schnüre dazu bunt gefärbt. Außerdem bestanden die Geschenke des Königs in vielen und kostbaren seidenen Gewändern, in Wohlgerüchen, Salben und Balsam. Auch ein höchst kunstvoll aus Messing gearbeitetes Uhrwerk war dabei, in dem der Lauf der zwölf Stunden nach einer Wasseruhr sich bewegte mit ebensoviel ehernen Kügelchen, die nach Ablauf der Stunden herunterfielen und dadurch ein darunter liegendes Becken erklingen machten; ferner waren darin zwölf Reiter, die am Ende der Stunden aus zwölf Fenstern herauskamen und durch ihre

Bewegung ebensoviele zuvor geöffnete Fenster schlossen; noch vieles andere befand sich in dieser Uhr, was jetzt aufzuzählen zu weitläufig wäre. Außerdem befanden sich unter den Geschenken zwei messingene Leuchter von ausgezeichneter Größe und Form. Das alles wurde in den Palast zu Aachen vor den Kaiser gebracht. Der Kaiser hielt den Gesandten und die Mönche eine Zeit lang bei sich und ließ sie dann nach Italien abreisen, wo sie die Zeit zur Ueberfahrt abwarten sollten." [12]

3

Bemerkenswert ist hier zunächst, daß wiederum Karl seinen Gesandten Radbert an Harun geschickt hatte, vermutlich in Erwiderung der 801/802 empfangenen Gesandtschaft. Auch diesmal dauerte die Hin- und Rückreise wieder 4 Jahre. Die erwähnten Mönche sind Gesandte des Patriarchen von Jerusalem. Es besteht also offensichtlich ein Zusammenhang mit dem Bericht von Einhard. Außerdem ist auch hier wieder die Rede von kostbaren Gewändern, die Karl von Harun erhalten hat.

Vielleicht sind es gerade diese Gewänder, die den Schlüssel zum Verständnis der Beziehungen zwischen Karl dem Großen und Harun ar-Raschid darstellen. Gewänder wurden nämlich von Herrschern aus dem Morgenland als Ehrengewänder all denen zum Geschenk gemacht, die sich der Gunst des Herrschers erfreuen durften

und als seine treuen Gefolgsleute galten. Ob Harun ar-Raschid in Karl dem Großen seinen „Statthalter" in den Provinzen westlich des Westens gesehen hat? Man kann das nur vermuten, denn die muslimischen Geschichtsquellen berichten wie gesagt hierüber nichts. Aber es würde erklären, wieso Karl dem Großen die Oberhoheit über die Heiligen Stätten der Christenheit in Jerusalem übertragen wurde. Einem ebenbürtigen nichtmuslimischen Herrscher hätte der Kalif ein Stück des „daru-l-islam" nicht übertragen, eher schon seinem „Statthalter" aus dem fernsten Westen.

Man könnte sich weiter vorstellen, daß Karl – wie auch seine Chronisten, die ja immer nur beiläufig von den Gewändern berichteten – vielleicht gar nicht gewußt hat, daß die Ehrengewänder Haruns nicht einfach bloße Geschenke waren, sondern daß deren Annahme zugleich Ausdruck der Anerkennung der Oberhoheit des Kalifen darstellt. Die Kenntnisse über die Gepflogenheiten und Etikette an den Höfen in Abendland und Morgenland sind zu einer Zeit, als Gesandtschaften vier Jahre unterwegs waren, sicher nicht sehr weitreichend gewesen. Und am Ende wäre dann das Reich Karls des Großen, aus dem das spätere Deutsche Reich hervorging, wenn man es genau nimmt, völkerrechtlich ein Teil des islamischen Kalifats gewesen, und die Muslime damit nicht Fremde oder Ausländer, sondern die ersten und ei-

19

gentlichen Bürger... ein Gedanke, der vielleicht den einen oder anderen Zeitgenossen die Geschichte der deutsch-muslimischen Beziehungen und vor allem die gegenwärtigen Beziehungen zwischen Deutschen und Muslimen einmal aus einer anderen Perspektive betrachten läßt. [13]

Und wenn man der Quelle glaubt, ist in der Übertragung der Herrschaft über Jerusalem ein wesentlicher muslimischer Beitrag zur Festigung der abendländischen Kultur zu sehen. Denn diese Oberhoheit bedeutete einen erheblichen Zuwachs an Prestige und Anerkennung für Karl den Großen und damit eine Stärkung des karolingischen Reiches, das die Grundlage für die Ausformung und Verbreitung der abendländischen Kultur bildet.

OHNE ES ZU BEMERKEN

1

Manchmal tragen wir ihn mit uns herum, ohne es zu bemerken. Und ebenso unbemerkt werden wir ihn wieder los, verschwindet er einfach. Obwohl gewichtig, ist er nicht schwer. Obwohl groß, ist er klein, so klein, daß man ihn kaum sieht. Doch wenn man genau hinschaut, ist er deutlich zu erkennen – der Roland mit Schild und Schwert. Auf der Zwei-Euro-Münze von 2010 steht er vor dem Bremer Rathaus, wie im richtigen Leben. Nur da ist er nicht zu übersehen, zehn Meter hoch ist die steinerne Figur, errichtet 1404. Wen stellt sie dar?

Vom tapferen Roland muß ich schon als Kind gehört haben. Viel ist in der Erinnerung nicht haften geblieben. Das seltsame Wort „Olifant", der Name des Horns, mit dem Roland im Kampf ein Signal gab, um Hilfe herbeizurufen. Die Verzweiflung war so groß, daß ihm beim Stoß ins Horn die Adern platzten. Daran starb er. Daß es mit Elefant zu tun hat und damit ein Stoßzahn dieses Tiers gemeint war, spielte keine Rolle. Ebenso wenig, wer Rolands Gegner waren, mit denen er kämpfte. Sarazenen? Das Wort war bedeutungslos. So hießen eben die Feinde, mit denen Roland sich im Krieg befand. Bedeutsam war indes die Stimmung, die der Name Roland mit sich brachte. Ein be-

drückendes Gefühl, mit Traurigkeit vermischt, nichts Freudiges, nichts Hochgestimmtes, kein „hoher muot", wie er in der mittelalterlichen Welt dem wackeren Ritter doch ansteht.

Zu Bremen gab es allerdings noch eine andere Geschichte, das Märchen von den Bremer Stadtmusikanten. Da taten sich vier arme, ausgenutzte Tiere zusammen, Esel, Hund, Katze und Hahn. Um ihr Schicksal selbst in die Hand zu nehmen, wollten sie nach Bremen ziehen und dort Stadtmusikanten werden. Unterwegs mußten sie im dunklen Wald übernachten, wo sie ein Räuberhaus fanden, die Räuber daraus vertrieben und es sich dort gut gehen ließen. Die Schwachen, weil sie sich zusammentaten, haben gesiegt. Diese Geschichte war lustiger als die vom Roland.

2

Das eigentliche „Rolandslied" lernte ich dann im Gymnasium kennen, als die mittelhochdeutsche Literatur auf dem Lehrplan stand. Auch daran erinnere ich mich nicht mehr im Einzelnen. Doch so viel wußte ich seither: Roland hatte in den Pyrenäen den Rückzug zu sichern, wurde dort aus dem Hinterhalt von den Sarazenen überfallen, stieß verzweifelt in sein Horn, um Hilfe herbeizuholen, und kam schließlich zu Tode. Auch der Ortsname Roncevall blieb irgendwie haften, richtig geschrieben wird er „Roncesvalles". Erst später lernte ich dann – außerhalb der Schule, durch eigene Lektüre – daß es überhaupt nicht Sarazenen waren, die den Überfall auf die Nachhut Karls des Großen verübt hatten. Roland und seine Heldenschar wurden getötet, doch „nicht von Muhamedanern, sondern von christlichen Basken, Unterthanen des Königs von Asturien." [14]

Ob man das heutzutage klarstellt, wenn in der Schule das Rolandslied vorkommt, weiß ich nicht, weiß nicht einmal, ob es überhaupt noch vorkommt. Sicher ist aber, daß die Vorstellung vom schrecklichen Hingemetzeltwerden des Roland und seiner Getreuen durch die Sarazenen über bald ein Jahrtausend hinweg das kollektive Bewußtsein der Abendländer und speziell der Deutschen mitgeprägt hat. Bis heute steht der Roland in Stein auf mehr als einem Marktplatz.

Das Rolandslied, ursprünglich aus Frankreich, kurz zusammengefaßt, berichtet vom Feldzug Karls des Großen nach Spanien:

Guenelun, im Deutschen Ganelon, führt in Karls Auftrag Verhandlungen mit dem Sarazenenkönig Marsilie von Saragossa. Ganelon möchte seinen Stiefsohn Roland loswerden und rät dem Sarazenenherrscher zur Kriegslist. Wenn er anbietet, sich zu unterwerfen und Christ zu werden, würde Karl den Rückzug antreten. Dann könnten die Sarazenen Roland, den Anführer der

Nachhut, mit seiner Schar vernichten. Karl zieht ab, und die Sarazenen greifen die Nachhut an. Roland kann den Kaiser noch mit dem Signal aus seinem Horn „Olifant" aufmerksam machen, doch die Hilfe kommt zu spät. Als der Kaiser mit dem Heer eintrifft, sind die Helden einschließlich Roland tot. Karl besiegt die Sarazenen, ihr König Marsilie, verwundet, stirbt, der Verräter Ganelon wird hingerichtet, von vier Pferden zerrissen. Namen und noch mehr Verlauf in der Dichtung sind meistenteils fiktiv, lassen aber doch Bezüge zu geschichtlichen Ereignissen erkennen. Für die ursprüngliche Zuhörerschaft dürfte die Frage nach dem Unterschied zwischen Dichtung und Wahrheit nicht bedeutsam gewesen sein. Man hielt für wahr, was man hörte.

Die mittelhochdeutsche Version des Rolandliedes entstand um 1170. Es ist dieser Text, der mir als Schüler bekannt wurde. Bezeichnenderweise trägt er den Titel „Das Rolandslied des Pfaffen Konrad." Schon das läßt erkennen, worin der wesentliche Unterschied zum altfranzösischen „Chanson de Roland" besteht: In der deutschen Fassung des Rolandliedes ist der kirchliche Einfluß unübersehbar. Der Verfasser erwähnt sich selbst als „Pfaffe Konrad" – „ich haize der phaffe Chunrat." [15] Das muß nicht unbedingt bedeuten, daß er ein Kirchenmann war, legt es aber nahe. Zahlreiche Hinweise auf die Bibel, vor allem auf Stellen aus dem Neuen Testament, schmücken die Geschichte aus.

Bezüge zwischen Hauptfiguren und biblischen Gestalten werden dargelegt, beispielsweise zwischen Karl dem Großen und David oder dem Verräter Genelun und Judas. Der Kampf als Gegenstand des Rolandsliedes des Pfaffen Konrad ist unverkennbar ein Kampf zwischen Christen und Heiden, nicht bloß zwischen Rittern zweier verfeindeter Parteien. So gesehen ist das Rolandslied des Pfaffen Konrad eine Dichtung, die ganz eindeutig religiöse Feindschaft thematisiert und das Kriegführen christlich, besser gesagt kirchlich, begründet und rechtfertigt. Das passt bestens zur Kreuzzugszeit und der Stimmung jener Epoche.

Zwar wird auch hier den heidnischen Gegnern, d.h. den Muslimen, gelegentlich ein positives Attribut zugestanden, doch die Heiden, die im Kampf ihr Leben lassen, fahren zur Hölle, während die Christen direkt ins Paradies kommen:

„Die Masse der Heiden beförderten sie zur Hölle. Von den Christen aber fanden ganze hundertacht Männer den Tod, die direkt ins Paradies eingingen." [16]

Besonders klar kommt die Rolle der Kirche in der Ansprache zum Ausdruck, die der mitkämpfende Bischof Turpin den christlichen Kriegern hält. Sie schließt mit den Worten:

„Damit geben wir euch den Ablaß und versichern euch: Vor Gott seid ihr frei von allen weltlichen Sünden wie ein neugeborener Täufling. Soviel Heiden wie möglich zu töten soll eure Buße sein." [17]

Die kirchliche Verheißung ist also: Heiden töten ist Buße und befreit von Sünde!

Interessanterweise war der Bischof Turpin „zwar ein Zeitgenosse Rolands, aber, soviel wir wissen, an dem spanischen Feldzuge nicht beteiligt." [18]

3

Wofür steht das Rolandslied? Es ist wie Falschgeld, das unentdeckt zirkuliert. Man nimmt es für bare Münze. Und in der Tat, es hat genau diesen Zweck erfüllt. Es hat gleich doppelt gefälscht, den Verlauf der Geschichte und das Bild vom Islam. Die Fälschung der Geschichte besteht in der Darstellung, es seien die Sarazenen gewesen, die den wackeren Helden und seine Schar heimtückisch umgebracht haben. In Wirklichkeit waren es nicht die Muslime, sondern wie schon gesagt die Basken.

Das hatte bereits Einhard, der Biograph und Zeitgenosse Karls des Großen, zweifelsfrei von dessen Spanienkrieg im Jahre 778 berichtet:

„ ...er überquerte die Pyrenäen und eroberte alle Städte und Burgen, die er belagerte. Dann kehrte er ohne Verluste um. Auf dem Rückmarsch über die Pyrenäen musste er allerdings doch noch die Treulosigkeit der Basken erleben. Diese Gegend ist wegen ihrer dichten

Wälder für Überfälle aus dem Hinterhalt sehr geeignet. Als die Armee – die engen Bergpfade ließen es nicht anders zu – in einer lang ausgestreckten Reihe daherzog, griffen die Basken, die sich auf einer sehr hohen Bergspitze versteckt hatten, hinten die Gepäckkolonne und die sie schützende Nachhut an und drängten sie, von oben herabstürzend, ins Tal hinunter. In dem darauffolgenden Gemetzel wurden die Franken bis auf den letzten Mann niedergemacht. Die Basken plünderten das Gepäck und zerstreuten sich dann unter dem Schutz der hereinbrechenden Nacht schnell in alle Richtungen. Durch ihre leichte Bewaffnung und wegen der günstigen Beschaffenheit des Kampfplatzes waren sie in diesem Gefecht sehr im Vorteil; die Franken dagegen waren wegen ihrer schweren Bewaffnung und des für sie ungünstigen Terrains in jeder Hinsicht benachteiligt. Bei dem Überfall fielen der königliche Truchseß Ekkehard, Pfalzgraf Anselm, Markgraf Roland von Bretagne und noch viele andere. Bis heute konnte das unselige Geschehen nicht gerächt werden, da sich der Feind nach vollbrachter Tat so weit verstreute, daß man keine Ahnung hatte, wo er zu suchen sei." [19]

Aus Sicht der Sarazenen wurde dazu folgendes berichtet:

„Seitdem die Christen im Lande Afranc die Stadt Narbona wieder erobert hatten, hatten sie auch in jenen Gegenden, wie leicht zu erachten, wieder die Oberherrschaft; und bei den unaufhörlichen Kriegen, die der König Abderrahman mit den Aufrührern führen mußte, war man auf jene nicht aufmerksam genug. So kam es, daß sie mit zahlreicher Macht auf verschiedenen Punkten in Spanien einfielen, Raub, Mord und Verheerung vor sich her verbreiteten, und mit Feuer und Schwert die blühendsten Gegenden zerstörten, auch aller Orten Gefangene mit sich nahmen. Ihre leichte Reiterei wagte sich bis Zaragoza; allein die Walis von Wesca, Lerida und die andern von der Grenze zogen gegen diese zahlreichen Heere zu Feld, besiegten und nöthigten sie, in die Berge zu flüchten. Den Geschlagenen blieb nichts übrig, als ihre Beute durch Umkehren zu verlassen. An diesem Einfalle der Christen von Afranc, der im Jahre 162 d. H. (778) Statt fand, war die Unachtsamkeit der Walis an den Grenzen schuld." [20] Der Übersetzer merkt hierzu noch an: „Die Schlacht, von der hier die Rede ist, war die berühmte von Roncesvalles oder Roncevaux." [21]

Roland, der Held des Rolandliedes, kommt hier nicht vor, nicht einmal der Name Karls des Großen wird genannt.

„Die Walis von Wesca und Zaragoza gaben dem Könige Abderrahman Nachricht von diesen Ereignissen, worauf er verordnete, daß sie die Christen in den dortigen Gebirgen durch unausgesetzte Streifzüge in den Thälern wieder zum Gehorsame bringen sollten.

Allein dieser Krieg war hartnäckig, und ohne bedeutenden Erfolg, auch für die Muselmänner an der Grenze um so ermüdender, als sie in Bergen und Felsschluchten mit tapfern Menschen zu fechten hatten, die, in Bärenfelle gekleidet, mit Spießen und Streitsicheln bewaffnet, weiter nichts als diese zur Vertheidigung mit sich führten." [22]

So ist erkennbar, daß die Bezugnahme auf die Sarazenen und Muslime im Rolandslied nicht irrtümlich, sondern wider besseres Wissen erfolgte. Aber das geschah 400 Jahre später, und passte besser zu den Kreuzzügen, die damals im Schwange waren. Die Sicht der Sarazenen mag dem Pfaffen Konrad entgangen sein, aber daß er über Karl den Großen berichtete, ohne den Text des Einhard zu kennen, ist schwer vorstellbar. Nur insofern ist der Pfaffe Konrad zu entschuldigen, daß er sich daran gemacht hat, ein „Buch… das in Frankreich geschrieben worden ist" … in die deutsche Sprache (zu) übersetzen … Ich bin der Pfaffe Konrad. So wie alles in dem Buch in französischer Sprache aufgeschrieben steht, so habe ich es in die lateinische übersetzt und von ihr in die deutsche Sprache übertragen. Ich habe nichts hinzugefügt und auch nichts weggelassen." [23]

Und in der Tat, schon im französischen Text von „La Chanson de Roland" sind es die Sarazenen, die Roland umbringen. Doch davon, daß der Pfaffe

Konrad den Text nicht verändert hätte, kann keine Rede sein.

4

Die Fälschung des Bildes vom Islam besteht in der Schilderung der angeblichen Götzen der Muslime und ihres Götzendienstes.

Als das Rolandslied entstand, wußte man durchaus, daß die Muslime, anders als die Christen, keiner Trinitätslehre folgen, auch keinen Menschen zum Gott erheben und keine Götzen anbeten. Seinerzeit war die Legende im Umlauf, der Bischof Thiemo von Salzburg sei im Jahr 1101 von den Sarazenen getötet worden, weil er sich geweigert hätte, deren Götzenfiguren anzubeten, und daß er diese stattdessen zerstört habe.

Otto von Freising (1112-1158), dortiger Bischof, Teilnehmer am Zweiten Kreuzzug 1147/48, schrieb dazu:

„daß er aber die Götzenbilder zertrümmerte, kann man deshalb schwer glauben, weil bekanntlich die Gesammtheit der Sarazenen Verehrer e i n e s Gottes ist, die Bücher des Gesetzes sowohl als die Beschneidung annimmt, auch Christus und die Apostel und die apostolischen Männer nicht verwirft und nur darin weit vom Heile entfernt ist, daß sie leugnen, Jesus Christus, der dem Menschengeschlecht Erlösung gebracht, sei Gott oder Gottes

Sohn, und den Verführer Mahomet, von dem oben die Rede war, wie den großen Propheten des höchsten Gottes verehren und anbeten." [24]

Diese Übersetzung des lateinischen Textes ist etwas verwirrend, weil sie für die beiden Ausdrücke *„cultricem esse"* und *„venerantur"* im Deutschen „verehren" und für *„colunt"* „anbeten" gebraucht. Folgt man aber beispielsweise der Bibelübersetzung, die in der Apostelgeschichte 19:35 für *„cultricem esse"* „Hüterin ist" verwendet, muß es hier heißen: „ …weil bekanntlich die Gesamtheit der Sarazenen Hüterin e i n e s Gottes ist". In der englischen King James Version heißt es „worshipper", also noch klarer „Anbeter eines Gottes". Der letzte Satz sollte besser lauten: „als den großen Propheten des höchsten Gottes verehren und schätzen", wenn man nicht das letzte lateinische Wort *„colunt"* wieder mit „verehren" übersetzen will, was *„colere"* ja eigentlich bedeutet. [25]

Dennoch läßt der Dichter den Heiden sagen: „Wollte Mahomet, mein Gott und Herr, den ich verehre…" [26] In der altfranzösischen Vorlage, dem „Chanson de Rolande", gibt es diesen Ausspruch nicht. [27] Es handelt sich hierbei also um eine Ergänzung, die der Pfaffe Konrad vorgenommen hat. Sie gibt ganz offensichtlich der Erzählung eine religiöse Färbung und hebt den Götzenglauben der Muslime hervor. Man sieht übrigens an dieser Stelle, daß es selbst dem Übersetzer des Pfaffen Konrad

nicht gelingt, sich vom tradierten Falschbild zu lösen. Im mittelhochdeutschen Text kommt nämlich „Gott" nicht vor, es heißt vielmehr einfach „wolde min herre Machmet, den ich dicke anbet." [28]

Ebenso wird den Muslimen angedichtet:

„Sie hatten auch noch einen ihrer alten Götzen mitgenommen, den sie aus Tortulose gerettet hatten und voll Inbrunst anbeteten. Apollo war sein Name. Ihn führten sie unter der Fahne mit. Sie neigten sich tief vor ihm, riefen ihn mit lauter Stimme an, er möge ihnen bei ihrem Vorhaben helfen." [29]

An anderer Stelle ist von der Anrufung gleich dreier Götter oder sogar mehr die Rede: „Hier steht der barmherzige Tervigant, zu dem wir beten wollen und zum verehrten Mahomet, (hier steht) der große Apollo und andere Heilsbringer mehr, unsterbliche Götter." [30]

Weitere ähnliche Passagen bekräftigen diese Darstellung.

Daß die Sarazenen angeblich die Trinität aus Tervigant, Mahomet und Apollo als falsche Götter anbeten, kommt schon im französischen Text von „La Chanson de Roland" vor, [31] ebenso in anderen Dichtungen. Es ist in anti-islamischen Schriften jener Zeit normal. Darüber, daß man den Propheten des Islam zum Gott erhob und ihn mit dem antiken griechischen Apoll sowie der Phantasiefigur namens Tervagant oder Tervigant verband, zerbrach man sich nicht den Kopf. Indem man aber den Muslimen eine derartige Trinität zuschrieb, bot man dem Zuhörer mit der erkennbaren Parallele zur eigenen kirchlichen Lehre einen Bezugsrahmen. Und noch weitere Zwecke liessen sich dadurch erfüllen. Weil die drei genannten Götter nicht mit den Personen der kirchlichen Trinität übereinstimmen, kann daran gezeigt werden, daß der Glaube der Muslime falsch sein muß. Sie glauben nicht an Gott, sondern an falsche Götter, an Götzen, wie es ja auch im Text verschiedentlich heißt.

Darüber hinaus aber wird dadurch, daß man den Muslimen eine Göttertrinität unterstellt, von vornherein jeder Ansatz ausgeschlossen, über die tatsächliche muslimische Glaubenslehre vom „*tauhid*", der Einheit und Einzigkeit Gottes, zu sprechen, und alle bedenklichen Diskussionen, die daraus folgen könnten, werden vermieden. Würde man wahrheitsgemäß berichten, daß der Islam allein dem einen, einzigen Gott zu dienen lehrt, und daß Muhammad (s) als dessen Gesandter nur Mensch ist und kein Mensch an Gott teilhat, wäre die Folge daraus, sich den Fragen stellen zu müssen, die sich aus einem Vergleich der kirchlichen und der koranischen Lehre ergeben.

Doch selbst das ist nicht genug. Um die Glaubwürdigkeit zu unterstreichen, verweist der Pfaffe Konrad darauf, daß er sich all das nicht etwa ausgedacht hat, sondern sich auf eine schriftliche Quelle stützt. Im alten Text heißt es „Nv horen wir diu bûch sagen… – Unsere Quelle berichtet weiter, sie hätten eine Plattform errichtet nach Anweisung der Könige. Auf ihr standen siebenhundert Götzen, als höchster unter ihnen Mahomet (Machmet im alten Text). Dorthin wandten sie all ihre Gedanken. Sie sangen ihm Preislieder. Siebentausend Hörner erklangen. Siebentausend goldene Lampen leuchteten zu seinen Ehren Tag und Nacht." [32]

Im altfranzösischen Rolandslied „Chanson de Roland" gibt es keine derartige Passage. Die einzige Stelle, die dem Handlungsablauf folgend in Frage kommt und auf die hier vermutlich Bezug genommen wurde, beschreibt die Sache anders. Es heißt nur kurz und knapp: „Mohammed stellen sie auf dem höchsten Turme auf; kein Heide ist, der nicht zu ihm betet und ihn anfleht." [33]

Daraus ist zu entnehmen, daß man sich den „Mahumet" als Götzenfigur oder Götzenbild vorstellen soll, vor dem die Muslime dann beten. Angesichts der islamischen Glaubenslehre und des strikten Bilderverbots ist auch das natürlich Unsinn. Bilder und Figuren fand und findet man vielmehr in christlichkirchlichen Gebetsstätten. Doch dem Pfaffen Konrad war diese Fälschung nicht ausreichend. Zur Unterstreichung des Götzendienstes der Muslime fügte er dem einen angeblichen Götzen noch 699 weitere Götzen hinzu!

Vielleicht entsprach der altfranzösische Text im Buch, auf das der Pfaffe Konrad sich stützte, nicht dem „Chanson de Roland" wie es überliefert ist. Oder der Pfaffe Konrad hat ausgerechnet hier behauptet, der Quelle zu folgen, wo er selbst den Text verändert hat. Das sollte man dann als eine dreiste Lüge bezeichnen, wenn man ihm nicht stattdessen eine ungewöhnlich weitreichende dichterische Freiheit zugestehen möchte.

Und sofern es gelogen ist, geht das Lügen so weit, daß in einer Rede des Kaisers zu Beginn des Kriegszuges den Heiden, also den Muslimen, sogar das Menschenopfern zugeschrieben wird: „Sie fallen in unsere Länder ein, rauben, brandschatzen, zerstören die Gotteshäuser, entführen die Menschen und opfern sie ihren Götzen." [34] Auch diese Passage ist im altfranzösischen „Chanson de Roland" nicht vorhanden. Sie gehört gleichfalls zu den Veränderungen und Ergänzungen, die der Pfaffe Konrad für sein deutsches Publikum vorgenommen hat.

Diese Beispiele sollen genügen. Wem sie nicht ausreichen, der kann sich das ganze Rolandslied zu Gemüte

führen. Er wird dabei noch manch Erstaunliches entdecken.

6

Die Vorstellung von einem „weltlichen" Reich der Kirche, die aus der „Verstaatlichung" des Christentums seit Konstantin folgte, war, daß es im Gegenüber zur Kirche ebenso ein Reich des Bösen gab, das in der Welt bekämpft werden mußte. Wer nicht zur Kirche gehörte, gehörte dem Reich des Bösen an und arbeitete ihm zu. „Nach vulgärkatholischer Anschauung kann ein jedes Glied der Kirche, auch der ärgste Sünder, durch die kirchlichen Gnadenmittel der ewigen Seligkeit teilhaft werden. Der U n g l ä u b i g e jedoch, ob Moslim, Jude oder Hellene, ist als Diener des Teufels nach dem Tode der ewigen Verdammnis verfallen, wie er auf Erden schon dessen Reich ausbreiten half... Darum ist für Duldsamkeit gegen fremde Religionen kein Raum in der Seele des mittelalterlichen Katholiken." [35]

Roland zählt zu den Helden, von denen die Sage berichtet. Helden brauchen Gegner, um überhaupt zu Helden zu werden und Helden sein zu können. Helden brauchen Feinde, um gegen sie zu kämpfen und um sie besiegen zu können. Wer oder was die Feinde sind, ist letztlich unerheblich. Deshalb können Helden nicht nur gegen Menschen kämpfen und siegen, sondern auch gegen Drachen, Riesen und Zwerge. Wichtig ist bei den Feinden nur, daß sie als Gegner der Helden auftreten. Tun sie das, erfüllen sie ihre Rolle.

Sarazenen? So hießen die Feinde, mit den Roland sich im Krieg befand. Da klingt es wieder an, das bedrückende Gefühl, vermischt mit Traurigkeit und Resignation, nichts Freudiges, nichts Hochgestimmtes, kein „hoher muot", wie er in der mittelalterlichen Welt dem wackeren Ritter doch ansteht. Roland, der Recke, der strahlende Held, betrogen und verraten, hilflos und ohnmächtig, umgekommen. Im Rolandslied haben wohl Christen über Muslime gesiegt, aber nicht das Gute über das Böse. Und das Böse waren, wenn man genauer hinsieht, nicht die Sarazenen, sondern es kam aus den eigenen Reihen.

Manchmal tragen wir es mit uns herum, ohne es zu bemerken. Und weil unbemerkt, werden wir es nicht los. Es verschwindet einfach nicht. Obwohl nicht schwer, ist es gewichtig. Obwohl klein, ist es groß, so groß, daß man es nicht übersehen kann. Nur wenn man die Augen verschließt, ist es nicht sichtbar – das Jahrhunderte alte Bild von uns selbst, Helden, im Gegensatz zu den anderen, Feinden…

Ach so, und noch etwas:

Vielleicht läßt sich sogar von jenen Hausbesetzern, dem Seniorenclub der Bremer Stadtmusikanten, etwas lernen!

TOLERANZ

1

Das Mittelalter ist vorüber, so sagt man zumindest, und die Zeit der Ritter ist lange vorbei. Erhalten geblieben sind unter anderem Teile der mittelalterlichen Dichtung, darunter Wolfram von Eschenbachs bekannter „Parzival" und sein weniger bekannter „Willehalm", der eher ein Schattendasein führt. Das war im Mittelalter offenbar anders, wie die große Zahl von Handschriften anzeigt. Diese läßt auch vermuten, daß die Wirkung des Willehalm auf das Publikum durchaus bedeutsam gewesen sein dürfte.

Der „tumbe" Parzival wächst von der Welt ferngehalten bei seiner Mutter auf und verläßt sie, um Ritter zu werden. Dazu hat er verschiedene Abenteuer zu bestehen und sich darin zu bewähren. Er versagt vor allem, als er es beim Besuch der wundersamen Gralsburg versäumt, dem leidenden Burgherrn sein Mitgefühl kundzutun. Nach weiteren Abenteuern wird er von einem Einsiedler belehrt, kommt erneut zur Gralsburg und erweist sich diesmal als würdig, Gralskönig zu werden, indem er sich nach dem Leid erkundigt.

Der Islam und die Muslime kommen im Parzival zwar vor, doch sind sie insgesamt eher Randerscheinungen. Gelegentlich hat man versucht, die Geschichte vom Gral mit dem Islam zu verbinden, [36] konkreter ist indes folgender Bezug: Parzivals Vater hatte im Orient nochmals geheiratet. Sein Sohn Feirefiz gerät in einen Kampf mit Parzival, an dessen Ende die beiden Halbbrüder einander als solche erkennen und einander schonen. Natürlich wird zum „happy end" der Heide Feirefiz schließlich noch getauft und gut verheiratet.

Willehalm ist ein junger Ritter, der in heidnische Gefangenschaft geriet. Arabel, die Frau des Heidenherrschers, verliebt sich in Willehalm und flieht zusammen mit ihm. Christlich getauft heißt sie nun Gyburc und steht ihrem neuen Ehemann Willehalm im Kampf gegen ihre heidnischen Verwandten zur Seite, die dabei, bis auf wenige, ihr Leben lassen. [37]

Das Motiv der Ehe des christlichen Ritters mit der heidnischen Dame, die Christin wird, kommt auch in anderen mittelalterlichen Dichtungen vor, z.B. in dem Epos „Graf Rudolf" aus der Kreuzzugszeit. Eschenbachs Werk zeichnet sich indes durch andere Eigentümlichkeiten aus. So spricht er, ganz im Gegensatz zum allgemeinen Verständnis seiner Epoche und selbst im Gegensatz von bis heute vorherrschenden Meinungen, vom Krieg als Mord. [38]

2

Der ‚Willehalm' ist dasjenige der beiden Werke Eschenbachs, das weit mehr Bezüge zum Islam und zu

Muslimen aufweist. Es enthält zwei Passagen, die bis heute von besonderem Interesse geblieben sind: Das sogenannte ‚Religionsgespräch‘ und die ‚Schonungsrede‘.

Das ‚Religionsgespräch‘ [39] schildert den Austausch von Argumenten für und gegen die Religionen Christentum und Islam durch Gyburc, die Christin geworden war, und ihrem Vater Terramer. Die ausführliche Betrachtung, die es durchaus verdient, soll hier indes nicht erfolgen. Nur so viel sei gesagt:

Dieses ‚Streitgespräch‘ über die ‚richtige‘ Religion endet nicht mit einem ‚Sieg‘ der einen Seite über die andere. Doch selbst wenn man darin vielleicht das Vorbild für einen christlich-muslimischen Dialog sehen möchte, fällt auf, daß Gyburc wie anderswo auch und ebenso ausgerechnet an dieser Stelle erklärt, sie habe sich wegen der ‚minne‘ taufen lassen [40] – also nicht aus religiöser Überzeugung.

Hier muß die Frage erlaubt sein, ob der Dichter statt einem Interesse an religiösen Fragen nicht vielmehr dem Interesse an ‚minne‘-bezüglichen Fragen nachgeht. Man kann schließen, daß es sich bei diesem sogenannten ‚Religionsgespräch‘ gar nicht um die Problematik der Religionen, sondern um die Problematik der ‚minne‘ handelt. Es soll nicht, zumindest nicht in erster Linie, über die Problematik der unterschiedlichen Religionen belehrt werden. Das Ganze dient vielmehr dazu,

einen schwerwiegenden und letztlich gar destruktiven Aspekt der ‚minne‘ aufzuzeigen, nämlich, daß sie den Vorrang der Religion in Frage stellt. So paßt es auch in das Umfeld, in dem die Dichtung entstand und bedeutsam werden konnte. Das war nicht die Welt der Mönche und der Klöster, sondern die Welt der Ritter und der Höfe. Dort spielte die Religion wohl eine Rolle, aber eben nicht vor, sondern neben der Religion. Eschenbach war kein Kleriker, sondern ein Dichter, sein Publikum nicht die Gottesdienstgemeinde, sondern die Hofgesellschaft.

3

In der sogenannten ‚Schonungsrede‘ oder ‚Toleranzrede‘ [41] tritt Gyburc mit gewichtigen Argumenten dafür ein, im bevorstehenden Kampf die ‚Heiden‘ zu schonen.

Man sollte dabei nicht übersehen, daß Gyburcs Anliegen daher rühren mag, daß diese Heiden ihre eigenen Familienangehörigen sind, darunter ihr Vater, ihr einstiger Ehemann und ihr Sohn. Gyburc als tragische Figur ist ja dadurch gekennzeichnet, daß sie mit beiden kriegführenden Parteien verwandt ist und diese wegen ihr in Konflikt geraten sind. Doch für die Begründung, die Gyburc darlegt, spielt das keine Rolle:

„Euch, Fürsten des Römischen Reiches, mahne ich, das Ansehen des Christentums zu mehren...

wenn Ihr die Heiden besiegt, so versündigt Euch nicht.

Hört auf den Rat einer unwissenden Frau: verschont die Geschöpfe Gottes.

Der erste Mensch, den Gott schuf, war ein Heide.

Glaubt mir, auch Elias und Enoch sind gerettet, obwohl sie Heiden waren.

Heide war auch Noah, der in der Arche gerettet wurde. Hiob war gewiß doch ein Heide, den Gott deshalb nicht verstoßen hat.

Denkt auch an die drei Könige, deren einer Kaspar heiß und die andern Melchior und Balthasar. Wir müssen sie Heiden nennen, die doch deshalb nicht verdammt sind; Gott selbst hat noch an der Brust der Mutter die ersten Gaben von ihnen angenommen.

Der Verdammnis sind nicht alle Heiden zubestimmt.

Wir haben auch als wahr erkannt, daß alle Mütter, die seit Eva Kinder zur Welt brachten, zweifellos Heiden gebaren,
mochten sie selbst auch getauft sein.

Die Christenfrau trägt immer erst ein Heidenkind,
wenn auch die Taufe das Kind umschließt.

Die Taufe der Juden sieht anders aus:

Sie nehmen sie durch die Beschneidung vor.

Wir alle waren anfänglich Heiden, den Geretteten muß es sehr schmerzen, wenn der Vater seine eignen Kinder dem Verderben anheim gibt.

Doch steht es in dessen Macht, sich ihrer zu erbarmen, der stets wahre Barmherzigkeit gezeigt hat...“ [42]

Zu dieser ‚Schonungsrede‘, die der Dichter Wolfram von Eschenbach seiner Protagonistin Gyburc in den Mund legt, hat es schon zahlreiche Ausführungen gegeben. Doch es fehlt eine wirklich plausible Erklärung dafür, woher der Dichter den ‚Toleranz‘-Gedanken genommen hat. Also darf man den vielen Versuchen einen weiteren hinzufügen:

Nach meiner Ansicht stammt der hier vermittelte ‚Toleranz‘-Gedanke aus der muslimischen Welt, denn dort war er, als man ihn im Abendland aufzunehmen begann, schon über Jahrhunderte gesichert und praktisch umgesetzt. Das zeigt sich an den beiden muslimischen Konzepten der *„ahlu-l-kitab – Leute der Schrift“* und der *„fitrah – natürliche Veranlagung “*.

Insbesondere die in der muslimischen Welt praktisch gelebte Toleranz wurde den Abendländern durch ihre Begegnung mit Muslimen bekannt. Durch dieses Kennenlernen konnte es dann auch zur Bekanntschaft mit den ‚theoretischen‘ Grundlagen für die muslimische praktizierte Toleranz kommen, zum Kennenlernen der Quellen, die zugrunde lagen, nämlich entsprechende Grundsätze aus dem Koran und der Überlieferung der Prophetentradition.

Den Verlauf darf man sich folgendermaßen vorstellen: Die Praxis der religiösen Toleranz wurde bekannt durch die Begegnung mit den Muslimen, insbesondere auf ihrem Territorium. Diese Praxis wurde als erstrebenswert erkannt und ihre Annahme als wünschenswert. Zur Umsetzung brauchte es aber auch eine theologisch akzeptable Begründung. Diese liefert beispielhaft die ‚Schonungsrede' der Gyburc, die ja Christin ist.

Den konkreten Einfluß der muslimischen Kultur kann man erkennen, wenn man die Begründung Gyburcs für die Schonung der Heiden in den Blick nimmt. Diese Begründung umfasst im Wesentlichen die zwei Aspekte:

*„ hoeret eines tumben wibes rat,
schonet der gotes handgetat.*

*Ein heiden was der erste man, den
got machen began... -*

*Hört auf den Rat einer unwissenden
Frau: verschont die Geschöpfe Gottes.*

*Der erste Mensch, den Gott schuf,
war ein Heide...* " [43]

Gyburcs Hauptargument lautet:

Alle Menschen sind ursprünglich Heiden. Gott ist „Vater" aller seiner „Kinder", auch der Heiden, und so sind alle Menschen „Gottes Kinder":

*„ wir waren doch alle heidnisch e,
dem saeldehaften tuot vil we,*

*ob von dem vater siniu kint hin zer
vlust benennet sint:*

*er mac sich erbarmen ueber sie der
rehte erbarmekeit truoc ie –*

*Wir alle waren anfänglich Heiden,
den Geretteten muß es sehr schmerzen,*

*wenn der Vater seine eignen Kinder
dem Verderben anheim gibt.*

*Doch steht es in dessen Macht, sich
ihrer zu erbarmen, der stets wahre
Barmherzigkeit gezeigt hat...* " [44]

An dieser Stelle ist nun zu fragen: Gibt es zu diesen beiden Aspekten – alle Menschen sind ursprünglich ‚Heiden' sowie alle Menschen sind Gottes ‚Kinder' – Übereinstimmungen mit muslimischen Auffassungen oder gar Quellen?

Diese Frage ist eindeutig zu bejahen. Daß alle Menschen Gottes Geschöpfe sind, hebt der Koran mehrfach hervor, zwei Beispiele mögen genügen, dies zu veranschaulichen:

„Ihr Menschen, fürchtet euren Herrn der euch aus einer einzigen Seele geschaffen hat und aus ihr seine Gattin geschaffen hat und von ihnen beiden viele Männer und Frauen verbreitet hat…“ (4:1)

„Und als dein Herr von den Kindern Adams aus ihren Rücken ihre Nachkommenschaft nahm und sie gegen sich selbst Zeugnis gaben: Bin Ich nicht euer Herr? Sie sagten: Ja doch, wir bezeugen es…“ (7:172)

Die kurze Koranauslegung dazu lautet:

„Allah berührte den Rücken Adams, und alle Menschen, deren Schöpfer Er ist, bis zum Tag der Auferstehung, kamen heraus, und Er machte den Vertrag mit ihnen und ließ sie gegen sich selbst Zeugnis geben.“ [45]

4

Machen wir an dieser Stelle zum besseren Verständnis ein gedankliches Experiment, und stellen wir uns vor, Gyburc sei nicht eine fiktive Gestalt, sondern ein wirklicher Mensch gewesen, eine Frau muslimischer Herkunft, als Muslimin aufgewachsen, an einem muslimischen Hof, in muslimischer Umgebung. Dann wäre sie natürlich mit dem muslimischen Weltbild vertraut. Eine „echte“ Arabel/Gyburc hätte Koranverse wie beispielsweise 2:111-112 gekannt, und ihre „Toleranz“ hätte sich daraus abgeleitet:

„Und sie sagen: ‚Sicher geht keiner in den Paradiesgarten hinein, außer wer Jude ist oder Christ.‘ Dies sind ihre Wunschvorstellungen. Sag: Her mit eurem Beweis, wenn ihr wahrhaft seid! Vielmehr wer sein Antlitz Allah friedenmachend ergibt, und er ist ein Guthandelnder so ist seine Belohnung bei seinem Herrn, und keine Furcht auf ihnen, und sie sind nicht traurig.“

Ebenso wäre ihr das Prophetenwort von der „natürlichen Religion“ vertraut gewesen, die allen Menschen ursprünglich gemeinsam ist:

„Niemand wird anders als der *fitrah* gemäß geboren, dann machen seine beiden Eltern ihn zu einem Juden oder Christen…“ [46]

Gyburc sagt:

„Wir han für war bekennet, swaz müeter her sit Even zit kint gebaren, ane strit gar heidenschaft was ir geburt: etsliches der touf het umbegurt –
Wir haben auch als wahr erkannt, daß alle Mütter, die seit Eva Kinder zur Welt brachten, zweifellos Heiden gebaren, mochten sie selbst auch getauft sein.“ [47]

Das bedeutet: Alle Menschen sind Gotteskinder, sind Geschöpfe. Auch nicht getaufte Menschen, die ‚Heiden‘, sind von Gott angenommen, die ‚vorchristlichen‘ könnte man sagen.

Interessant ist hier zudem der einleitende Satz „Wir haben auch als wahr erkannt…“ Er deutet an, daß es sich bei dem folgenden Argument – alle Kinder sind von Geburt an Heiden – um eine Einsicht handelt, die zunächst nicht gegeben war. Diese Einsicht kann auf dem Kennenlernen einer anderen Sichtweise beruhen, in diesem Fall wäre es die muslimische von der „*fitrah*".

Eine weitere interessante Frage ist:

Welche Folge würde es haben, wenn wir die Zuhörer Gyburcs umkehren, uns also vorstellen, daß Gyburc nicht vor christlichen, sondern vor muslimischen Zuhörern gesprochen hätte? Wie hätten die muslimischen Zuhörer auf Gyburcs Rede reagiert? Sie hätten wohl in Gyburcs Appell die ihnen aus der eigenen Religion bekannte Grundhaltung der „Toleranz" erkennen sollen.

Und wie, wenn Gyburc zu ihnen als „Arabel", als muslimische Frau, nicht als zum Christentum Übergegangene, gesprochen hätte? Da beide Seiten das muslimische Weltbild teilten, sollte es folglich Zuspruch für Arabels Ansichten gegeben haben. Ihre Ausführungen stehen nicht im Widerspruch, sondern im Einklang mit der muslimischen Religionslehre.

Die ‚Heiden' in Gyburcs ‚Schonungsrede' darf man als Muslime verstehen. Muslime werden nicht nur im Willehalm Heiden genannt, sondern durchgängig so in der mittelalterlichen Literatur.

Vom muslimischen Verständnis her paßt das wie selbstverständlich, was aus abendländisch-kirchlicher Sicht so ungewöhnlich scheint: *ein heiden war der erste man* – Adam war natürlich kein Christ, sondern Muslim. Die biblischen Propheten waren Heiden, d.h. keine Christen, sondern Muslime.

Der Koran verweist übrigens auf eine uranfänglichen Religion, die Religion der Hanifen:
„Also richte dein Gesicht zur Religion als Rechtgläubiger (*hanifan*), die natürliche Weise (*fitrah*) Allahs, nach der er den Menschen die natürliche Weise gab, – kein Umändern für die Schöpfung Allahs, dies ist die aufrechte Religion, aber die meisten Menschen wissen es nicht." (30:30)

Die heiligen drei Könige kommen im Koran nicht vor, können aber als dem christlichen Weltbild entnommene Ergänzung der Fülle nichtchristlicher Gottergebener gesehen werden.

So stellt sich die die Frage:

Haben wir es hier vielleicht mit kulturellem Transfer von Teilen des muslimischen Weltbildes in das abendländische zu tun? Ich erlaube mir, diese Frage zu stellen und ihr zumindest schrittweise nachzugehen, besser beantworten mögen sie die Fachgelehrten.

5

Die Arabel/Gyburc des Wolfram von Eschenbach ist eine fiktive Gestalt, niemand hat sie bisher mit einer historischen Person verbunden, auch wenn Guillaume d'Orange, der das Vorbild zu Willehalm ist, eine Ehefrau hatte, die Vuithburgis hieß. Die ‚Schonungsrede‘ samt der darin vorgetragenen Argumente wurde Gyburc, der fiktiven Gestalt, vom Dichter in den Mund gelegt.

Es gibt nun aber in der mittelalterlichen Literatur noch eine weitere ‚Schonungsrede‘. Doch hat meines Wissens bisher niemand einige diesbezügliche Gesichtspunkte in Betracht gezogen, die ich nun vorstellen will.

Dazu müssen wir uns in die Zeit der Kreuzzüge zurückbegeben. Friedrich Barbarossa, der „Rotbart", erster Stauferkaiser, war auf seinem Kreuzzug 1190 unterwegs in Anatolien bei Silifke im Fluß ertrunken, Saladin hatte 1187 Jerusalem von den Kreuzrittern zurückerobert und war 1193 in Damaskus verstorben. Friedrichs Sohn Heinrich VI. unternahm wiederum einen Kreuzzug und verstarb gleichfalls unterwegs, 1197 in Sizilien. Das Heer dieses sogenannten „Deutschen Kreuzzugs" war damals jedoch schon in Palästina angekommen, hatte auch bereits Beirut eingenommen und im November 1197 mit der Belagerung der Festung Tibnin im Südlibanon begonnen. Davon berichtet am ausführlichsten der Mönch Arnold von Lübeck in seiner „Chronika

Slavorum". [48] Lassen wir ihn also zu Wort kommen. Da die belagerten Muslime ihre Situation als aussichtslos einschätzten und ein Massaker befürchteten, baten sie darum, mit den Anführern des Kreuzfahrerheeres verhandeln zu dürfen.

„Als nun die Fürsten ihre Absichten erfuhren und sich überzeugten, daß sie wegen der Übergabe der Burg unterhandeln wollten, gaben sie den Belagerten ihr Wort, und führten die sieben Vornehmsten der Stadt ins Lager, wo sie ihnen vor den versammelten Fürsten zu reden verstatteten. Sie sprachen:

‚Wir flehen Eure Milde an, Geduld mit uns zu haben, und eingedenk der christlichen Religion, welche, wie Ihr sagt, in jeder Beziehung Liebe übt, diese, wie es frommen Männern ziemt, auch uns zu erweisen. Denn wir, obwohl keine Christen, sind doch nicht ohne Religion: wir stammen von Abraham, und heißen nach dessen Gattin Sara Saracenen. Soll man aber glauben, daß Euer Christus als wahrer Gott und Mensch zugleich Euch durch das Kreuz erlöst hat, und wollt Ihr Euch deshalb des Kreuzes rühmen, so könnt Ihr die Kraft desselben auch an uns bewähren.

Denn es stehet fest, daß wir, wenn auch unser Glaube verschieden ist, doch nur einen Schöpfer haben und nur einen Vater, und daß wir daher Brüder sind, nicht dem Bekenntnisse nach, sondern als Menschen. Darum denket an

37

unseren gemeinschaftlichen Vater, schonet die Brüder..." [49]

Dann bieten sich die Sieben als Geiseln an und erbitten den freien Abzug der Belagerten unter Zurücklassung aller Habe:

„ *'Dies bieten wir Euch freiwillig an: wir wollen nichts, als das Leben retten. Die Veste gehöre Euch, wenn wir nur abziehen dürfen.'*

Dies Anerbieten gefiel den Fürsten..." [50]

Um zunächst die Geschichte zum Abschluß zu bringen, sei kurz mitgeteilt, daß es am Ende doch nicht zur Übergabe der belagerten Festung kam. Die Kreuzfahrer zerstritten sich, die Muslime blieben bei ihrem Widerstand, die Geiseln wurden ihrem Schicksal überlassen, ein muslimisches Entsatzheer kam, die deutschen Kreuzfahrer zogen schließlich unverrichteter Dinge ab und verließen bald darauf das Land.

Die Einzelheiten dürfen hier außer Betracht bleiben, die Chronik von Arnold bietet erschreckende Einsichten in das zutiefst unchristliche Verhalten der Kreuzzügler und Wallfahrer sowohl an ihren Gegnern als auch untereinander. Im März 1198 bestiegen die deutschen Kreuzfahrer die Schiffe zur Rückfahrt. [51] Im Laufe des Sommers 1198 waren sie dann zuhause.

„Außer einigen Reliquien, womit einer oder der andere der rückkehrenden Pilger seine heimatliche Kirche schmückte, gewann Deutschland von dieser Wallfahrt eines großen theils seiner tapfersten und edelsten Ritterschaft nichts anderes, als neue Bestätigung der Wahrnehmung, daß im gelobten Lande weder Vortheil noch Ehre zu gewinnen war und den syrischen Franken, den sogenannten Pullanen, die Störung des Friedens mit den Ungläubigen, welchen sie ihrerseits durch jede Nachgiebigkeit und Unterwerfung zu erhalten suchten, durch die Ankunft eines kampflustigen Pilgerheeres nichts weniger als erwünscht war." [52]

6

Als man im 19. Jahrhundert das Mittelalter wieder entdeckte und aus einer entsprechenden Perspektive auch die Geschichte der Kreuzzüge erneut beschrieb, stützte man sich im Hinblick auf den „Deutschen Kreuzzug" vor allem auf Arnold von Lübeck, als den „einzigen Geschichtsschreiber, welcher mit einiger Ausführlichkeit von diesem Kreuzzug berichtet." [53]

Doch zu der ,Schonungsrede' der sieben Muslime von Tibnin, die Arnold wiedergegeben hat, äußerte man eine seltsamen Ansicht:

„Arnold von Lübeck theilt ausführlich die Reden mit, welche diese Abgeordneten an die Fürsten gehalten, und worin sie besonders an die Liebe, welche das Christenthum gebietet, erinnert haben sollen; daß diese Reden aber bloß rhetorische Versuche des Schriftstellers ohne bestimmte historische Grundlage sind, dieses unterliegt keinem Zweifel." [54]

Eine solche Einschätzung entspricht wohl dem damaligen Zeitgeist, ist aber nicht, wie schon der Wortlaut zeigt, Schluß von vernünftiger Überlegung oder gar nachvollziehbaren Argumenten.

Darauf, daß diese „Schonungsrede" der Muslime von Tibnin an Wolfram von Eschenbachs Ausführungen erinnert, hatte schon Hans Prutz verwiesen: „Den Landgrafen von Thüringen läßt der poetische Berichterstatter über seine Theilnahme am dritten Kreuzzuge bedauern, daß so viele tapfere Heiden fallen, da dieselben doch auch Geschöpfe Gottes seien. Wolfram von Eschenbach hält nicht alle Heiden für ewig verloren, und Arnold von Lübeck (circa) 1200 legt einem Mohammedaner die Worte in den Mund..." [55]

Wiederholt hat diesen Hinweis Siegfried Stein. [56] Die eigentliche Quelle, – Arnolds Chronik – hat Stein gar nicht konsultiert. Interessant ist in diesem Zusammenhang nun noch, daß in der bislang ausführlichsten und relativ aktuellen Bearbeitung des „Deutschen Kreuzzugs" die Belagerung von Tibnin zwar vorkommt und auch Arnolds Chronik als Quelle zitiert wird, die Rede der Muslime jedoch überhaupt nicht mehr erwähnt wird. Dort heißt es nur noch: „...die Ayyubiden ... baten darum, unterhandeln zu dürfen... entschlossen sie sich zu einem Angebot der Übergabe der Burg gegen freien Abzug. Die Burg samt allen Ausrüstungs- und Verteidigungsgegenständen, die Lebensmittel, ja selbst die persönlichen Kostbarkeiten sollten an die Kreuzfahrer fallen." [57]

Man sieht hier, daß wohl aus Arnold als Quelle geschöpft wurde, die „Schonungsrede" indes ausgespart wird.

Man sieht ebenso wie sich eine vorgefaßte Meinung über bald zweihundert Jahre fortgepflanzt und ausgewirkt hat. Folgt man dieser Meinung jedoch, hat also ein Mönch aus Lübeck den Muslimen von Tibnin das alles in den Mund gelegt. Wäre es so, müßte man allerdings auch konstatieren, daß das Wissen von solcher muslimischen Haltung und Argumentation in der Kreuzzugszeit bei abendländischen Christen durchaus bekannt ist und entgegen der damaligen kirchlichen Lehre von einem Abt mitgeteilt wird. Denn weshalb sollte Arnold so etwas erfunden haben?

Zudem ist es doch recht willkürlich, einerseits Arnolds Bericht über den Kreuzzug als solchen anzunehmen und zur Grundlage der eigenen Darstellung zu machen, dann aber eine gewisse Passage daraus ohne weitere Begründung apodiktisch zu verwerfen.

Wie willkürlich die Geschichtsschreibung mit diesen Geschehnissen umgegangen ist, läßt sich an der folgenden Entwicklung aufzeigen. Zunächst wird die „Schonungsrede" der Muslime von Tibnin noch gestreift, bald darauf schlicht ausgelassen. Bei Röhricht heißt es:

„… nahmen sie den Vertrag in der von den Führern der Deutschen entworfenen Form durch Unterschrift an und unterhielten sich mit ihnen noch einige Zeit, wobei sie äußerten, dass zwischen Muslimen und Christen doch eigentlich kein Grund zur Feindschaft vorliege, da sie beide den Glauben an Einen Gott hätten." [58]

Röhricht hat dafür keinen Quellenverweis, doch ist offensichtlich, daß er auf Arnold rekurriert.

Sodann liest man bei Leonhardt: „Die Belagerten schickten in ihrer Bedrängnis Gesandte an das deutsche Heer… Man erlaubt ihnen ihre Vorschläge einem alsbald einberufenen Kriegsrathe zu unterbreiten. Sie bieten – wenn man Arnolds zweifelhaftem Bericht trauen darf – Übergabe des Platzes gegen freien Abzug unter Zurücklassung von Waffen, Habe und allen Vorräten." [59]

Seine Anmerkung 4 verweist auf „Arnold v. L. p. 208,31" als Quelle, doch eine nachvollziehbare Begründung, weshalb es sich dabei um einen „zweifelhaften" Bericht handelt, wird nicht beigebracht. Wenig später soll die „Erzählung Arnolds, hier unsere einzige Quelle", [60] zum Nachweis für das Geschehene dienen. Die wahrheitsgemäße Schilderung der Verhandlungen der Muslime von Tibnin wird bezweifelt, die Schilderung der späteren Kämpfe und der chaotischen Flucht des deutschen Heeres für glaubwürdig

gehalten: „Arnold, der diese Dinge mit der Anschaulichkeit eines Augenzeugen schildert" …

„Man lese diese Schilderung bei Arnold von Lübeck (p. 210,9). Nur ein Augenzeuge, der diese schrecklichen Stunden miterlebt, kann sie so zeichnen." [61]

Am bedeutsamsten ist aber, daß der Hinweis auf die „Schonungsrede" der Muslime von Tibnin auch hier schlicht ausgelassen wird!

7

Doch die an dieser Stelle wohl wichtigste Frage ist zuerst einmal: Woher hatte Arnold von Lübeck überhaupt Kenntnis über die Geschehnisse, von denen er berichtet?

„Arnold entnahm seine Nachrichten aus mündlichen Mitteilungen und schriftlichen Quellen" heißt es lapidar.[62] Zwar hatte Arnold selbst an dem Kreuzzug nicht teilgenommen, doch

„Schriftliche, uns aber nicht bekannte Berichte eines Augenzeugen müssen jedenfalls in den Erzählungen über den Kreuzzug Kaiser Friedrichs I., so wie über den vom Jahre 1196 vorgelegen haben, wie man an den genannten Zeitangaben wahrnehmen kann." [63]

Darüber hinaus konnten ihm die Heimkehrer von ihren Erlebnissen berichten: „… Nachrichten erhielt er durch den Bischof Conrad, Kanzler des

Kaisers Friedrich. Die Theilnahme des Grafen Adolph III. von Holstein an den Kreuzzügen Friedrichs I. und Heinrichs VI., so wie vieler Lübecker an dem letztern, muß ihm viele Mittheilungen von Augenzeugen bei dem damals Vorgefallenen verschafft haben." [64] Arnold erwähnt selbst in der Chronik: „So nahmen in der Stadt Lubeke an 400 der tüchtigsten Männer das Kreuz." [65]

Zu Arnolds Informanten gehörte auch Bischof Heinrich zu Lübeck. [66]

Natürlich darf man davon ausgehen, daß der Mönch Arnold das, was er von der Rede der Muslime bei den Verhandlungen zur Übergabe der Festung von Tibnin erfahren hatte, mit eigenen Worten wiedergab. Doch das bedeutet keineswegs, daß er dabei nicht das Wesentliche erfaßt und mitgeteilt hat. Dafür, daß seine Ausführungen gerade nicht „bloß rhetorische Versuche des Schriftstellers ohne bestimmte historische Grundlage sind", gibt es nämlich einen eindeutigen Hinweis.

Der arabische Geschichtsschreiber Ibn al-Athir, gestorben 630/1233, ein Zeitgenosse Arnolds, berichtet in seinem Werk „*al-kamil fi-i-tarikh* – Die vollständige Geschichte" ebenfalls über die Belagerung von Tibnin:

„Die Franken… belagerten Tibnin am ersten (Tag des Monats) Safar im Jahre (nach der Auswanderung fünfhundert) vierundneunzig… und was die betrifft, die (die Festung) Tibnin hielten,… kamen einige derer, die darin waren, zu den Franken herunter (und) ersuchten um Sicherheit (*al-aman*) für sich und ihre Habe, damit sie die Festung übergeben… Da sagten zu diesen Muslimen einige der Franken, die von der Küste Syriens waren: Wenn ihr die Burg übergebt, nimmt man euch gefangen und tötet euch, also schützt euch! Da kehrten sie um, als ob sie zu denen in der Burg zurückkehrten um sie zu übergeben, und als sie hinaufgestiegen waren, beschlossen sie Widerstand (zu leisten) und kämpften entschlossen…" [67]

Ibn al-Athir bestätigt hier nicht nur, daß die ansässigen Franken, die „Pullanen", sich mit ihrem Rat an die Muslime gegen die neu angekommenen Kreuzfahrer wandten, sondern auch, was Arnold berichtet, nämlich, daß die belagerten Muslime mit den Kreuzfahrern verhandelten und um Sicherheit ersuchten. Es ist richtig, daß hier zwar keine Rede zitiert wird, doch das Ersuchen um Schonung ist zweifelsfrei mitgeteilt.

Auch spätere muslimische Geschichtsschreiber berichten entsprechend, so etwa Abu-l-Fida Ibn Kathir, gestorben 774/1373, der schreibt, daß die Belagerten um „*al-hudnah wa-l-aman* – Waffenstillstand und Sicherheit" ersuchten. [68]

Spricht nun irgend etwas dafür, daß hier tatsächlich ein Zusammenhang mit der Schonungsrede der Gyburc möglich ist?

Es mag ein Zufall sein, doch zumindest ist es merkwürdig, daß Gyburc im Willehalm vor den versammelten „Fürsten" spricht, [69] und ebenso die sieben Muslime aus Tibnin den „Fürsten" des Kreuzfahrerheeres ihr Ansinnen vortragen. Es hätten ja auch die „Anführer", die „Ritter" oder sonst wer sein können.

Die Kreuzfahrer waren im Sommer 1198 zu ihren heimatlichen Sitzen zurückgekehrt. Zu ihnen gehörte auch der Landgraf Hermann von Thüringen, den Arnold namentlich in seiner Chronik als Teilnehmer am Kreuzzug nennt [70] und der im März 1198 von Akkon aufgebrochen war. [71]

Wolfram von Eschenbach verfasste den ‚Willehalm' ein gutes Jahrzehnt danach, etwa ab dem Jahr 1210, und erwähnt dabei eingangs, daß ihn Hermann von Thüringen mit der Geschichte bekannt gemacht hat:

„landgrave von Duringen Herman tet mir diz maere von im bekannt. Er ist ein franzoys genant kuns Gwillams de Orangis – Landgraf Hermann von Thüringen machte mich mit seiner Geschichte bekannt. Auf Französisch heißt er Comte Guillaume d'Orange." [72]

Auf der Wartburg, dem Sitz des Landgrafen, soll 1206 der berühmte „Sängerkrieg", der Wettstreit der Minnesänger stattgefunden haben, bei dem Wolfram von Eschenbach anwesend war. Es gab also ausreichend Zeit und Gelegenheit für ihn, sowohl von seinem Mäzen als auch von anderen Kreuzzugsteilnehmern zu erfahren, was sie erlebt hatten.

Man sollte nicht annehmen, daß Hermann von Thüringen den Dichter Eschenbach nur mit der Geschichte des Guillaume d'Orange bekannt gemacht hat, ihm aber seine eigenen Erlebnisse beim Kampf gegen die Sarazenen vorenthielt. Als herausragendes Ereignis und Wendepunkt des Kreuzzugs von 1197/98 kann dabei die Belagerung von Tibnin nicht ausgelassen worden sein. Der Versuch der Muslime, um Schonung zu verhandeln, ist von abendländischer sowie morgenländischer Seite belegt.

Die Verhandlungen wurden mit den Anführern der Kreuzfahrer geführt, die Arnold in seiner Chronik als „die versammelten Fürsten" bezeichnet. Einer dieser Anführer und Fürsten muß seinem Rang zufolge Hermann von Thüringen gewesen sein. Dafür spricht, daß die Aufforderung von Papst Innozenz Anfang Februar 1198 am Kreuzzug festzuhalten auch an ihn gerichtet ist. [73] Hermann von Thüringen war also Zeuge der Geschehnisse, und Wolfram von Eschenbach kann so von ihm direkt erfahren haben, was die sieben Muslime vortrugen.

Als ein weiterer Zeuge, der zugleich ein Förderer des Eschenbach war, kommt Graf Poppo von Wertheim in Frage. Er gehörte neben Hermann von Thüringen gleichfalls zu den „Fürsten" des Kreuzzugs. [74] Von ihm heißt es „Er ist vom Kreuzzug zurückgekehrt", und war als „Poppo, Gr. v. Wertheim" Zeuge auf einer Urkunde in Würzburg "c. August" 1199. [75]

Ob nun jedes einzelne Wort so geäußert wurde, wie Arnold es berichtet, ist dabei nicht entscheidend. Die Verhandlungen zwischen den Belagerten von Tibnin und den „Fürsten" wurden ja wohl ohnehin mit Hilfe von Übersetzern geführt. Entscheidend ist, ob Wolfram einen Bericht von den Kreuzzugsteilnehmern Hermann von Thüringen oder auch Poppo von Wertheim darüber gehört haben kann. Ich halte das für denkbar, und in diesem Fall bliebe nur noch zu fragen, weshalb Hermann von Thüringen – oder wenn nicht er, dann ein anderer, der anwesend war – in seinem Bericht den Muslimen etwas in den Mund gelegt haben sollte, das sie nicht zum Ausdruck gebracht haben. Dafür ist kein Grund erkennbar. Es spricht darum auch nichts dagegen, den Bericht Arnolds, der gleichfalls von einem oder mehreren der Anwesenden stammen sollte, für wahr und richtig zu halten. Die im Verlauf natürlich erfolgten Veränderungen des Wortlauts der Rede der Muslime verändern nicht den Kern, nämlich die Bitte um Schonung unter Berufung auf die Verbundenheit trotz unterschiedlicher Religion, die von Wolfram zum Motiv in der Rede Gyburcs vor den Fürsten und darüber hinaus in seiner Dichtung gemacht hat. Gyburc sagt:

„ ... verschont die Geschöpfe Gottes... Wir alle waren anfänglich Heiden, den Geretteten muß es sehr schmerzen, wenn der Vater seine eignen Kinder dem Verderben anheim gibt. Doch steht es in dessen Macht, sich ihrer zu erbarmen, der stets wahre Barmherzigkeit gezeigt hat... " [76]

Die Muslime aus Tibnin sagen:

„Denn es stehet fest, daß wir, wenn auch unser Glaube verschieden ist, doch nur einen Schöpfer haben und nur einen Vater, und daß wir daher Brüder sind, nicht dem Bekenntnisse nach, sondern als Menschen. Darum denket an unseren gemeinschaftlichen Vater, schonet die Brüder... " [77]

Die Nähe der beiden Aussagen zueinander ist nicht zu übersehen.

8

Woher kommt der bei Wolfram von Eschenbach schon im Parzival an der Figur des Feirefiz erkennbare und im Willehalm unübersehbare „Toleranzgedanke"? Ein Vorbild innerhalb der damaligen abendländischen Kultur ist nicht erkennbar. Darum denke ich, daß eine Anregung von außen erfolgt sein muß. Derjenige Außenraum aber kann eigentlich nur die muslimische Welt gewesen sein, denn nur dort war ein entsprechender Toleranzgedanke bereits bekannt und wirksam. Der für das Abendland des frühen 13. Jahrhunderts neue Toleranzgedanke kommt aus der Begegnung der Kreuzfahrer mit den Muslimen und dadurch mit dem Islam. Diese Feststellung ist einerseits allgemein und andererseits spezifisch begründbar.

Allgemein ist es eine Binsenweisheit, die indes hervorzuheben ist, weil trotz ihrer Selbstverständlichkeit ihre Tragweite insbesondere heutzutage wieder unberücksichtigt bleibt: Ohne die konkrete Begegnung mit den Muslimen während der Kreuzzüge gab es gar keinen Anlaß über die Frage des Umgangs mit ihnen nachzudenken. Der konkrete Umgang aber ließ erkennen, daß es sich bei ihnen nicht, wie bislang behauptet, um Teufel, sondern um Menschen gehandelt hat.

Spezifisch ist zu sagen: Der Toleranzgedanke der Gyburg entspricht dem Koran. Nicht zuletzt kommt hierfür Sure 49:13 in Betracht, in der es heißt: „Ihr, die Menschen, Wir haben euch ja geschaffen von einem männlichen und einem weiblichen Wesen, und Wir haben euch Völker und Stämme gemacht, damit ihr einander kennt, der edelste von euch bei Allah ist ja der am meisten gottesfürchtigste von euch, Allah ist ja wissend, kundig."

Der andalusische – und damit europäische – Koranausleger al-Qurtubi (der Cordobaner, aus Cordoba, gestorben 1273) zitiert zur Erläuterung dieser Stelle einleitend mehrere Berichte über den Anlaß, der zur Verkündung dieses Koranverses führte, darunter folgende bekannte Version:

„Ibn Abbas sagte: Am Tag der Einnahme von Mekka gab der Prophet (s) dem Bilal die Anweisung auf das Dach der Kaaba zu steigen und von dort zum Gebet zu rufen. Da sagte 'Attab b. Asid b. Abi al-'Is: Gelobt sei Gott, der meinen Vater sterben ließ, so daß er diesen Tag nicht erlebt, und al-Harith b. Hischam sagte: Hat Muhammad keinen anderen als Gebetsrufer gefunden als diesen schwarzen Raben?... und Suhail b. 'Amr sagte: Wenn Allah will, tauscht er ihn aus!, und Abu Sufjan sagte: Ich sage nichts, ich fürchte, daß der Herr des Himmels es bekannt werden läßt!

Da kam Gabriel zum Propheten (s) und teilte ihm mit, was sie gesagt hatten, und er rief sie und fragte sie danach, was sie gesagt hatten, und sie gaben es zu. Da ließ Allah diesen Vers herabkommen… Er hielt sie ab, von der Prahlerei wegen der Abstammung und vermehrtem Hab und Gut und dem Geringschätzen der Armen, denn das, worauf es ankommt, ist die Gottesfurcht, d.h. daß allesamt von Adam und Eva (abstammen) und der Vorzug auf der Gottesfurcht (beruht)." [78]

Damit ist die Auffassung klar dargelegt, daß alle Menschen 1. von Gott geschaffen, Gottes Geschöpfe, und alle Kinder Adams sind, und 2. es keinen Vorzug des Weißen gegenüber dem Schwarzen oder umgekehrt gibt, es sei denn durch die Gottesfurcht.

Ein solches Menschenbild ist in der muslimischen Weltsicht also von Grund auf angelegt. Deshalb konnte es den Abendländern in der Begegnung mit den Muslimen in praktischer Auswirkung und gelebtem Alltag vor Augen geführt werden und schließlich auch in Gyburcs Rede Ausdruck finden: Alle Menschen sind Gottes Geschöpfe.

Im Parzival, über die Figuren des Feirefiz und schon seiner heidnischen Mutter, im Willehalm über Gyburcs Schonungsrede und die Schilderung der Heiden, erfährt der Heide eine ihm bis dahin im mittelalterlichen Abendland versagte Anerkennung als Mensch.

Diese Betonung des Menschseins ist ebenso in der Rede der Muslime von Tibnin zu sehen.

Hier findet man also das Samenkorn des uns heute unverzichtbaren Gedankens der Menschenwürde, von der es im Artikel 1 des Grundgesetzes der Bundesrepublik Deutschland heißt, daß sie unantastbar und zu schützen ist.

Zumindest in unserer Zeit gehört diese schon im Islam begründete Vorstellung auch zu Deutschland. Das war nicht immer so. Natürlich bedarf sie weiterhin der Pflege, damit sie trotz jener Kräfte erhalten bleibt, die sie in Frage stellen.

Selbst wenn man, anders als ich, dieses tief im Grund der Geschichte verborgene Samenkorn vielleicht nicht wahrnehmen möchte, kommt man doch schwerlich umhin, in der ‚Schonungsrede' zumindest eines der Düngemittel zu sehen, durch das gestärkt dieses im Mittelalter in die Kultur der Deutschen gesetzte Pflänzchen heranwachsen konnte.

DER GEIST

1

Aufgewachsen bin ich am Fuß des Rotenfels, jenes Berges aus rotem Rhyolith, uraltem Vulkangestein, mit der höchsten Steilwand nördlich der Alpen, die mehr als zweihundert Meter aufragt und zu jeder Jahreszeit, an jedem Tag, ja, zu jeder Stunde je nach Stand und Intensität der Sonne andere rötlich-braun-graue Farbtöne zeigt.

„Im Rotenfels bei Kreuznach haust, wie die Sage erzählt, ein Geist, der in herbstlicher Mondnacht den Fels umschwebt, beim Anbruch des Tages aber im Inneren desselben verschwindet. Noch heute trauert er um Franz von Sickingen, den tapferen deutschen Feldhauptmann und Herrn der nahen Ebernburg, der, bei der Verteidigung seiner Feste Landstuhl in der Rheinpfalz schwer verwundet, im Jahre 1523 starb…

Einst hatte der kühne, abenteuernde Knabe die jähe Felswand erklettert und war ermüdet eingeschlafen, hart am Rande der grausigen Schlucht. Es war schon spät in der Nacht. Da trug ihn der Berggeist in seine kristallne Wohnung… Von all den ihm vom Berggeist angebotenen Schätze nahm er nicht das Geringste. Da gab ihm der Geist ein goldenes Kettlein, daran ein Edelstein hing… Damit war er gegen alle Gefahren geschützt. Als Franz aber einmal gegen die Warnung des Geistes nach Trier zog, wurde er von diesem verlassen. Fortan verfolgte ihn das Unglück, bis er, von seinen Feinden besiegt, auf seiner Feste Landstuhl den Tod fand. Der Geist… aber schwebt… in stiller Mondnacht nach der Ebernburg hinüber, um seinen Liebling zu betrauern.“ [79]

Franz von Sickingen (1481-1523) war der Anführer der unmittelbaren Reichsritter, die sich gegen verschiedene Landesherren erhoben, um ihre Interessen durchzusetzen. Weil er den Landfrieden brach, wurde Sickingen vom Kaiser geächtet, bekriegte aber jahrelang weiter Städte und Fürsten. Doch 1522 mißlang sein Zug gegen den Erzbischof und Kurfürsten von Trier, und ein Jahr später fand Sickingen, von seinen Feinden belagert, bei Landstuhl den Tod.

Sickingens Burg, die Ebernburg, sah ich jeden Tag. Bei jedem Blick aus dem Fenster thronte sie auf dem bewaldeten Burgberg, immer war sie da. Auch heute ist das noch so. Unter der Burg steht das Denkmal Sickingens, die Hand am Schwertgriff, bereit die Waffe zu ziehen, und zusammen mit ihm auf dem Sockel steht Ulrich von Hutten, eine Schriftrolle in der Hand, mit der er nach vorne weist. Hutten (1488-1523) war, wie der Geist im Rotenfels, mit Sickingen befreundet, mußte gleichfalls um ihn trauern und starb selbst nur wenige Monate nach ihm, wenig ruhmreich, an der Syphilis. Wie Sickingen war er Reichsritter, doch weniger kriegerisch engagiert, und machte sich einen Namen als humanistischer Literat. Mit einer seiner Schriften „*Ad principes Germanos ut bellum Turcis inferant exhortatoria*" versuchte er 1518, die deutschen Fürsten angesichts der Türkengefahr zur Überwindung ihrer Streitigkeiten zu bewegen. Zugleich kritisierte er aufs Schärfste den römischen Papst und die verweltlichte Kirche. Als ihm in der Folge der Kirchenbann drohte, fand Hutten 1520 Zuflucht und Beistand bei Franz von Sickingen. Dessen Ebernburg ehrte Hutten als „Herberge der Gerechtigkeit", ein Beiname, der mir in meinen Kindertagen durchaus Eindruck machte, auch wenn ich natürlich die Zusammenhänge nicht wirklich verstand. Wichtig war, daß einer, der das konnte, einem anderen, der verfolgt wurde, Schutz und Zuflucht bot.

Vielleicht wären Sickingen auch als Söldnerführer und Räuberhauptmann und Hutten als Querulant und Aufrührer zu sehen, doch so etwas kam nicht in den Blick. Vielmehr war die „Herberge der Gerechtigkeit" ein Ort, an dem sich führende Köpfe der angehenden Reformationsbewegung sammelten. Auch Martin Luther wurde sie als Refugium angeboten, als dieser sich 1521 dem Reichstag zu Worms stellen mußte, wo er sein legendäres „Hier stehe ich und kann nicht anders!" vorbrachte.

Seit etwa 1450 hatte die Erfindung der Druckerpresse und der beweglichen Lettern durch Johannes Gutenberg (1400-1468) in Mainz die Verbreitung des geschriebenen Wortes in einem bis dahin nicht gekannten Ausmaß befördert. Dennoch und deshalb lebten die Deutschen, wie die Geschichte Sickingens und Huttens zeigt, in einer Zeit tiefer Zerstrittenheit und großer Unsicherheit, voll mit Fehden, Kriegen, Raub und Plünderungen, Brandschatzungen, Mord und Totschlag. Zu all diesem kam noch die Bedrohung von außen hinzu. Die Türken rückten immer näher heran.

Hutten machte in seiner Schrift „Vermahnung an die teutschen Fürsten, die Türken mit Krieg zu überziehen" [80] die „Fürsten Teutschlands" mit einem für uns heutzutage merkwürdig anmutenden Gedanken aufmerksam. Er schrieb ihnen: „Gott selbst hat sich unser erbarmt", denn „im Innern… herrscht der tieffste Mangel an Lebensmitteln" und da „aller Lebensbedarf uns abgeht, andererseits Teutschland gerade zu dieser Zeit Ueberfuelle an Menschen hat, so geschah durch Fügung von Oben, ich sag es noch einmal, durch Fügung von Oben, daß gerade in dem Momente, wo Aller Wünsche nach einem Krieg im Ausland sich sehnten, um jener Menge sich zu entledigen, sowohl Grund als Notwendigkeit zu einem Türkenkriege vorhanden sind." [81]

Es fällt schwer, dieser einleitenden Proklamation des Bewohners der „Herberge der Gerechtigkeit" Wertschätzung entgegen zu bringen: Krieg soll Gottes Erbarmen sein und ist die ersehnte Gelegenheit, sich all der Menschen zu entledigen, die im Landesinneren Mangel leiden? Zumindest die unverblümte Ehrlichkeit der letzteren Aussage ist anzuerkennen. Selten hat ein großer Geist dies derart deutlich gesagt.

Daß es wirklich ernst gemeint ist, zeigt Hutten damit, daß er das Beispiel von Jülich anführt:

„… was jene in dem Jülichischen Gebiet auf solche Weise vereinigten Achttausend sich unterwunden, nämlich nachdem sie die übrige Zahl von Bettlern (die sie von allen Seiten herbeiriefen) noch an sich gezogen, brachen sie in die Häuser der Reichen ein, und verheerten alles mit Raub und Brand." [82]

Des Weiteren will Hutten die Fürsten mit dem Hinweis locken: „Denn gewiß werden euch Alle als ihren gemeinschaftlichen Rettern danken. Euch werden sie als starkmüthige, tapfere, fromme Mannen, euch als die Befreier der christlichen Welt preisen. Welcher Ruhm könnte glorreicher, welcher glänzender seyn?" [83]

In der Folge gibt Hutten seinem ersten Hauptpunkt weiten Raum, nämlich der Bedrohungslage:

„Wahr ist, ihr Fürsten, sehr wahr ist das Gerücht, welches über die Rüstung der Türken zu uns kam… und nicht in der Gestalt, daß es mit den frühern Lügengerüchten der Päbste verwechselt werden dürfte. Denn diese hatten früher, so oft es ihnen einfiel, von uns Teutschen Geld auszupressen, die List gebraucht, einen ins Land uns zu schicken, welcher voll des Schreckens ausrufen mußte: ‚Die Türken seyen im Anzuge; ja der Feind sey bald vor den Thoren selbst.'" [84]

Hier trägt Hutten ein weiteres seiner eigentlichen Anliegen vor, nämlich den Kampf gegen den Papst in Rom und seine Kleriker. Diese, so Hutten, sollen sich in Angelegenheiten von Kaiser und Reich nicht einmischen, zu denen vor allem auch das Führen von Kriegen gehört. Für sie schicke es sich mehr „zu beten, psalmeien und Bittgänge zu halten… als über Kriegführen nur zu denken, geschweige öffentlichen Rathschlag zu halten, und uns, die wir das Kriegshandwerk so ziemlich verstehen, den Kriegsplan vorzuschreiben." [85]

Dabei ist die Bedrohung inzwischen ganz unmittelbar. So „heißt es, daß nahe an 200 000 Männer unter den Waffen seyen… schon ist der Feind bis an die Grenze Ungarlandes gerückt, und nur wenig fehlt es, so werden die Türken, von denen wir vor kurzer Zeit noch nicht einmal wußten, wo sie sich aufhielten, und die ganze Masse des Krieges in Teutschland haben." [86]

Man muß sich erinnern, daß damals „Teutschland“, genauer gesagt das Reich des Kaisers, ja unmittelbar an Ungarland angrenzte und auch Wien, das bald darauf – 1529 – von den Türken belagert wurde, die bedeutendste Stadt dieses „Heiligen Römischen Reiches Deutscher Nation“ war. Zur Unterstreichung der großen Gefahr darf die Schilderung des Unwesens der Türken nicht fehlen:

„Und damit ihr die Türken ganz kennen lernt, so wißt, es liegt in der Ursitte des Volkes, in Raub und Plünderung das Leben zu verbringen. Geht ihm die Gelegenheit ab, so verlegt es sich auf die Jagd, und wüthet gegen die Bestien. Vorzüglich aber ists bei ihm auf den Menschenfang abgesehen. Zu Hause jeder Art von Wollust und Schändlichkeit ergeben, wird er am Ende roh, verwildert, grausam, geil, meineidig und unmenschlich; weder Treue, noch der Verträge Heiligkeit achtend, nur seinem Aberglauben bis zum letzten Atemzug treu, der wahren Religion geschworner Feind, Heiliges und Weltliches, Recht und Unrecht für gleich erachtend.“ [87]

Wird dieser drohenden Gefahr nicht Einhalt geboten, ist gar der eigene Untergang abzusehen:

„So erwachet denn endlich; da die Gefahr so nahe… erwachet aus dem Schlafe. Nie seyd ihr mit mehr Recht daran gemahnt worden, nicht vergessen zu wollen, daß ihr Teutsche seyd…

Fürwahr, wenn wir nicht alsbald aus dem Schlaf uns rütteln, wird bald nichts Teutsches mehr in Teutschland zu finden seyn.“ [88]

„Glaubt daher zuverlässig … o Fürsten, daß er nicht zu uns kömmt, um zu herrschen, sondern um zu morden, würgen, schlachten, hinzurichten, und Wollust aus unserm Untergang zu genießen, da ihm der Sieg keine Früchte darbieten kann. Er kömmt, uns zu Grunde zu richten, unsere Frauen zu schänden, unsre Kinder zu erdrosseln. Er kommt, Herr Christe, um das ganze Volk auszurotten und zu vertilgen. Denn er ist ein solcher Feind, o Fürsten, der nicht Säuglinge, Greise und Mütter verschont, der den Sohn vor des Vaters Augen, den Vater selbst am Altare hinwürgt, der Neugeborne an Zaunpfähle spießt, schwangeren Müttern die unreife Geburt aus dem Schooße herausschneidet; der gegen alle Geschlechter und Alter mit jeder Art neuerfundener Grausamkeit wütet.“ [89]

Wo der Feind ein derartiger Unmensch ist, kann man selbst im Gegensatz dazu natürlich nur besser dastehen:

„Daß wir, weil wir immer zu Hause sitzen, glauben, die Welt sey von lauter Teutschen bewohnt. Ja wir, mit unsrer Menschlichkeit und Gesittung, kennen des Türken unmenschliche Wildheit ganz und gar nicht. Aber gewiß ist’s, daß er blos zum Morden, Quälen und Schinden geboren, erzogen und unterwiesen wird; daß er immer nur nach

Blut dürstet, immer nach Mißhandlung der Menschen nur lechzt… Sie pflanzen den Mord selbst in ihre eigenen Familien hinein. Bruder erschlägt den Bruder, oder Bruders- und Schwestersohn. Söhne würgen ihre Väter, und die Väter ihre Söhne wechselseitig. Mit einem Wort, es ist bei ihnen Sitte, keine Blutsfreunde übrig zu haben, weil es bei ihnen wiederum Landesbrauch ist, daß der, dem die Herrschaft zufällt, sein ganzes Geschlecht vertilge." [90]

Daß die deutschen Fürsten teils ganz ähnlich verfahren und die mittelalterliche abendländische wie deutsche Geschichte voller Episoden von Feindschaften und Kriegen zwischen blutsverwandten Herrschern ist, übergeht Hutten, denn das würde die Ungeheuerlichkeit des Feindes ja relativieren.

Richtig ist indes, daß sich manche der osmanischen Sultane tatsächlich dadurch ausgezeichnet haben, daß sie, wenn sie ihr Amt antraten, mögliche Konkurrenten aus der eigenen Verwandtschaft einschließlich eigener Brüder ermorden ließen. Dies wurde ganz entgegen islamischem Recht mit der Begründung legitimiert, man müsse vorausschauend die *„nizam-ı-alem* – Ordnung der Weltverhältnisse" sicherstellen und ein größeres Übel mit einem kleineren abwenden. Das galt bis zur Zeit Huttens für die Sultane Mehmet II., der 1453 Konstantinopel erobert hatte und so den Beinamen *„Fatih* – Einnehmer" erhielt, für seinen Sohn Bayazit

II., der seinen Neffen umbringen ließ, und für Bayazits Sohn Selim I. Erst als 1687 der Grundsatz des *„ekberiyet"* Gültigkeit erlangte, nach dem der älteste Sohn Nachfolger des Sultans wird, hörte dieses Brudermorden (*kardeş katlı*) auf. Stattdessen mußten die jüngeren Verwandten ihr Leben relativ abgeschlossen von der Außenwelt im „Käfig" (*kafes*) des Sultanspalastes verbringen. Dieses Gebäude kann man noch heute beim Besuch des Topkapi-Palasts in Istanbul in Augenschein nehmen.

Zu Huttens Zeit galt indes: „Wir haben also von dem Türken jede Feindseligkeit und jede Grausamkeit zu befahren, und in Folge dessen muß ich euch… jeden Glauben benehmen, als wohne auch nur ein Fünkchen Menschlichkeit und Milde in diesem Ungeheuer, so zwar, daß es um uns, um das Reich, ihre Fürsten, und um die Religion geschehen seyn wird, falls er siegt." [91]

3

Huttens zweiter Hauptpunkt ist die Frage, wie der Türkenkrieg erfolgreich zu führen sei. Damit kommt er zugleich auf das zu sprechen, was sich nun als sein eigentliches Anliegen herausstellt:

„Von zwei Dingen hauptsächlich hängt die glückliche Fürung dieses Krieges ab: Von gemeinsamer Eintracht, und daß ganz Teutschland einmüthig seinem Kaiser gehorche." [92]

Die Einmüthigkeit der Deutschen
wiederum müsse aus ihrer Geschichte
gefolgert werden, denn in Deutschland
habe man es immer nur mit Deutschen
zu tun gehabt. Deutschland war immer
ausländerfrei und soll es auch bleiben:

„Ist doch aber ganz Teutschland, so
weit, groß und volkreich es ist… nur
eine Familie, nur eine große Verwandtschaft von jeher gewesen. Denn also
wissen wir, daß die Teutschen Einge-
borne sind, und kein anderes fremdes
Volk, um eine Wohnung zu suchen,
hier eingewandert sey… so kommen
alle Historienschreiber darin überein,
daß diese Nation immer durch sich bestanden, von sich nur abhängig gewesen, und sich selbst von aller Vermi-
schung mit fremden Völkern rein fortgepflanzt habe. Bei keinem andern
Volk hat diese Reinheit und Teutschheit sich also bewahrt in solchem Maße,
daß weder Dinge noch Menschen bei
ihnen sich geändert… Denn nie haben
bei uns sich Fremdlinge niedergelas-
sen; nie hat sich der Überfluss einer anderen Nation hiher erschüttet. Damit es
aber nie dahin kommen könnte, daß ein
Ausländer über uns herrschen würde,
trachtete man eifrigst zu verhüten, daß
nie ein anderswo vertriebenes Volk hier
festen Fuß und bleibende Stätte fasse,
und zwar ging dies so weit, daß unsere
Altvorderen, o Fürsten, sehr selten Ver-
ehelichungen mit Ausländern zugaben,
um nicht ihre Teutschheit zu befle-
cken.“ [93]

Das eigentliche Anliegen wird durch
ein weiteres Argument befördert:

„Doch gesetzt, es wären auch keine
Türken vorhanden, und von nirgendher
drohte uns Gefahr, so thut Teutschland
an und für sich der Fürsten Einmuth
noth. Wird ihm dieses nicht baldigst, so
dürfte es durch seine eigenen Kräfte
zerstört werden.“ [94]

Darüber hinaus appelliert Hutten an
das Ehrgefühl. Er geht auf das Selbstverständnis des Adels ein. Wahrer Adel
ist Tugendadel und Adel der Tat:

„Denn es läßt sich die Tugend keineswegs vererben. Ist aber Jemand, der
selbst tapfere Thaten vollführt hat, wird
ihm nirgend schuldige Verehrung und
schuldiges Lob entzogen werden. Aber
vergebens werden jene ihre Wappen zu
Haus aufbewahren, welche durch keine
Großthat draußen je ihren Adel darge-
than. Es ist zwar ein Schmuck, eines alten Stammes Sprosse zu seyn, aber dabei erwartet man immer einigermaßen
von diesen, daß sie ihren Stammvätern
gleich werden. Suchen es dieselben
nicht dahin zu bringen, werden die
Menschen nicht länger mehr sonderlich
nach Titeln und leeren Namen fragen.
Man wird Niemanden mehr deshalb für
groß achten, weil er Geld hat oder in
Purpur sich kleidet oder von einer Leib-
wache umgeben ist. Dies sind äußerli-
che Vorzüge, die ihr auch mit jenen alten Kolossen gemein habt. Denn diese,
von ungeheurem Umfang und mit großer Kunst aufgebaut, sind außen zwar

sehr schön, innen aber voll Unflath und von wegen ihrer Größe mißgestaltet. Kraftthat thut dem Noth, welcher nach Berühmtheit strebt. Unter ihrem Banner mag man allein hervorragen und einen glänzenden Namen von sich auf die Nachwelt bringen... Jeder wird nur so hoch geschätzt, als er in Sitten und Gesinnung sich zeigt, keineswegs aber wie ihn das Alter seines Adels stellt. Dies ist auch ganz in der Ordnung; denn es zeigt sich erst, wenn man Wasser hineinschüttet, ob das Geschirr ganz sey ... Nicht dauerhafter wird Eure Größe bestehn, wenn sie mit eurem Geiste nicht zusammenhängt. Die einzige Grundfeste solch einer Last ist die Tugend. Diese stützt allein wahrhafte Größe. Auf dieser allein treibt der wahre Adel Wurzeln. Nehmt ihr sie hinweg, so fällt auch das Übrige zusammen, und jähling wird jeder Schimmer ausgelöscht seyn. Die Blicke der Unverständigen werden beifällig auf euren Gewändern und dem übrigen Außenschmuck hangen; die Weisen sehen sie gleichgültig an." [95]

Die geforderte Einheit der Fürsten ist mit ihrer Anerkennung von Kaiser und Reich verknüpft:

„ ...von nicht minderer Wichtigkeit ist, ... daß ihr sowohl in allem, als vorzüglich in diesem Kriege, einen alleinigen Führer und Feldherrn erhaltet, dem Alle sich unterwerfen und Folge leisten... dieser wird... nach dem Willen und Wunsche ganz Teutschlands kein Anderer seyn als Kaiser Max selbst... Denn alles beruht nun in den zwei Punkten: ‚Daß ihr vorerst einig seyd‘, sodann, ‚den Kaiser anerkennt.‘" [96]

Die Stärkung des Kaisers aber rührt zugleich an das nächste Anliegen Huttens, nämlich die Schwächung des Papstes, der sich anmaßt, was ihm nicht zusteht:

„Denn von der Zeit an, wo mit der Religion Aberglauben sich vermischte, und die Unsern glaubten, daß sie keinen Kaiser hätten, wenn er nicht zu den Füßen des römischen Pabstes zuvor die Krone empfangen, letzterem etwas geschenkt oder einen Eidschwur geleistet hätte, daß er die Schenkung Konstantins bestätigen wolle ... Ich glaube daher, um meine eigentliche Herzensmeinung recht frei herauszusagen, daß ihr nach Vollendung dieses Krieges Rom eben so sehr als Asien herzustellen habt." [97]

Doch Aussicht auf die geforderte Einmütigkeit der Fürsten sieht Hutten eher wegen der Türkengefahr:

„Da ich euch hinlänglich davon überzeugt glaube, erneure ich meine Bitte: begegnet dem Unheil. Es brennen allvörderst die Türken vor Haß gegen alle Christen insgesamt; mit besonderm verfolgen sie diese Nation. Hasset sie wieder und vergeltet Gleiches mit Gleichem... Darum gürtet euch! Brecht hervor! Schlagt zu!" [98]

Man möchte Hutten fragen: Was ist hieran christlich? Und ist es möglich, sich einerseits auf Gott und Christus zu berufen und andererseits aufzurufen zu Haß und Totschlag?

Huttens Antwort lautet: „Die Fürsten haben hier ein Recht, oder vielmehr, es zwingt hier die Noth zu hassen, mit aller Macht gegen diese Rasenden anzustürmen, gegen diese Pest zu wüthen. Alle Nationen, so sich zu Christus bekennen, schreien zu euch; es schreien Nachbarn, Vaterland, Säuglinge, Knaben, Greise, Frauen zu euch. Es erhebt die Religion selbst, die gegen den Türken sich vertheidigt wissen will, ihr Geschrei. Bei dem unsterblichen Gott, erwacht! Rettet, indem ihr Alles schirmt, euer Eigenes! Befreit uns von dem Joche! Errettet uns aus dem Rachen des abscheulichsten Ungeheuers. Vertheidigt die Religion, für welche so viele der Märtyrer freudig in schmachvollen Tod geeilt! Ihr werdet durch die eine Großthat um Gott und Menschen euch verdient machen." [99]

Selbst ein verlorener Krieg wäre lohnenswert, denn er würde wahren und unvergänglichen Ruhm bewirken:

„… so ist dieser Kampf von der Art, daß auch besiegt zu werden glorreich seyn wird. Wer von euch allen wollte, wenn er jetzt sterben müßte, nicht lieber hier als an jedem andern Ort sterben? Denn welch erhabener Lohn ist uns nicht dafür zum Voraus bescheert? Wahrer und unvergänglicher Ruhm bei der Enkelwelt; übergroßes Verdienst bei Gott; die reichste Beute vom Feind errungen. In einer und derselben Sache bleibt Unsterblichkeit des Namens, Heil eurer Seelen, Vermehrung eurer Glücksgüter… euer sicherer Antheil. Kann es außer diesem noch etwas geben, was uns dienen könnte?" [100]

Nochmals wird die Religion bemüht:

„Was zaudert denn ihr, des allmächtigen Gottes höchste Huld zu erwerben, des höchsten Glücks im Himmel euch zu vergewissern. Wie mögt ihr noch säumen, den Himmel selbst euch zu verdienen? Als Sieger oder Besiegte, hier oder drüben in der unsterblichen Heimath, werdet den Triumph ihr feiern. Ist das nicht das Höchste?" [101]

Doch sogleich wird der Blick vom Himmel wieder zurückgeführt auf die Erde, hin zu dem, worauf es ankommt:

„Nehmt die Sache so, wie sie ist, ihr Fürsten. Ein ungeheurer Mangel an Lebensmitteln herrscht; nirgend ist ein Krieg, durch welchen die Darbenden einen Ausweg fänden, als der, zu welchem ich durch diesen Aufruf euch vermahne… Ihr wißt auch, welches die Stimmung in Teutschland ist, daß, je dürrer und unfruchtbarer das Jahr, desto reizender es zum Kriege sich zeigt. Es gibt also nur Ein Mittel, der Hungersnoth sich zu wehren, nämlich, daß wir

Krieg im Auslande führen; dadurch wird die Jugend flott und die Menschenmenge im Staate gemindert. Sucht es also zu verhindern, daß kein Aufstand sich Teutschlands bemeistere, daß Eure und Anderer Besitzungen nicht gefährdet werden, daß wir nicht, während die fetteste Beute uns außen entgeht, daheim uns gezwungen sehen, für unser Erbgut in bürgerlichen Mordgemetzeln uns zu begegnen." [102]

Seine „Vermahnung an die Fürsten" beschließt Hutten mit Zeilen, die nochmals sein eigentliches Anliegen hervorheben: „Ich hege die Zuversicht, daß alle diese eine Gesinnung theilen, alle dahin trachten und sich bewegen, alle zur Eintracht die Hände sich reichen und dem Kaiser sich unterwerfen wollen. Ich flehe daher zu Christus dem Höchsten und Besten zuvörderst, daß er starkmüthig sie in ihrem Vorsatz erhalten, dann aber, daß er ihnen Glück, Heil und Segen in allen ihren Unternehmungen verleihen möge! Ich habe gesprochen!" [103]

Hutten, den man als den ersten großen deutschen Nationalisten eingeordnet hat,[104] habe ich recht ausführlich zu Worte kommen lassen, weil seine Gedanken einen Klang erzeugen, der noch nach 500 Jahren in unseren Tagen widerhallt. Es ist unübersehbar, wie die Bedrohung durch die Türken als Mittel dienen soll, deutsche Probleme zu bewältigen. Zu Huttens Zeit reichen diese vom Mangel an Lebensbedarf, vom Bevölkerungsüberschuss sowie von der Auseinandersetzung mit Papst und Kirche bis hin zur Zwietracht und Feindschaft der deutschen Fürsten untereinander und gegenüber Kaiser und Reich. Anders gesagt:

Der Krieg gegen die Türken soll Wohlstand – für die Überlebenden, muß man hinzufügen – bewirken. Er soll Zwist und Kriege im Inneren beenden, damit zugleich die politische Ordnung festigen und zudem noch Papst und Klerus in die Schranken weisen.

5

Der Islam spielt für Hutten eigentlich keine Rolle. Ohne näher darauf einzugehen, erwähnt er ihn und nennt dabei nicht einmal seinen Namen. Die Türken sind übel und schlecht, nicht weil sie Muslime sind, sondern weil sie Türken und weil sie Fremde sind:

„Es war im siebenhundert und siebenzigsten Jahr nach Christi Geburt, als zuerst diese Völkerpest… in Kleinasien sich festsetzte… Während dieser Zeit sind sie auch mit den Saracenen in Kampf gerathen und haben deren Religion angenommen." [105]

Doch wenn auch Huttens Schrift geeignet war, die Gemüter zu erhitzen – eine Haßpredigt würde man so etwas heutzutage nennen – so konnte sie ihre Ziele nicht erreichen. Weder kam es in ihrer Folge zu einem solchen Krieg gegen die Türken, der die inneren

Unruhen und Konflikte nach außen gelenkt hätte, noch besannen sich die deutschen Fürsten auf Einigkeit. Bis es zu einer gewissen Stabilität kam, mußte noch mehr als ein Jahrhundert Blutvergießen übers Land gehen, bevor dann der Dreißigjährige Krieg mit dem Westfälischen Frieden von 1648 ein Ende nahm.

Der Geist vom Rotenfels, der Sickingen betrauert, kommt aus der Sage. Kaum jemand kennt ihn, kaum jemand sieht ihn noch, wenn er in herbstlicher Mondnacht den Fels umschwebt. Er hat sich ins Innere des Berges zurückgezogen. Der Geist Huttens, der aus seiner Türkenkriegschrift spricht, kommt aus der Geschichte. Immer wieder tritt er in Erscheinung, auch in unseren Tagen hört man wieder seine Stimme. Unübersehbar schwebt er über unserem Land.

Es wäre wohl unrecht, wollte man Huttens Bedeutung allein auf diesen Geist reduzieren. Aber es wäre ebenso unrecht, ihn zu übersehen.

DAS APFELBÄUMCHEN

1

Im „*Unnerdoff* – Unterdorf", dem alten Kern von Bad Münster mit den teils noch spätmittelalterlichen Häuschen in engen Gassen, steht die alte Martinskirche. Dort war der Kindergarten, den ich besuchte. Sein kleiner Hof grenzte an ein altes Gemäuer, in dem sich ein niedriger, enger Raum verbarg, dessen winzige mit Eisenstäben vergitterte Fensteröffnung jedoch von außen sichtbar war. „*Dass iss' ess Bulless-sche, do kimm'sche rinn, wenn de nidd braav bisch*" lautete der Satz der Kindergartentante, der den Kern ihres kinderpsychologischen Verständnisses treffend zum Ausdruck brachte. Wir hatten sie trotzdem gern. Der Ausdruck „*Bulles/Bolles*" für Gefängniszelle dürfte vom französischen „*police*" für Polizei kommen. Das linksrheinische Gebiet war ja im Laufe der Geschichte mehrfach französisch besetzt, und es gibt in der lokalen Mundart zahlreiche Wörter französischen Ursprungs. Die Martinskirche war die älteste Kirche im Ort, und die Gemeinde stolz darauf, schon 1521 lutherisch geworden zu sein. Von Martin Luther (1483-1546) hörte man hier schon als Kind. Er wurde als vorbildlich frommer Mann vorgestellt. Bösen Buben war er eher wegen seines Ausspruchs bekannt, man müsse „dem Volk aufs Maul schauen". Da gebrauchte er einen Ausdruck, den liebe Kinder besser nicht verwenden sollten. Den Erwachsenen war sein Wort genehmer, er wolle, auch wenn der Weltuntergang bevorstünde, dennoch sein „Apfelbäumchen pflanzen". Luthers größter Verdienst ist zweifellos die Übersetzung der Bibel in die deutsche Sprache und der dadurch weitverbreitete Zugang auch für Nichtkleriker.

Die lutherischen Kirchen, besonders die in Deutschland, hatten sich intensiv auf das Jahr 2017 vorbereitet. Am 31. Oktober jährte sich zum 500. Mal der Tag, an dem Luther seine 95 Thesen an die Türe der Schloßkirche in Wittenberg schlug und damit den Prozeß der „Reformation" einleitete, deren Folgen bis heute in der Spaltung der westlichen Kirchen sichtbar sind.

In diesem Zusammenhang waren auch verschiedene Studien und Verlautbarungen zur Sicht Luthers auf die Nicht-Lutheraner und Nichtchristen zu erwarten, darunter solche zu Juden und Muslimen. Man durfte gespannt sein, inwieweit es zu neuen Auffassungen kommen würde, die Althergebrachtes, teils auch verschämt Verschwiegenes, vielleicht in ein neues Licht rückten. Indes ergab sich in dieser Hinsicht nichts, das öffentlichkeitswirksam in Erinnerung geblieben wäre.

Man muß natürlich, ganz zurecht, Luthers Haltung aus den Bedingungen seiner Zeit heraus erklären. Das ist, soweit es gelingt, sicher notwendig, um Verständnis überhaupt zu ermöglichen.

Aber angesichts der vergangenen fünf Jahrhunderte und der Welt, in der wir heute leben, wird man auch fragen müssen, welche Folgen Luthers Haltung mit sich brachte und ob seine Sicht der Dinge heute noch vertretbar ist.

2

Wer die Gesamtausgabe von Luthers Werken durchsieht, stellt fest, daß der Reformator sich mehrfach nicht nur zu den Türken, sondern auch konkret zum Islam geäußert hat. Abgesehen von kleinen verstreuten Bemerkungen geben dazu maßgeblich die folgenden seiner Schriften Auskunft:

„Vom Kriege widder die Türken" (1528/29)

„Heerpredigt wider den Türken" (1529)

„Vermahnung zum Gebet wider den Türken" (1541)

„Verlegung des Alcoran Bruder Ricardi. Verdeutscht und herausgegeben von M. Luther" (1542)

Der nur sehr kurze Text „In Alcoranum Praefatio" (1543) als Vorrede zu Theodor Biblianders Koranausgabe, war lange kaum bekannt, hat lediglich auf lateinisch vorgelegen und ist wenig bedeutsam geworden. [106]

Zunächst ist der Kontext zu berücksichtigen, in dem Luthers Schriften entstanden. Die Türken hatten 1453 Konstantinopel eingenommen, das für die Kirchengeschichte so bedeutsame Byzanz war damit zu Ende gegangen. Im Frühjahr 1521 mußte Martin Luther sich vor dem Reichstag in Worms verteidigen, seine Schriften wurden verboten und er mit seinen Anhängern in die Reichsacht versetzt. Dieses sogenannte „Wormser Edikt" wurde indes nicht konsequent umgesetzt, und Luther fand Schutz als „Junker Jörg" auf der Wartburg bei Eisenach, wo er das Neue Testament ins Deutsche übersetzte. Im Sommer desselben Jahres 1521 ging das damals ungarische Belgrad an die Türken verloren.

Fünf Jahre später, nach dem Tod des ungarischen Königs im Sommer 1526 in der verlorenen Schlacht von Mohacs, entbrannte Streit im christlichen Lager über die Nachfolge. Johann Zapolya unterstellte sich 1528 den Türken, die ihn im Kampf gegen Ferdinand von Österreich unterstützten. Ferdinand wiederum suchte im Frühjahr 1529 auf dem Reichstag in Speyer die Hilfe der deutschen Fürsten gegen seinen Konkurrenten und die mit ihm verbündeten Türken zu gewinnen.

Der Reichstag reagierte uneinheitlich. Die protestantische Minderheit verweigerte Johann Unterstützung, die katholische Mehrheit stand Ferdinand nur zögerlich zur Seite. Vor diesem Hintergrund kam es zum türkischen Vormarsch und zur Belagerung von

Wien im Herbst 1529 und sind Luthers Türkenschriften zu lesen.

Dieses Material mit Bezug zum Islam, das im Übrigen nur einen Bruchteil des Gesamtwerkes Luthers ausmacht, bietet Ansatzpunkte für eine Fülle von Betrachtungen. Ich möchte im Folgenden den Blick auf drei Fragen lenken, die mir wichtig sind: Was sagte Luther zum Islam? Wie ging Luther mit diesem Thema um? Und warum befasste er sich überhaupt damit?

In seiner ersten Schrift „Vom Krieg widder die Türken" [107] bringt Luther drei Hauptpunkte als Kritik am Koran vor. Der erste und bedeutsamste ist, daß der Koran die christlich-kirchliche Lehre in Frage stellt:

„Daher halten die Tuercken viel hoeher und groesser von yhrem Mahomet denn von Christo, Denn Christus Ampt habe ein ende Und Mahomeths Ampt sey itzt ym schwang. Daraus kan nu ein iglicher wol mercken, das der Mahometh ein verstoerer ist unsers Herrn Christi und seines reichs. Denn wer die stuecke an Christo verleugket, das er Gottes son ist und fur uns gestorben sey und noch itzt lebe und regire zur rechten Gottes: Was hat der mehr an Christo? Da ist Vater, Son, heiliger geist, Tauffe, Sacrament, Euangelion, glaube und alle Christliche lere und wesen dahin, Und ist an stat Christi nichts mehr, denn Mahometh mit seiner lere von eigen wercken und sonderlich vom schwerd: das ist das heubtstuecke des Tuerckisschen glaubens, darynn auff einem hauffen alle grewel, alle yrthum, alle Teuffel auff einem hauffen ligen.

… Welchem frumen Christlichem hertzen wolt nu nicht grawen fur solchem feine Christi, weil wir sehen das der Tuercke keinen artickel unsers glaubens stehen lest on den einigen von der todten aufferstehung? Da ist Christus kein Erloeser, Heiland, Koenig, kein vergebung der sunden, kein gnad doch heiliger geist.

Zum andern leret des Turcken Alkoran odder glaube nicht allein den Christlichen glauben verstoeren, sondern auch das gantz weltlich Regiment. Denn sein Mahomet (wie gesagt ist) befilhet mit dem schwerd zu walten, und ist das meiste und furnemest werck ynn seinem Alkoran das schwerd. Und ist also ynn der warheit der Turck nichts denn ein rechter moerder odder strassen reuber, wie denn auch die that fur augen beweiset…

Das dritte stuecke ist, das des Mahomeths Alkoran den ehestand nichts acht, sondern yderman zu gibt weiber zu nemen wie viel er wil. Daher der brauch ist bey den Tuercken, das ein man zehen, zwentzig weiber hat Und widderumb verlest und verkeufft welche er wil und wenn er wil, das die weiber aus der massen unwerd und veracht ynn der Tuerckey sind, werden gekaufft und verkaufft wie das viehe. Ob nu villeicht etliche wenige solchs freien gesetzs nicht brauchen, dennoch gilt und gehet solch gesetze frey, wer es thun wil. Solch wesen ist aber kein ehe und kan kein ehe sein, weil keiner ein weib der meynung nimpt odder hat, ewiglich bey yhr zu bleiben als ein [1. Mose 2, 24] leib, wie Gotts wort spricht Gen 3. 'Der man wird an seinem weibe hangen [Matth. 19, 5] und werden zwey ein leib sein',

Diese drey stuecke hab ich itzt wollen erzelen, welcher ich gewis bin aus dem Alkoran der Tuercken. Denn was ich sonst auch gehoeret habe wil ich nicht erfurbringen, weil ichs nicht kan gewis sein… Was kan aber ym regiment und gantzen Tuerckisschen wandel und wesen guts sein, weil nach yhrem Alkoran diese drey stueck bey yhn frey regiern, Nemlich Lugen, Mord, Unehe…?" [108]

3

Bei der Schrift „Verlegung des Alcoran Bruder Ricardi" [109] handelt es sich um Luthers deutsche Übertragung der mittelalterlichen Schrift „*Confutatio Alcorani*", verfasst um 1300 von einem Dominikaner namens Ricoldus zum oder besser gegen den Islam. Mit „Verlegung" ist hier nicht, wie im heutigen Sprachgebrauch das Verlegen einer Schrift in einem Verlag gemeint oder gar das Weglegen und anschließende Vergessen des Ablageorts. Im älteren Deutsch, wie es zu Luthers Zeit gebräuchlich war, bedeutet „Verlegung"

vielmehr „Widerlegung", der Titel von Luthers Schrift meint also „Widerlegung des Korans".

Schon der Text, von dem Luther ausging, hat eine bemerkenswerte Geschichte. Es handelt sich dabei um die lateinische Übersetzung einer griechischen Übersetzung des lateinischen Originals. [110] Davon ausgehend fertigte Luther seine auch nicht immer getreue deutsche Version an. Den Inhalt der Schrift des Ricoldus, den er Bruder Richard nennt, hält Luther für wahr und richtig, weil er, wie er in seinem eigenen Vorwort dazu mitteilt, selbst jüngst erstmals eine lateinische Koranübersetzung angesehen habe:

„Aber itzt diese Fastnacht hab ich den Alcoran gesehen Latinisch, doch seer ubel verdolmetscht, das ich noch wünschet einen klerern zusehen. So viel aber daraus gemarckt, das dieser Bruder Richard sein Buch nicht ertichtet, Sondern gleich mit stimmet. Und das kein falscher wohn hie sein kann, " [111]

Luthers Haltung dem Koran gegenüber ist ausgesprochen negativ. Das hat er auch andernorts mitgeteilt:

„… wie denn das Mahometische Ungeheuer, der Alcoran, wo er am besten ist, nichts Anderes denn ein zusammengestickter Bettlersmantel ist von Sprüchen des Gesetzes und des Evangeliums. Denn es haben zu beiden Theilen die unsinnigen und tollen Geister zusammen geklaubt, was einem jeden

Theil zu seinem Vornehmen gedient und dem Fleisch gefallen hat." [112]

Bei seiner Übersetzung hält sich Luther nicht immer an die Schrift des Bruders Richard, sondern nimmt auch Veränderungen vor. Luther war zudem dafür bekannt, kein Blatt vor den Mund zu nehmen, was mit seinem Hinweis im „Sendbrief vom Dolmetschen" erklärt wird, man müsse dem Volk „aufs Maul sehen",[113] um verstanden zu werden. Seine herabsetzenden Bemerkungen zum Islam, dessen Gesandtem und Schrift sind weit schlimmer als die seiner Vorlagen. Er verwendet noch schärfere Ausdrücke als die lateinischen, die er übersetzt, zulassen oder anzeigen.

Beispielsweise gibt er dem VIII. Kapitel der „Verlegung des Alcoran Bruder Ricardi" die Überschrift „wie der Alcoran Mahmet viehisch und sewisch ist." Im lateinischen Text des Richard heißt es aber nur *„Quod lex Mahometi (irrationalis) est"*, wobei in Luthers Gesammelten Werken *„irrationalis"* in Klammern gesetzt wurde, um die Abweichung Luthers klar zu kennzeichnen.[114]

Noch schwerwiegender sind inhaltliche Veränderungen, die den Sinn entstellen. So liest man über die Geschichte des Propheten Sulaiman aus der Sure *an-naml* 27:17 ff. : „Im Capitel Emele, das heisst Fliege, steht also…".

Indes ist der Name der Sure „*annaml*", und das heißt „die Ameise"! Der

besseren Übersicht halber stelle ich eine deutsche Koranübersetzung und Luthers Fassung Satz für Satz aufeinander folgend vor:

17. Und es wurden für Sulaiman seine Heerscharen von den Dschinn und der Menschheit und den Vögeln zusammengebracht, und sie wurden zum Abmarsch eingeteilt,

Richard/Luther: Salomo versamlete ein gros Heer der Engel, der Menschen und der unvernünftigen thiere.

18. Bis, als sie zum Tal der Ameisen kamen, eine Ameise sagte: 'Ihr, die Ameisen! Geht in eure Wohnstätten, daß euch keinesfalls Sulaiman und seine Heerscharen zermalmen, und sie sind es nicht gewahr.'

Richard/Luther: Da sie hinzogen, funden sie wie einen grossen wasser Strom eitel Fliegen. Da sprach Salomo zu den Fliegen: ‚Hebt euch jr Fliegen in ewer Wonung, das euch Salomo und sein Heer nicht verderbe'.

19. Da lächelte er, zum Lachen gebracht durch ihr Wort, und er sagte:
'Mein Herr, erteile mir, daß ich Dir Deine Wohltat danke, mit der Du mir wohlgetan hast und meinen Eltern, und daß ich Rechtschaffenes tue, das Dir wohlgefällig ist, und lasse mich durch Deine Barmherzigkeit eintreten unter Deine rechtschaffenen Knechte.'

Richard/Luther: Aber die Fliegen lechelten des.

20. Und er suchte die Vögel durch und sagte: 'Was ist mit mir, daß ich den Wiedehopf nicht sehe, oder ist er einer von den Abwesenden?

21. Ganz bestimmt bestrafe ich ihn mit schwerer Strafe, oder ganz bestimmt schlachte ich ihn ab, oder ganz bestimmt kommt er mir mit einer klaren Ermächtigung.'

Richard/Luther: Bald hernach waren alle Vogel da im Heer, on die Fliegen waren nicht da. Und Salomon sprach: ‚Wie gehets zu, das ich keine Fliege sehe? Ich will sie straffen und den Kopff abhawen, oder sol mir ursachen sagen, warumb sie nicht da ist.‘

22. Und er verblieb nicht lange, und er sagte: 'Ich habe etwas ausgemacht, was du nie ausgemacht hast, und ich komme zu dir von Saba mit sicherer Nachricht.

Richard/Luther: Da sprach die Fliege: ‚Ich habe mehr gelernt denn jr, Ich kome jtzt aus Sabea zu euch, mit waerhafftiger New zeitung.

23. Ich habe eine Frau gefunden, sie herrscht über sie, und ihr wurde von allem gegeben, und sie hat einen gewaltigen Thron.

Richard/Luther: Da fand ich ein Weib, das uber sie herrscht,

24. Ich fand sie und ihr Volk sich vor der Sonne niederwerfen anstelle Allahs, und es hat ihnen der Teufel ihre Taten schön gemacht, und er hält sie ab vom Weg, also sind sie nicht rechtgeleitet,

Richard/Luther: die hab ich gezwungen sampt jrem volck, die Sonne anzubeten, an Gottes stat‘. [115]

Wie dieses offensichtliche Durcheinander genau entstand, kann hier nicht nachgezeichnet werden. Es genügt, festzuhalten:

Erstens erwähnt der Koran in dieser Passage keine Engel und Tiere, sondern Dschinn und Vögel.

Zweitens kommen hier im Koran überhaupt keine „Fliege" oder „Fliegen" vor.

Drittens wurden sowohl die Ameisen als auch der Wiedehopf, die hier im Koran vorkommen, in „Fliegen" verwandelt.

Viertens sind es Luther zufolge die Ameisen, die lächeln, während es im Koran heißt, daß Sulaiman wegen ihnen lächelt.

Fünftens ist es nach Luthers Version eine Fliege, die nach Saba reist und nicht der Wiedehopf, den Luther gar nicht kennt, und

sechsten wird dieser Fliege zugeschrieben, sie behaupte, die Königin und ihr Volk gezwungen zu haben, die Sonne anzubeten!

Luthers Darstellung, gleich inwieweit sie auf Richard beruht, entspricht also in den wesentlichen Punkten nicht der Darstellung im Koran.

Doch Luther führt sie zum Beweis dafür an, „das der Alcoran voller fabeln und unnützer mehrlin ist". [116]

Woher sie stammen, ist nicht immer erkennbar, aus dem Koran jedenfalls kommen sie nicht, wie etwa die phantastische Erklärung, weshalb Muslime kein Schweinefleisch essen. Demnach soll es im Koran heißen:

„Die wilde Saw sey geboren aus des Elephanten dreck… Da Noe mit seinen Kindern und Thieren in der Archa waren, wenn sie auffs heimlich gemach giengen, so wolt die Archa sincken, sonderlich wenn der Elephant da war, Da furcht sich Noe und fragt Gott, der antwortet:
,Gehe daher, und bete an fur seinem hindern eben zum loch, da der dreck heraus gehet'. Da er das thet, gieng der dreck heraus mit einem seer grossen schwein, der wület nu in dem dreck, wie sein art ist, Da wuchs eine Maus heraus, die fieng an die brcter der Archen zu nagen.
Da erschracken sie erst recht. Und Noe fraget Gott; der hies jn, Er solt den Lewen auff die stirn schlahen, da gieng eine Wisel (oder Katze) aus sciner Nasen und fras die Maus. Und das sol die ursache sein, darumb sie nicht schweinfleisch essen müsscn." [117]

Manche andere Passagen aus dem Koran, insbesondere solche, die von Jesus handeln, sind ziemlich korrekt und annehmbar wiedergegeben. Es ist be-

merkenswert, daß Luther derjenige ist, der gerade solche Abschnitte mehr oder weniger richtig übersetzt, die das dem Koran zufolge falsche Verständnis der Christen von Gott und Jesus berichtigen, und das Luther es ist, der diese Koranverse im Deutschen publik macht, wenn auch zusammen mit ihren „Widerlegungen'.

Schließlich sei darauf verwiesen, daß die einzige Sure, die sowohl Richard als auch Luther als Ganze übersetzt haben, die Sure *al-kafirun* (109:1-6) ist.

Für „*kafirun*" verwendet Luther allerdings den Ausdruck „Verfluchte" und für den koranischen Ausdruck „*din – Religion*" verwendet er „Gesetz". Ansonsten ist die Übersetzung hinnehmbar. Dies scheint die erste vollständige Sure zu sein, die den Deutschen in ihrer Sprache zugänglich gemacht wurde. Als Muslim meine ich, daß nichts zufällig geschieht. Da fällt es auf, daß es gerade diese Sure und daß cs gerade Luther mit seinem „*sola fide*" ist, der sie den Deutschen übersetzt hat:

„O jr verfluchten, Ich bete nicht an, das jr anbetet, Und jr betet nicht an, das ich anbete, Ich bete nicht an, das jr anbetet, Und jr betet nicht an, das ich anbete, Euch sey ewer Gesetze, Mir sey mein Gesetze." [118]

In meiner Übertragung lautet sie:

„Sag: Ihr, die Glaubensverweigerer, ich diene nicht dem ihr dient, und ihr seid nicht Knechte dessen, dem ich diene, und ich bin nicht Knecht dessen, dem ihr dient, und ihr seid nicht Knechte dessen, dem ich diene, für euch eure Religion, und für mich meine Religion."

4

Manchem Muslim mag Luther vielleicht deshalb sympathisch erscheinen, weil er in gewisser Weise gegen die Verfälschung der Lehre Jesu durch die Kirche auftrat. Auch kritisierte er unverblümt das Zinswesen, doch ohne seine Aufhebung durchzusetzen. Zugleich war Luther jedoch nicht nur ein äußerst entschiedener Gegner des Papstes in Rom, sondern von allen, die nicht seiner Auffassung entsprachen. Dazu gehörten auch Juden und Muslime. Dem Brauch der Zeit gemäß sprach Luther, wenn er die Muslime meinte, von den Türken.

Den Islam verstand Luther als den Glauben, dessen Anhänger „den teuffel an Gottes stat ehren," [119] denn der Islam lehnt Christus ab. Genauer muß man sagen: Der Islam lehnt das Verständnis Luthers von Jesus ab. Den Propheten des Islam bezeichnete Luther als „den Son des Teufels den Mahmet" [120] und „Apostel" des Teufels [121]

Nun gibt es aber, obwohl der Glaube der Muslime nach Luthers Ansicht nichts taugt, doch manches in ihrer Lebensweise, das ansprechend erscheint. Er räumt sogar ein:

„Der Türcke zwinget doch niemant Christum zu verleugnen und seinem glauben anhangen," [122]

Doch das ist aus Luthers Sicht wertlos, weil es nicht echt, sondern nur Blendwerk des Teufels ist. Luther gesteht den Türken wohl zu, daß sie „viel beten und dergleichen," doch „ Das ist eitel schein und hilfft nichts." [123]

In seiner „Heerpredigt widder den Türcken" begründet er das mit dem Hinweis, daß der Glaube an Jesus fehlt:

„Unter andern ergernissen bey den Tuercken ist das wol das fuernemeste, Das yhre priester odder geistlichen solch ein ernst, dapffer, strenge leben fueren, das man sie moecht fuer Engel und nicht fuer menschen ansehen, das mit allen unsern geistlichen und moenchen ym Bapstum ein schertz ist gegen sie…
Zum andern wirstu auch finden das sie ynn yhren kirchen offt zum gebet zu samen komen und mit solcher zucht, stille und schoenen eusserlichen geberden beten, das bey uns ynn unsern kirchen solche zucht und stille auch nirgent zu finden ist. Denn da sind die weiber an sonderlichem ort und so verhuellet, das man keine kan ansehen, das auch unsere gefangen brueder ynn der Tuerckey klagen uber unser volck, das nicht auch ynn unsern kirchen so still, ordenlich und geistlich sich zieret und stellet… Denn las sich zieren, stellen, geberden wer do wil und wie er wil, gleubt er nicht an Jhesu Christ, so bistu

gewis, das Gott lieber hat Essen und trincken ym glauben, denn fasten on glauben, lieber wenig ordenlich geberde ym glauben, denn viel schoener geberd on glauben, lieber wenig gebet ym glauben," [124]

In der folgenden sehr merkwürdigen Argumentation geht Luther so weit, daß er im Zweifelsfall sogar den Muslimen die Überlegenheit gönnen würde:

„Wenn nun solche zwey Türcken heer gegen ander zögen, Eines, das Mahmetisch heisst, das ander, das sich christlich heisst, Lieber, gib unserm herrn Gott guten Rat (wo ers sonst nicht wüßte), Welchen Türcken er solle helffen und glück geben. Ich fur den geringsten ratgeben einer wolt jm raten, Er solle den Mahmetischen Türcken glück geben wider die Christlichen Türcken, wie er bis her on unsern Rat, auch wider unser klage und bitte dennoch gethan hat. Ursache ist die, Das die Mahmetischen Türcken haben Gottes wort nicht, noch prediger desselben, sind grobe, unfletige Sew, wissen nicht, was sie leben oder gleuben, Hetten sie aber prediger Göttlichs worts, möchten sie vielleicht, Ja doch etliche, aus Sewen Menschen werden. Aber unser Christliche Türcken haben Gottes wort und prediger, Wollens gleich wol nicht hören, Und werden aus Menschen eitel sewe, Schenden dazu den Namen Christi, das sie sich Christen und Christlich rhümen und doch erger Türcken sind denn jene, die sich Mahmetisch und nicht Christlich rhümen." [125]

Hier läßt sich sehr deutlich ablesen, wie der Islam von Luther eingesetzt wurde, um anhand dieser Schablone das üble Wesen der falschen Christenheit zu zeichnen. Wie Luther die Beschreibung der Türcken als Mittel benutzt, zeigt die je nach Bedarf unterschiedliche Bewertung ihres Verhaltens. Im einen Fall schildert Luther sie als Mörder und „Sewe", im anderen Fall als vorbildlich fromme Menschen.

Die Türcken führen nach Luthers Schilderung sogar einen weit besseren Lebenswandel als die Deutschen:

„Zum vierden wirstu sehen bey den Türcken nach dem eusserlichen wandel ein dapffer strenge und ehrbarlich wesen: Sie trinken nicht wein, sauffen und fressen nicht so, wie wir thun, kleiden sich nicht so leichtfertiglich und frölich, bawen nicht so prechtig, brangen auch nicht so, schweren und fluchen nicht so, haben grossen trefflichen gehorsam, zucht und ehre gegen yhren Keiser und herrn, und haben yhr regiment eusserlich gefasset und ym schwanck, wie wirs gerne haben wollten ynn Deudschen landen. Und wie wol yhr gesetze zu lesst, das einer mag zwelff ehe weiber haben und dazu Megde odder beyschlefferin wie viel er will und dennoch aller kinder gleich erben sind, So halten sie doch solche weyber alle ynn grossem zwang und gehorsam, das auch der man für den leuten selten mit seiner weib einem redet odder leichtfertiglich bey ihr sitzt oder scherzt. Denn ob wol der man yhm solche weiber lesst vertrawen durch die priester, so behellt er doch das recht und die macht von sich zu lassen welche er wil, nachdem sie verdienet odder er sie lieb hat odder gram wird. Hie mit zwingen sie yhre weiber gewaltiglich, Und wie wol solche ehe nicht ein ehe für Gott sondern mehr ein schein ist denn eine ehe, noch halten sie damit yhre weiber ynn solchem zwang und schönen geberden, das bey yhn nicht solch fürwitz, uppickeit, leichtfertickeit und ander uberflüssiger schmuck, kost und bracht unter den weibern ist, als bey uns." [126]

Doch all das ist aus Luthers Sicht letztlich wiederum wertlos:

„Denn du findest auch ynn diesem stücke deinen Christum nicht, Was hilfft den solch schön ding, so es ausser und widder Christum ist?" [127]

Die Türcken als „Sew" zu beschimpfen, ist eine schlimme Beleidigung. Allerdings muß man zugestehen, daß Luther in dieser Hinsicht unparteiisch war und auch seine eigenen Landsleute mit diesem Prädikat ausgezeichnet hat:

„Und ich kenne recht meine lieben deudschen, die vollen sewe, so sollen sie wol yhrer weise nach sich widderumb nidder setzen und mit guttem mut ynn aller sicherheit zechen und wol leben." [128] So tadelt er sie wegen

nachlassender Bereitschaft, den Türken entgegen zu treten.

Schlimmer als die beleidigende Beschimpfung als „Sew" ist aber, daß Luther dem gläubigen Muslim das Menschsein abspricht:

„Wo nu die Türken oder Sarracenen solchem Buch des Mahmets, dem Alcoran, mit ernst glauben, So sind sie nicht werd, das sie Menschen heissen, als die gemeiner Menschlichen vernunfft beraubt, lauter ummenschen, Stein und Klotz worden sind. Sind sie aber Menschen und bey vernunfft, und gleuben gleich wol dem Alcoran wissentlich und williglich, So ist niemand an jrem verdamnis schüldig denn sie selbs," [129]

Auch in der „Vermahnung zum Gebet wider den Türken" hatte sich Luther derart verstiegen:

„Und wenn yhr nü wider den Turcken zihet, So seyd, ia gewis und zweiuelt nichts daran, das yhr nicht wider fleisch und blut das ist wider menschen streitet. Sonst will ich ewr prophet sein, das Ein Turcke wird viel Christen schlahen Sondern seid gewis das yhr wider ein gros heer teuffel streitet Denn des Turcken heer ist eigentlich der Teuffel heer… wie wir bis her an der erfarung wol gewitzigt sind das der Turck eitel sieg und gluck gehabt hat wider uns, und furder haben wird, wo wir als menschen, wider menschen kriegen werden." [130]

Luther mag mangels besserer Kenntnisse wohl selbst geglaubt haben, was er über den Koran von sich gab, und seine Leser wiederum müssen ihm geglaubt haben.

Aber den Muslim zum Unmenschen herabzusetzen, ist nicht vertretbar, und man muß an dieser Stelle auch fragen, wie sich ein solches Maß an mangelnder Humanität und Mitmenschlichkeit überhaupt mit einem christlichen Grundverständnis vereinbaren lassen soll, gleich welcher Epoche und zeitlichen Umständen es entstammt. Heute zumindest muß man das besser wissen.

5

Schon in seiner Schrift „Vom Krieg widder die Türken" stellt Luther sich gewissermassen als Islam-Experte vor:

„Jch habe des Mahometes Alkoran etlich stueck, welchs auff deudsch mocht predigt- oder lerebuch heissen, … Hab ich zeit so mus ichs ia verdeudschen, auff das yderman sehe welch ein faul schendlich buch es ist" [131]

Auch in der späteren „Verlegung des Alcoran Bruder Ricardi" wiederholt er und bekräftigt er dies:

„Aber itzt diese Fastnacht hab ich den Alcoran gesehen Latinisch, doch seer ubel verdolmetscht, das ich noch wünschet einen klerern zusehen. So viel aber daraus gemarckt, das dieser Bruder Richard sein Buch nicht ertichtet, Sondern gleich mit stimmet. Und das kein falscher wohn hie sein kann, " [132]

Dieser Hinweis bezieht sich auf das Jahr 1542 und erscheint in mehrfacher Hinsicht merkwürdig. Eine nähere Angabe, um wessen lateinische Übersetzung des Korans Luther es sich handelt, fehlt. Luther erkennt, daß diese Übersetzung sehr schlecht ist. Man fragt sich, wie er das ohne Zugriff auf den arabischen Korantext und ohne die dazu erforderlichen arabischen Sprachkenntnisse beurteilen kann. Sein Kommentar, er wünsche sich eine klarere Übersetzung, bekräftigt indes den Eindruck seiner Kompetenz.

Und obwohl die ihm vorliegende Übersetzung nach seinem eigenen Urteil sehr schlecht ist, genügt ihr Inhalt doch, den Wahrheitsgehalt der Schrift des Bruders Richard zu bestätigen. Man sieht, daß hier der Zweck das Mittel bestimmt hat. Der Inhalt von Bruder Richards Schrift soll über Zweifel erhaben sein, um dies zu gewährleisten, wird die Übereinstimmung mit dem Koran durch Luther bestätigt, der sich zu diesem Zweck als Experte ausweist.

Der Fairness halber muß man die Ausführungen Richards und die von Luther unterscheiden. Letztere sind aus seiner Einleitung und seiner abschliessenden Widerlegung zu entnehmen. Luther wiederholt indes, d.h. er hält für wahr und verbreitet weiter, was Richard ihm bietet, und geht selbst darüber noch hinaus:

„Wolan, das ist ja ein schendlich Gesetze, das selbs bekennet, Es sey nicht alles war, was drinnen stehet, sondern wie im Neunden capitel gehort, Bekenet Mahmet selbs, das unter seinen zwelff tausent worten allein drey tausent war sind, die andern neuntausend alle erlogen. Das ist ja ein freyer Teuffel, der on alle Engels Larve in seiner eigen gestalt öffentlich daher rhümet: Wo er etwas leret, da sol das vierde teil war sein und drey teil erlogen. So ists gewislich alles erlogen, auch das vierde teil, wens gleich fur sich war were." [133]

Luther läßt den Leser annehmen, daß er diese Aussage „ein schendlich Gesetze, das selbs bekennet..." auf den Koran beziehen soll. Das ergibt sich aus dem Hinweis wenige Zeilen später, wo er von „solchem Buch des Mahmets, dem Alcoran" spricht.

Doch Richards Text im neunten Kapitel, auf den Luther verweist, stellt das nach Luthers eigener Übersetzung anders dar:

„Item Mahmet hat ein Buch geschrieben von zwelfftausent wunderbarlichen worten, Da sich nun etliche wunderten und fragten, ob dieselbigen alle warhafftig war weren, Antwortet er, Es weren allein dreytausend warhafftig, Die andern aber alle erlogen. Und wenn man nun in diesem Buche etwas falsches findet, sprechen die Sarracenen:,o hat doch Mahmet selbs gesagt,

Es sey nicht alles war. Und dis stück ist der selben eines, das ander bleibt gleichwol warhafftig.' So dünkt mich, thun sie auch mit dem Alcorano, Denn wiewol viel lügen drinnen befunden werden, Doch, weil auch etliche warhafftige sprüche drinnen sind, halten sie jn fur Gottes wort." [134]

Bruder Richard spricht erkennbar zunächst nicht vom Koran, sondern von einem anderen Buch. Gemeint sind vermutlich die Sammlungen der Berichte (*ahadith*) vom und über den Propheten. Darin haben die muslimischen Gelehrten bei ihren akribischen Nachforschungen auch solche gefunden, die nicht zuverlässig überliefert oder nicht wahr sind.

Aber diese Sammlungen hat der Prophet nicht geschrieben, sondern sie entstanden in späterer Zeit als Aufzeichnungen von mündlichen Überlieferungen. Folglich hat der Prophet (s) weder jemals deren Zahl benannt noch die Zahl von solchen, die erlogen sein sollen. Man sieht, wie schon Bruder Richard den Sachverhalt irrtümlich oder willentlich falsch darstellt, und dann die eigene Vermutung äußert, auch mit dem Koran verhalte es sich entsprechend. Luthers Darstellung erweckt den Eindruck, als habe Bruder Richard unmittelbar vom Koran gesprochen und spricht vom Koran.

Man fragt sich auch an dieser Stelle, wie ein kritischer Geist all das, was

Richards Text an Vernunftwidrigem mitteilt, überhaupt für wahr halten kann, ungeprüft zu übernehmen bereit ist und zudem noch als Wahrheit weiterverbreitet. Doch nicht nur das – Luther verschärft das Argument des Bruder Richard noch mit dem Hinweis: „so ist gewißlich alles erlogen".

Angesichts dessen bleibt man bei Luthers Ausführungen zum Islam ratlos, wenn man wissen möchte, was etwa in folgendem Fall der Wahrheit entspricht. Luther schreibt:

„Der Turcke helt die vier Euangelia fuer goettlich und recht so wol als die Propheten," und bekräftigt das nochmals „Jch kans nicht leucken, Der Turcke helt die vier Euangelia fuer goettlich und recht so wol als die Propheten," [135]

Andererseits erklärt er in seiner späteren Vorrede zu „Verlegung des Alcoran Bruder Richardi" indes, daß „sie die gantze Heilge Schrift beide new und alt Testament, verwerffen, als nu mehr tod und untüchtig".[136]

Zudem erweckt Luther den Anschein als habe er selbst Erfahrungen im Umgang mit Muslimen gesammelt. Er sagt von ihnen: Sie „gestehen niemand keiner rede noch disputation von der heiligen schrift, stopffen die ohren, augen und hertzen fest zu gegen das selige Buch der Heiligen schrifft und bleiben auf jrem Alcoran." [137]

Tatsächlich aber hat Luther wohl niemals mit einem Muslim ein Religionsgespräch geführt. Von Begegnungen mit Muslimen ist jedenfalls nichts bekannt geworden, und der Hinweis auf ihre angebliche Verweigerung des Gesprächs steht zudem im Widerspruch zum Text des Bruders Richard. Dieser schrieb nämlich:

„Denn nachdem ich über viel Meer und durch viel wüsten gereiset, bin ich auch gen Babylon, die herrliche Stadt der Sarracener, komen, da sie denn jre hohe Schulen haben, die seer gros sind, Daselbs lernet ich die arabische Schrifft und Sprache, Und disputirte on unterlas und auffs vleissigst mit jren Doctorn und Gelerten," [138]

Luther benutzt den Islam, besser gesagt, das Bild, das er vom Islam zeichnet, als Kontrast zu seinem Religionsverständnis. So scharf wie er haben nur wenige andere die Unvereinbarkeit zwischen Islam und Christentum, die Gegensätzlichkeit des „Wir und sie", ja man kann sagen, das Feindbild Islam gezeichnet.

Dabei hatte Luther, wie gesagt, überhaupt keine praktische Erfahrung mit dem Islam oder den Muslimen. Immerhin hat er, wie er schreibt, etliche ihrer Schutzamulette zu Gesicht bekommen, auch wenn nicht ersichtlich wird, wie, doch genügt ihm das, die Muslime der Abgötterei zu beschuldigen:

„Haben doch die Türcken auch solch geucherey (zum Narren (gauch) machen, d.h. Betrügerei, AvD) unter sich, füren bey sich im Kriege brieve

Arabisch, seer schön geschrieben (der
ich etliche gesehen), das sie durch solche ledige, blosse Buchstaben, oder,
wie sie es nennen, gute heilig wort, wollen fur Woffen und fehrligkeit sicher
sein. Also füllet der Teuffel alle Welt
mit Zeuberey, Abgötterei, geucherey…" [139]

Von einer Begegnung mit Muslimen
oder gar einem Religionsgespräch mit
muslimischen Gelehrten ist indes nichts
bekannt geworden. Von manchem heutigen Gegner des Islam läßt sich ja bekanntlich das selbe sagen. Wie sie stützt
sich Luther bei seiner Meinungsbildung
auf das, was er gelesen oder gehört hat.
Ein Beispiel kann dies veranschaulichen:

In Nürnberg erschien im Jahr 1530
eine Schrift „Chronica und beschreibung der Türkey… von einem Siebenbürger XXI jar darin gefangen gelegen… mit eyner vorrhed D. Martini Lutheri." In der dreiseitigen Vorrede, einer
gekürzten Fassung des ursprünglich lateinischen Textes, faßt Luther seine
Sicht des Islam komprimiert zusammen
und verweist dabei darauf, daß er zwar
zwei Schriften gegen den Koran kennt,
„Aber den Alkoran als der Türcken
Evangelium beger ich noch vergebens
zu lesen." [140]

Luther hält diese „Chronika" für ein
glaubwürdiges Werk zur Kenntnis der
Türken, denn es „greyff die hauptstück

jrs glaubens an". Dies erläutert er weiter:

„unser höchsten notwer und stercks-
ten waffen… seind die artickel von
Christo. Nemlich das Christus sey der
son Gottes, gestorben für unsere sünd,
aufferstanden zu unser gerechtigkeit,
das die durch den glauben in yn gerecht
und der sünd ledig und entlassen oder
absoluirt selig seind. Das seind Donner-
schlag die nit allein Mahomethum son-
der auch die Pforten der Hellen zersto-
eren. Dann Mahometh verneint Christu
sein ein son Gottes, verleugnet yn auch
umb unser sünde willen gestorben sein.
Er verneint auch das er zu unserer ur-
stand (d.h. Auferstehung, AvD) und leben erstanden sey. Item das durch den
glauben yhn die sünd nit erlassen und
mir auch nicht gerecht werdenn. Er verleugnet das Christus zukünfftiger richter sey über lebendig und todten, wiewohl sie die urstend und juengst gericht
glauben. Sie verneinen dem heylige
Geyst sein gab. Mit welchem artickel
das gewissen zu bewaren ist wider allen
schein und ceremoni aller Mahometi-
schen.

Mit diesen Büchsen mus man Alkoran stürmen. Dan so diese erzelte artickel yemandt leugnet, was mag ihm nu-
etz sein wann er auch aller Engel gerechtigkeit hette? Ja wenn er gleich
dreymal ein Türkischer Heylig odder
Münch wer? Widerumb so yemandt
diese artickel gefasset hat, was solt ihm

schaden, wann er gleich nit so vil fast, bett, wacht, casteyt und weder kleydung, speys, geperd noch hausrath so bescheiden und gnaw ist. Laß die Türcken und Papisten yn den stücken herrlich, heylig und fürpundig sein damit aber des rechten glaubens eytel und leer unn mit viel all aneren laster vor Gott ein grewel, vor den menschen verhaßet." [141]

Luthers Überzeugung, die zum Kern seiner Lehre wurde, ist hier nicht zu übersehen, das *sola fide*", daß nur der Glaube und nur der christlich-kirchliche Glaube nach Luthers Lesart gelten soll. Daraus folgt: Die guten Werke helfen nichts, wo dieser Glaube fehlt. Und noch etwas ist daraus gefolgt: Das scheinbar unüberbrückbare Gegenüber von „Wir", die Christen und „sie", die Anderen, und noch konkreter: Wir, Christen nach Luthers Verständnis und sie, Türken, Muslime. Das unterscheidet sich deutlich von der Sicht, die der Koran zum Verhältnis der großen Weltreligionen nahelegt und die gelehrt hat, auch im Alltagsleben unterschiedliche Meinungen zu ertragen: „Und für jeden gibt es einen Gesichtspunkt, dem er zugekehrt ist, also sucht einander an guten Taten zu übertreffen. Wo immer ihr seid, es bringt euch Allah, allesamt, Allah ist ja zu allem imstande." (Sure 2:148)

Doch eine solche Perspektive verschließt sich natürlich, wenn man, wie Luther, von der Annahme ausgeht: „der Türke ist unsers herr Gottes zornige rute und des wütenden Teuffels knecht". [142]

6

Schon auf dem Reichstag zu Speyer von 1526 hatte der König von Ungarn um Unterstützung gegen die Türken nachgesucht. Spätestens als der folgende Reichstag 1529 sich mit dem Konflikt zwischen den beiden ungarischen Königen Ferdinand von Österreich und Johann Zapolya befassen mußte, der sich mit den Türken verbündet hatte, war die Bedrohung bis an die Grenze des Heiligen Römischen Reiches Deutscher Nation herangerückt. Dessen Legitimität übrigens zog Luther in Zweifel. Wie er in seiner Schrift „An den christlichen Adel deutscher Nation" darlegte, betrachtete er es nämlich als ein päpstliches Konstrukt und Herrschaftsinstrument der Kirche über das Reich. [143]

An der drohenden Türkengefahr änderte das zwar nichts. Doch zunächst hatte Luther sich eher gegen eine Beteiligung am Krieg gegen die Türken ausgesprochen. Schon als er 1517 seine 95 Thesen vorlegte, hatte er mit der fünften These der Christenheit gewissermaßen die Berechtigung bestritten, sich gegen die Türken zu wenden, weil diese nach seinem Verständnis die Strafe Gottes seien, der man sich nicht widersetzen dürfe und die sich nur durch Besserung der Mißstände in der Kirche aufheben ließe, nicht aber durch Gewalt und Krieg gegen die Türken. In seiner Schrift „Vom Kriege widder die Türcken" erläutert er dies:

„Denn die Bepste hattens nie mit ernst ym synn, das sie widder den Türcken kriegen wollten, sondern brauchten des Türkischen krieges zum hütlin, darunter sie spieleten und das gelt mit ablas aus deuschen landen raubeten so offt sie es gelustet" … „So gefiel mir das auch nicht, das man so treib, hetzt und reizt die Christen und die Fursten, den Türcken anzugreifen und zu uberzihen, ehe wir selbs uns besserten und als rechte Christen lebeten, … Denn das will ich keinem heiden noch Türcken raten, schweige denn eym Christen, das sie angreifeten odder krieg anfahen (welches ist nichts anders denn zu blut vergissen und zu verderben raten), da doch endlich kein glück bey ist," [144]

Dabei bestritt Luther keineswegs die drohende Gefahr:

„Man frage die erfarunge, wie wol uns bisher gelungen sey mit dem Türcken krieg, so wir als Christen und unter Christus namen gestritten haben, bis das wir zu letzt Rodis und schier gantz Hungern und viel vom Deudschen land dazu verloren haben… ob wol fast viel odder schier alle Reichstage umb solcher sachen willen sind ausgeruffen und gehalten worden, Es will sich nirgend schliessen noch schicken, Das es scheinet als spotte Gott unser Reichstage und lasse den Teuffel die selbigen hindern und meistern, bis der Türke mit guter weile herzu grase und also Deudschland on mühe und on widderstand verderbe." [145]

In der „Heerpredigt" warnt er besonders drastisch:

„Wolan, so wird dichs der Türcke wol lernen, Wenn er yns land kömpt und thut dir wie er itzt vor Wien gethan hat, Nemlich, … steckt dir haus und hoff an, nympt dir vihe und futter, gellt und gut, sticht dich zu tod (wo dirs noch so gut wird), schendet odder würget dir dein weib und töchter für deinen augen, zuhacket deine kinder und spiesset sie auff deine zaunstecken, … odder füret dich sampt yhn weg ynn die Türkey, verkeufft dich daselbs wie eunen hund…" [146]

Ohne Zweifel sind dies schreckliche Greueltaten. Sie sind allerdings nicht spezifisch türkisch oder gar islamisch, sondern können in jedem Krieg geschehen. Schon das Alte Testament ist voll von entsprechenden Passagen, wie etwa „darum daß, wer sich da finden läßt, erstochen wird, und wer dabei ist, durchs Schwert fallen wird. Es sollen auch ihre Kinder vor ihren Augen zerschmettert werden, ihre Häuser geplündert und ihre Weiber geschändet werden" (Jesaja 13, 15 f.) oder „So zieh nun hin und schlage die Amalekiter und verbanne sie mit allem, was sie haben; schone ihrer nicht sondern töte Mann und Weib,

Kinder und Säuglinge, Ochsen und Schafe, Kamele und Esel!" (1. Samuel 15, 3) wie auch „und der Herr sprach zu Mose: Nimm alle Anführer des Volkes und spieße sie für den Herrn im Angesicht der Sonne auf Pfähle, damit sich der glühende Zorn des Herrn von Israel abwendet." (4. Moses 25,4)

Angesichts dieses Schreckensszenarios hat Luther seine anfängliche Haltung aber offenbar nicht auf Dauer vertreten können oder wollen.

Als Lösung bietet er an, die strikte Trennung der Verantwortlichkeiten von Kirche und Reich einzuhalten. Es soll dabei bleiben, daß Christen und Kirche keine Kriege führen. Das ist vielmehr die Sache des Kaisers. Zum Schutz der Untertanen sind der Kaiser und die übrigen weltlichen Herren zum Krieg berechtigt und ihnen dabei zu folgen, ist Gehorsamspflicht. Die Religion indes ist nicht in der Zuständigkeit des Kaisers und gegen die Religion der Türken oder Muslime darf er darum nicht gewaltsam vorgehen:

„Wolan, davon ist genug gesagt… Wir wollen nu vom Keyser reden Und Erstlich, so man widder den Türcken kriegen will, das man dasselbige thu unter des Keysers gebot, panir und namen. Denn da kann ein iglicher sein gewissen sichern, das er gewislich ym gehorsam Göttlicher ordnung gehet, weil wir wissen, das der Keyser unser rechter Oberherr und heubt ist, Und wer yhm ynn solchem fal gehorsam ist, der ist auch Gott gehorsam, Wer yhm aber ungehorsam ist, der ist Gott auch ungehorsam. Stirbet er aber ym gehorsam, so stirbt er ynn gutem stande und wo er sonst gebüsset hat und an Christum gleubt, so wird er selig…

Zum andern … das der Keyser nichts anders süche denn einfeltiglich das werck und schuld seines Ampts, seine unterthanen zu schützen…

Darumb soll man auch dis reitzen und hetzen lassen anstehen, da man den Keiser und Fürsten bisher gereitzt hat zum streit widder die Türcken als das heubt der Christenheit, als den beschirmer der kirchen und beschützer des glaubens, das er solle des Türcken glauben ausrotten…

Nicht also, Denn der Keiser ist nicht das heubt der Christenheit noch beschirmer des Euangelion odder des glaubens. Die kirche und der glaube müssen einen andern schutzherrn haben denn der Keiser und Könige sind, Sie sind gemeinglich die ergesten feinde der Christenheit und des glaubens," [147]

Läßt man sich auf Luthers Darlegung ein, erscheint sie auf den ersten Blick plausibel. Allerdings wecken schon seine eigenen Schriften und die zahlreicher seiner Zeitgenossen und deren Nachfolger Zweifel, daß eine solche Unterscheidung zwischen den beiden Sphären in der Praxis aufrechterhalten werden kann. Wie schreibt man gegen die Feinde, die Muslime sind, und vor allem, wie führt man Krieg gegen sie, ohne ihre Religion einzubeziehen?

Schon in der „Heerpredigt wider den Türken", die ein Jahr später folgt, verstößt Luther selbst ausdrücklich gegen diesen Gedanken: „Denn der teuffel sucht durch sein zeug den Türcken, freilich nicht allein die weltliche herschafft, Sondern auch das reich Christi und seine heiligen und glieder, vom glauben zu stoßen." [148]

In der „Vermahnung zum Gebet wider den Türken", nach der Niederlage Ferdinands in Ungarn und der Einnahme von Ofen (Budapest) durch die Türken, will Luther ausdrücklich beten lassen:

„Der teuffel will solchs nicht leiden Sondern an deiner stat unser Got sein, An deines wort stat lugen ynn uns stifften, Der Turcke will seinen Mahmet, an deines lieben sons Jhesu Christi stat setzen. Denn er lester yhn und spricht, Er sey kein rechter Gott Mahmet sey hoher und besser denn er ist…Darum wache auff lieber Herr Gott und heilige deinen namen, den sie schenden…" [149]

In der „Vermahnung zum Gebet wider den Türcken" heißt es schließlich unmißverständlich:

„zu wehren, dem Turcken das er seinen teuffels dreck und lesterlichen Mahmet nicht an unsers lieben herrn Jesü Christi stad setze. Das ist ia die grundliche ursache, und ernstliche meynung unsers streits sterbens und lebens ynn diesem fall, das ist gewislich war. Darum furen wir einen gotseligen krieg wider den Turcken und sind heilige Christen und sterben seliglich." [150]

Und noch ein Dilemma bleibt unaufgelöst, nämlich, daß der Kaiser und die übrigen weltlichen Herren in diesem Fall zugleich Christen sind. So kommt ebenfalls in der „Heerpredigt wider den Türken" dieses Dilemma in der Widersprüchlichkeit zum Ausdruck, man solle nicht als Christ und doch als Christ Krieg führen:

„Sondern so hab ich geraten und rate noch also, das wol ein iglicher sich vleissigen sol ein Christen zu sein, willig und bereit zu leiden vom Tuercken und yderman, Aber solle nicht streiten als ein Christen odder unter eins Christen namen, Sondern las deinen Welltlichen oeberherrn kriegen. Unter desselbigen panier und namen soltu reisen als ein weltlicher untersass nach dem leibe," [151]

Damit ist der anfänglichen Haltung endgültig eine Absage erteilt, es bedürfe zuerst der eigenen Besserung, bevor man sich am Krieg beteiligt.

In einem geschmacklosen Aufguß alter Kreuzzugshaßpredigten versteigt Luther sich sogar zu der Haltung, daß es einem Christen keine Sorge bereiten solle, unschuldigen Ungläubigen das Leben zu nehmen:

„So darffstu auch nicht sorgen noch fuerchten, das du ynn der Tuercken heer unschueldig blut treffest, weil du hoerest, das sie von Gott als seine feinde zum tode und zur hellen verurteilet sind, Und gebeut dir durch deinen oeberherrn, das du solch urteil an dem Tuercken volbringen solt und itzt deine faust und spies Gottes faust und spies ist und heist, Und bist also Gottes des aller groessesten herrn scharffrichter odder hencker widder seinen grossen verdampten feind. Wie koentestu ehrlicher und loeblicher streiten?

Gerets aber, das er dich ersticht odder erschlecht, wie kanstu redlichers tods sterben, so du anders ein Christ bist?" [152]

Luther hört zudem von Verrätern im eigenen Land und empfiehlt, wie mit ihnen umzugehen sei:

„Weiter hoere ich sagen, das man findet ynn deudschen landen, so des Tuercken zukunfft und seines regimentes begeren, als die lieber unter dem Tuercken denn unter dem Keiser odder fuersten sein wollen. Mit solchen leuten solt boese streiten sein widder den Tuercken. Widder diese weis ich nicht bessern rat, denn das man die Pfarher und prediger vermane, das sie mit vleis anhalten auff der Cantzel Und solche leute trewlich unterrichten, yhr fahr und untugent ausstreichen, wie gar trefflicher unzelicher sunden sie sich teilhafftig machen und sich fur Gott beladen, wo sie ynn der meynung erfunden werden. Denn es ist iamers gnug, Wer den Tuercken zum oeberherrn leiden mus und sein regiment tragen. Aber williglich sich drunter geben odder desselbigen begeren, so ers nicht bedarff noch gezwungen wird, dem sol man anzeigen, was er fur sunde thut und wie grewlich er anleufft.

Zum ersten das solche leute trewlos und meyneidig werden an yhrer Oberkeit, den sie geschworen und gehuldet haben,

Zum Andern das solche trewlose, abtrunnige, meyneidige leute uber das alles noch viel grewlicher sunde thun, nemlich das sie sich teilhafftig machen aller grewel und bossheit der Turcken. Denn wer sich williglich unter die Turcken gibt, der macht sich yhr geselle und mitgenossen alle yhrer thaten.

Zum Dritten Jst auch das solchen leuten einzubilden durch die Prediger: Wenn sie sich schon unter den Turcken geben, so haben sie es damit auch fur sich selbs nichts gebessert Und wird yhn gar weit feylen yhr hoffnung und anschlege. Denn es ist des Turcken weise, das er alle so etwas sind odder haben nicht lest bleiben, da sie wonen, sondern setzt sie weit enhindern ynn ein ander land, da sie verkaufft werden und dienen muessen…" [153]

Schließlich hat Luther auch noch einen Rat für solche Christen, die in türkische Gefangenschaft geraten sind. Auch für sie soll die Gehorsamspflicht gegenüber ihrer Obrigkeit gelten:

„So merke nu: Wo es Gott verhenget, das du vom Türcken gefangen, weggefurt und verkaufft wirst, das du must yhres willens leben und ein knecht sein, So dencke, das du solch elende und dienst von Gott zugeschickt gedüldig und willig an nemest und umb Gottes willen leidest, und auffs aller trewlichst und vleissigest deinem herrn (dem du verkaufft wirst) dienest, unangesehen, das du ein Christ und dein herr ein heide odder Türcke ist... Und bey leibe lauffe nicht weg (wie ethliche thun und meinen, sie thun recht und wol dran...)

Nicht, Nicht so, lieber Bruder, Du must denken, das du deine freyheit verloren hast und eigen worden bist, daraus du dich selbs on willen und wissen deines herrn nicht on sunde und ungehorsam wircken kanst, Denn du raubest und stielest damit deinem herrn deinen leib, welchen er gekaufft hat odder sonst zu sich bracht, das er fort hin nicht dein sondern sein gut ist wie ein viehe, odder ander sein habe." [154]

Eine Grenze der Gehorsamspflicht will Luther nur dort einräumen, wo der unfreie Christ zum Krieg gegen Christen gezwungen würde:

„Eben also soltu deinen dienst den Türcken auch leisten, das du damit nicht widder die Christen noch widder Gott strebest, sondern allein seinem haus und gütern zum besten helffest. Solchs will ich auch gesagt und geraten haben allen den ihenigen, so unter unserm Kaiser, Bapst, Fürsten leben, das sie sich nicht gebrauchen lassen widder das Euangelion odder widder die

Christen zu streiten odder sie zu verfolgen, Denn damit werden sie unschüldig blut auffs sich laden und nichts besser sein denn die Türcken. Man mus Gott mehr gehorsam sein denn den menschen, So hat Gott keinem herren die öberigkeit der massen gegeben odder die leute unterworffen, das er damit solle widder Gott und sein wort streben odder fechten. Und ist auch ynn solchem fall kein unterthan seiner öberigkeit ein harbreit schüldig odder verwand, Ja es ist als denn schon kein öberkeit mehr, wo solchs geschicht, Sondern die unterthanen sind schüldig der öberkeit leiblich zum besten zu dienen, das fride auff erden erhalten werde und dis leiblich leben müge deste sicher sein und wol stehen." [155]

7

Hutten mit seiner „Vermahnung an die teutschen Fürsten, die Türken mit Krieg zu überziehen" war in mehrfacher Weise ein direkter Vorläufer zu Martin Luthers Schriften gegen die Türken. Beide wenden sich gegen Papsttum und Kirche als weltliche Macht, und beide sind der Auffassung, daß Politik und Krieg nicht die Sache der Kirche zu sein hat. Hier meldet sich der mittelalterliche Streit zwischen Papst und Kaiser in neuen Gewändern zurück. Hutten wie Luther bedienen sich der Türkengefahr für ihre eigenen Zwecke. Huttens Schwerpunkt war der Einsatz für das Reich, Luthers

Schwerpunkt der Einsatz für die Kirche. Für Hutten spielt der Islam keine Rolle, für Luther ist der Islam ein Mittel für seine Kritik an Papst und Kirche.

Denn für Luther gab es noch etwas Schlimmeres als den Propheten des Islam, nämlich den Papst in Rom:

„Und ich halt den Mahmet nicht für den Endechrist, Er machts zu grob und hat einen kendlichen schwartzen Teuffel, der weder Glauben noch vernunfft betriegen kann, und ist wie ein Heide, der von aussen die Christenheit verfolget … Aber der Bapst bey uns ist der rechte Endechrist, der hat den hohen, subtilen, schönen, gleissenden Teuffel, der sitzt inwendig in der Christenheit, Lest die heilige Schrifft, Tauffe, Sacrament, Schlüssel, Catechismum, den Ehestand bleiben…" [156]

Am Beispiel des Ehestandes will Luther den Unterschied aufzeigen:

„Und sihe, wie der grobe Teuffel dort und der subtile Teuffel hie das spiel mit dem Ehestande gekartet haben Der grobe unfletige Mahmet nimpt alle Weiber und hat doch keines. Der keusche Bapst nimmt kein Weib und hat doch alle Weiber…. Wie geht das zu? Also gehets zu: Der unverschampt, unfletige Mahmet füret keinen schein der keuscheit, nimpt weiber (wie ein Hurntreiber) wie viel er will, Darumb hat er keine Eheliche und kann auch nicht eine Eheliche haben. Und ist also on weib oder in keinem Ehestand. Der Lilien weisse, keuscher, schamhafftiger,

züchtiger, heiliger vater der Bapst, die zarte Jungferschafft, füret den schein der keuscheit und will auch nicht mit Gott und ehren ein Eheweib haben. Aber wie viel weiber er sonst neme, nicht allein huren, Sondern auch Ehefrawen und Jungfrawen, da sihe an sein Cardinalat, Bistum, Stifft, Curtisan, Klöster, Pfarrer, Prediger, Caplan, Schulmeister und sein gantzen Cörper, on was noch der unzelichen Laster sind, die man nicht nennen that. Was andere stück sind, als Mord und Geiz, Hoffart, will ich jtzt nicht zelen, sonst würde hierin der Bapst auch den Mahmet weit übertreffen. Denn er wol so viel Krieg, Mord, Blutvergiessen unter den Königen gestifftet, So gros gut, Land und leut geraubt, gestolen, geplündert und on unterlas geschunden hat, Auch solche hoffart uber alle Könige getrieben, und das alles unter Christus namen aufs lesterlichst, Das Mahmet möchte fur der Welt schier heilig gegen jm scin." [157]

Es folgt ein weiteres Argument dafür, daß der Papst noch schlimmer als die Muslime ist:

„Denn der Bapst ynn dem stück viel erger ist, denn der Türcke. Der Türcke zwinget doch niemant Christum zu verleugnen und seinem glauben anhangen. Und wenn er gleich auffs höhest wütet mit leiblich morden an den Christen, so thut er damit nichts (so viel an yhm ist), denn das er den hymel vol heiligen machet. Denn seine lesterung widder Christum und sein eusserlicher heiliger schein zwingen nicht, sondern versuchen und locken, Aber der Bapst, eben damit das er will nicht feind noch Türcke sondern der liebe Vater, ia der aller heiligst vater und aller treweste hirte sein, füllet er (so viel an yhm ist) die helle mit eitel Christen, Denn er reisset die edlen seelen von Christo durch seine lesterliche menschen lere und füret sie auff eigen gerechtigkeit, welchs ist das recht geistliche morden und schier so gut als des Mahomets odder Türcken leere und lesterung. Wo man aber yhm solcher hellischen teufflischen verführungen nicht will gestatten, nimpt er sich des Türcken weise auch an und mordet auch leiblich. Vermöchte ers on zweifel er solt wol grösser mord und blutvergiessen anrichten, denn der Türcke, wie sie bisher wol beweiset haben mit so viel kriegen, hetzen und reitzen unter Keiser und Königen." [158]

Luther führt zweifelsfrei eine religiöse Debatte mit unerträglichem Sprachgebrauch bis hin zur Menschenverachtung. Sein Gegner dabei ist aber nicht nur der Papst, sondern jedermann, der Christus nicht so annimmt, wie Luther es lehrt. Deshalb geht es nicht an, wie man vielleicht möchte, Luthers Aussagen zum Islam mit seiner Gegnerschaft zum Papst relativieren zu wollen, und zur eigenen und anderer Beruhigung zu sagen: Luther zielt ja nicht auf den Islam ab, sondern auf den Papst. Denn auch in diesem Fall hat Luther da, wo er vom Islam spricht, den Islam gemeint. Alles andere wäre widersinnig.

Luther argumentiert, daß kein vernünftiger Mensch glauben könne, was der Islam lehrt. Doch er selbst glaubt, daß alles das, was er zurecht als widersinnig und absurd anführt, vom Islam gelehrt werde.

Hätte ich die Gelegenheit, mit Martin Luther von Angesicht zu Angesicht zu sprechen, ich würde ihn fragen wollen: Bei all Deiner Gelehrsamkeit und Deinem kritischen Geist – wieso glaubst Du eigentlich den Unsinn, der über den Propheten Muhammad (s) verbreitet wird? Du selbst hast den Unsinn als solchen erkannt, als Unsinn geschildert und Menschen als Unmenschen bezeichnet, die „dem Alcoran, mit ernst glauben, So sind sie nicht werd, das sie Menschen heissen, als die gemeiner Menschlichen vernunftft beraubt, lauter ummenschen" geworden. [159]

Anders gesagt: Kein vernünftiger Mensch kann das für wahr halten.

Wieso hältst Du es für wahr und verbreitest es auch noch als Wahrheit weiter? Hast Du Dich damit nicht selbst „als die gemeiner Menschlichen vernunftft beraubt" verhalten und damit nach Deinem eigenen Urteil zum Unmenschen gemacht? Die Bibel kennst Du doch. Warum siehst Du den Balken im eigenen Auge nicht, von dem Jesus doch sagte:

„Was siehst du aber den Splitter in deines Bruders Auge, und wirst nicht gewahr des Balkens in deinem Auge?" (Matthäus 7:3)

8

Leben bedeutet Entwicklung, bedeutet Veränderung. Aber vieles, das sich dem Anschein nach verändert, bleibt dem Wesen nach doch gleich. Die Kindergartenzeit meine ich hinter mir zu haben, obwohl manche Zeitgenossen sich auch heute wie im Kindergarten benehmen. Mit dem *„Bulless-sche"* wird nicht mehr gedroht. Heute gibt es andere Vorgehensweisen, um Leute zu schrecken, die nicht brav sind. Im Prinzip funktionieren sie aber auch nicht anders. Nonkonformes Verhalten wird abgestraft, selbst wenn es sich nur um Meinungen handelt.

Die Haltung Luthers auf dem Reichstag zu Worms, ausgedrückt in dem legendärer Satz „Hier stehe ich und kann nicht anders!", erinnert den Muslim an die Begebenheit, als die dem Propheten Muhammad (s) feindlich gesinnten Zeitgenossen seinen Onkel Abu Talib bedrängten, damit er ihn von seinem Anliegen abbringe. Da antwortete der Prophet bekanntlich: ‚O mein Onkel, bei Allah, wenn sie mir die Sonne in meine Rechte und den Mond in meine Linke legen, damit ich von dieser Sache ablasse, bis Allah sie obsiegen läßt oder ich deswegen umkomme, ich lasse nicht davon ab.' Dann kamen Allahs

Gesandtem die Tränen und er weinte." [160]

Luther wird immer noch gern zitiert. Eines der schönsten Lutherworte ist das vom Apfelbäumchen, in verschiedenen Fassungen überliefert, wie etwa: Und wenn ich auch wüßte, daß morgen die Welt unterginge, so würde ich doch heute mein Apfelbäumchen pflanzen!

Dieses Wort ist so schön, daß es gar nicht von Luther stammt. Dennoch wird es bis heute immer wieder als Lutherwort weitergegeben. Man erlaubt sich das mit dem Hinweis, es sei ja, auch wenn nicht authentisch, doch der Geisteshaltung Luthers besonders gemäß.

Einen eindeutigen Nachweis, wer der wirkliche Urheber dieses Wortes war, hat man bislang nicht gefunden. Bei vielem im Christentum sucht man nach Vorbildern aus dem Judentum. Und so stieß man auch auf einen ähnlichen Ausspruch des jüdischen Religionsgelehrten Jochanan ben Zakkai (gestorben ca. 80): „Wenn du einen Setzling in der Hand hast und sie dir sagen würden: Siehe der Messias ist da – komm und setze den Setzling und hernach gehe hinaus und empfange ihn." [161]

Doch das angebliche Lutherwort weicht von diesem Ausspruch in einem entscheidenden Punkt ab. Es ist darin nämlich nicht vom Weltuntergang die Rede, sondern vom Erscheinen des Messias. Damit geht aber nach der

Vorstellung im Judentum die Welt nicht zu Ende, sondern beginnt erst das messianische Zeitalter, also das gute irdische Leben, so daß es einen ganz anderen Sinn ergibt, dann einen Baum zu pflanzen.

Bislang offenbar unbemerkt blieb indes die Entsprechung zu einem Wort des Propheten Muhammad (s). Anas bin Malik berichtet, daß Allahs Gesandter (s) gesagt hat:

„Wenn einem von euch die Auferstehung bevorsteht, und in seiner Hand ist ein Bäumchen, so soll er es einpflanzen."

Dieses Prophetenwort ist überliefert in der Sammlung *musnad* von Ahmad b. Hanbal, in *al-adab al-mufrad* von al-Buchari und einigen anderen Werken. [162]

In einer zweiten Version lautet es:

„Wenn die Stunde (des Weltenendes) ansteht, und in der Hand eines von euch ist ein Bäumchen, und wenn es ihm möglich ist, daß er nicht auf-(er)steht, bis er es gepflanzt hat, so soll

er (es) tun." [163]

Und in einer dritten Version lautet der Schluß:

„so soll er es einpflanzen." [164]

Es ist klar, daß in Arabien zur Zeit des Propheten Muhammad (s) nicht von einem Apfelbäumchen, sondern von einem Palmsetzling (*fasīlah*) die Rede war. Jedenfalls aber ist eindeutig der Bezug zwischen dem Weltenende und dem Pflanzen des Bäumchens gegeben. Auch wenn es kaum möglich scheint, mit Sicherheit zu klären, wie es zu der Verknüpfung des Apfelbäumchens mit Martin Luther kam, freut es mich doch als Muslim zu wissen: Ein Gedanke, den der Prophet des Islam im Arabien des 7. Jahrhunderts äußerte, fand im Deutschland des 20. Jahrhunderts einen solch beeindruckenden Anklang, daß man ihn ebenso einer der wichtigsten Persönlichkeiten der deutschen Geschichte, dem Reformator Martin Luther, zuschrieb. Selbst wenn dieser dem Islam und den Muslimen nicht wohlgesonnen war, konnte er sich ihrem Einfluss nicht entziehen.

DEUTSCHLANDS ERSTER MEKKAPILGER ?

1

Es war in der Wallfahrtszeit des Jahres 1015, dem Jahr 1607 abendländischer Zeitrechnung. Johann Wild war nach Mekka gekommen. Vor sich sah er die Heilige Moschee:

„Der Tempel steht mitten in der Stadt und ist oben ganz offen. Er hat an die vierzig Türen, allezeit zwei beieinander. Und muß man etliche Stufen hinuntergehen, wenn man hinein will. Außen herum um den Tempel ist alles voller kleiner Kramläden. Daselbst hält man viel schönriechende Waren feil. Inwendig im Tempel hängen viel hundert Lampen, die werden bei Nacht angezündet, daß man sehen kann. Das Haus steht mitten in der Kirche und ist mit einer damastenen Decke überdeckt. In der Mitte, eine Spanne groß, mit Gold auf arabisch geschrieben. Dasselbe Haus ist viereckig und zwei Stockwerke hoch. Und unten hat es viele messingene und eiserne Ringe, in den Stein gegossen. Auch ist es mit großen Quaderstücken aufgebaut. Und sprechen sie, daß Abraham dieses soll aufgebaut haben. Es hat auch eine ganz silberne Tür, die ist höher denn eines Mannes hoch von der Erde. Und ist keine Stiege dabei, wenn einer hinein will, muß er hinaufklettern. Inwendig stehen drei Säulen von Marmelstein. Und wird einem so heiß, als wenn er in ein Bad ginge. Und, wie mir gesagt worden, wird es im Jahr nur dreimal aufgesperrt …“

Mekka – unverändert? Man bedenke: Diese Beschreibung des „Tempels", der Heiligen Moschee, in deren Mitte das „Haus" – die Kaaba – steht, ist mehr als 400 Jahre alt. Und doch scheint alles so, wie es sich auch heute noch darstellt: Die Moschee, ein riesiger Hof, oben offen, vierzig Türen, Stufen nach unten, zahlreiche Läden, zahlreiche Lampen, schwarze Decke der Kaaba, goldenes Schriftband, metallene Ringe, silberne Tür...

Trotz des Verstreichens von Jahrhunderten und besonders der regen Bautätigkeit an der Moschee von Mekka in den letzten Jahrzehnten hat sich am Wesentlichen der Heiligen Stätten doch nichts geändert.

Johann Wild war im Laufe einer Wallfahrt nach Mekka gekommen, aber nicht ganz freiwillig, wie es scheint. Das Anlegen des ihram, der Kleidung des Weihezustandes für die Pilger, beschreibt er folgendermaßen:

„Drei Tage vor Mekka liegen sie einen Tag still auf einer großen Heide. Und halten ihren Brauch daselbst so: Zuerst essen und trinken sie, danach ziehen sie sich aus und binden um den Leib ein Peschtamal, das ist ein gefärbtes Tuch, und nehmen Wasser, waschen sich am ganzen Leib und sprechen: „Ach Gott, erbarme dich unser, um unseres Propheten willen." Es wuschen sich alle, klein und groß, und beteten inbrünstig auf ihre Weise. Ich mußte mich auch waschen und so stellen, wiewohl mir's nicht ums Herz war. Gegen Abend, als die Sonne unterging, reisten sie wieder fort, aber legten ihre Kleider nicht an, sondern wickelten nur ein Tuch um die Scham und oben um den Leib einen Ihram, ist ein härenes Tuch. Ich aber hatte keinen Ihram, sondern nur ein Peschtamal, welches ist ein leinernes Tuch, eines oben und das andere unten um den Leib; und saß so auf dem Kamel ... Und die drei Tage schrien sie für und für auf dem Weg: "Ei, du liebes Haus Gottes, du liebes Haus Gottes, ei du liebes Haus Gottes" und trieben solches die ganze Tagreise ..."

Auch hier hat sich im Wesentlichen nichts geändert. Bis heute legen die Pilger ihren *ihram* an, bevor sie die vorgesehenen Grenzen überschreiten. Bis heute nimmt man ein Duschbad, betet zwei *rak'at* und bekleidet sich mit zwei Tüchern. Bis heute spricht man das Bittgebet, die talbija: "*Labbaik, allahumma labbaik ...*", was Johann Wild in seiner Unkenntnis des Arabischen vielleicht als „*bait*" verstanden hat und deshalb seinem Leser wiedergibt als „du liebes Haus Gottes", während es natürlich richtig heißen muß: „Hier bin ich, o Allah, hier bin ich ...."

Johann Wild war es nicht wohl ums Herz, all diese Verrichtungen zu vollziehen, aber er hatte keine andere Wahl. Johann Wild reiste mit der Pilgerkarawane von Kairo über Janbu nach Mekka als unfreier Knecht eines Muslims aus Persien, der ihn in Kairo auf dem Sklavenmarkt für hundert Dukaten gekauft hatte. Wie er dorthin gelangt war, berichtet Johann Wild ebenfalls in seiner „Reysbeschreibung eines Gefangenen Christen Anno 1604", doch sei hier nur so viel gesagt:

Aus Nürnberg gebürtig, verdingte er sich als Landsknecht und geriet in Gefangenschaft der Ungarn. Interessanterweise erwähnt Wild sogar in seinem Bericht, daß im Hause des Ungarn, der ihn gefangen hatte und wo er nur wenige Tage verbrachte, gerade Weihnachten gefeiert wurde. Zwei Tage später wurde er von seinen christlichen Religionsgenossen an die Türken verkauft. Auf verschiedenen Umwegen gelangte er dann nach Kairo, von wo ihn sein dortiger Herr mit auf die Wallfahrt nach Mekka nahm.

Zwar berichtet Johann Wild nichts davon, wie er zum Islam übergetreten ist, aber das ist nicht weiter verwunderlich. Einmal hätten seine Landsleute, zu denen er nach weiteren Abenteuern und Irrwegen schließlich im Jahre 1611 wieder heimkehrte, ihm diesen Hochverrat niemals verziehen, auch seine Leser nicht, für die er 1613 und noch einmal 1625 seine „Neue

Reysbeschreibung eines Gefangenen Christen …" drucken ließ. Muslim war damals für seine Landsleute identisch mit Türken, und das Bild der Türken und Muslime im Abendland bestimmt von tiefstem Glaubenshaß. Der Türke war der „Erbfeind der Christenheit", und sich mit ihm zu identifizieren war Hochverrat und zog die Todesstrafe nach sich, der zuvor vermutlich noch die „hochnotpeinliche Befragung" vorausgegangen wäre, mit dem Ziel, die „verlorene Seele" vielleicht doch noch zu retten, und sei es unter der Folter. Zweitens ist aber auch denkbar, daß Johann Wild nicht aus völlig freien Stücken den Islam angenomen hat.

Doch das scheint weniger wahrscheinlich. Einmal gab es keinen Anlaß, ihn zum Glaubenswechsel zu zwingen. Zum anderen hätten doch gerade die eventuellen Bemühungen der Türken, ihn vom christlichen Glauben „abtrünnig" zu machen sowie sein entsprechend „tapferer" Widerstand ein noch viel trefflicheres Bild von seiner Glaubenstreue vermitteln können. Aber Johann Wild verwendet dieses Motiv bei seiner „Reysbeschreibung" überhaupt nicht. Zwar deutet er hin und wieder an, daß er auch in der Zeit seiner Gefangenschaft manchmal die Nähe von Christen und Kirchen gesucht hat. Doch dies kann die verschiedensten Gründe haben. Manche dieser Christen waren seine Landsleute. Diese konnten ihm vielleicht mit Rat und Tat zur Seite stehen, vor

allem, nachdem er entschlossen war, wieder in seine Heimat zu gelangen. Und nach seiner Rückkehr war das auch für seine Leser wichtig zu wissen, damit er gegen jeden Verdacht der Kollaboration geschützt war.

Denkbar und vielleicht am wahrscheinlichsten ist, daß Johann Wild sich während seiner Gefangenschaft einfach mit seinem Schicksal abgefunden hatte und es ihm deshalb auch sinnvoll und nützlich erschien, in einem muslimischen Land den Islam anzunehmen, während er sich aus entsprechenden Überlegungen bei seiner Rückkehr ins christliche Abendland der christlichen Religion wieder zuwandte. Doch sind das alles Spekulationen. Johann Wild selbst schweigt wie gesagt über dieses Thema, und alles, was wir wissen ist, daß er jedenfalls zum Zeitpunkt seiner Reise nach Mekka als Muslim galt, sich als Muslim verhielt und sogar wie ein Muslim betete und wallfahrtete.

„Sobald die Türken nach Mekka kommen" schreibt er, „gehen sie in den Tempel, nehmen Aptes und beten zweimal. Danach laufen sie siebenmal um das viereckige Haus, welches mitten im Tempel steht. Und haben einen Einwohner von Mekka bei sich, der betet ihnen vor, und sie sprechen ihm nach. Und an einem Eck des Hauses, zur rechten Hand, gegen Sonnenaufgang, ist ein schwarzer glitzernder Stein, eine Faust groß, eingemauert. Denselben küssen sie siebenmal …

und haben besondere Örter, da heben sie wieder an zu laufen, auf- und abwärts gegen den Tempel … und wenn sie das verrichtet haben, so lassen sie sich oben gegen den Tempel zu … wo sie sich denn niedersetzen, den Kopf scheren …"

Dies ist ohne Zweifel die *'umra*, die „Besuchswallfahrt", die Johann Wild in Mekka verrichtet hat. In einem weiteren Kapitel schildert er dann die eigentliche Wallfahrt mit dem *„wuquf"*, dem Verweilen, in Arafat und der Steinigung in Mina, eine ausführliche Beschreibung, aus der hier nur auszugsweise zitiert werden soll: „Bei diesem Berg Arafat müssen die Türken alle Jahr erscheinen mit ihrer Wallfahrt …Von Mekka ziehen sie den Abend zuvor alle zu dem Berg, auf welchem, sagen sie, Abraham seinen Sohn Isaak habe schlachten und opfern wollen, und nennen ihn Arafat … Des anderen Tags um die Vesperzeit brechen sie ihre Zelte alle ab, ziehen hin zu dem Berg und heben an zu beten. Es tritt aber ein heiliger Mann unter ihnen auf und betet ihnen vor … Danach macht er ihnen eine Predigt, von Abraham und seinem Sohn Isaak, auch von etlichen Propheten, was sie gelehrt und gepredigt haben … Und wenn der heilige Mann … hat völlig ausgebetet und von dem Berg herabtritt, so heben die Mamelucken an zu schießen, eine Partei nach der anderen, danach ziehen sie wieder ab. Da ist denn ein solch Gedränge und Verwirrung ineinander, daß einer nicht weiß, wo er drinnen ist."

Auch über Mina und das Opferfest weiß Wild zu berichten: „An gemeldetem Ort liegen sie drei Tage still, und nennen ihn Mina. Da sind drei steinerne Säulen … Den ersten Tag … gehen sie hin zu der oberen Säule, welche gegen Mekka steht, und werfen sieben Steine an dieselbe und sprechen: „Ach Gott erbarme Dich unser" … Wenn sie die geworfen haben, gehen sie hin und lassen sich am Kopf scheren. Alsdann kauft ein jeder ein Schaf oder eine Geiß oder auch einen Widder, danach er im Vermögen ist, sticht denselben mit seiner eigenen Hand gegen Sonnenaufgang ab und gibt das abgestochene Vieh sieben armen Bettlern … Des anderen Tages gehen sie zur mittleren Säule und werfen vierzehn Steine auf sie … Am dritten Tag gehen sie zu der dritten Säule, werfen einundzwanzig Steine auf sie, und sprechen auch zu jedem Stein wie die vorigen zweimal … Und sind die drei Karawanen, von al-Kairo, von Damaskus und aus Jemen, alle zusammen aufs wenigste an vierzigtausend Mann. Diese erscheinen alle Jahre und üben angeführte Zeremonien und Gottesdienste, vermeinen, sie tun Gott also einen wohlgefälligen Dienst, und werden ihnen ihre Sünden dadurch vergeben."

3

Johann Wild erweist sich zudem als kritischer Beobachter und Kommentator der Widersprüche, die er zwischen den Lehren des Islam und dem tatsächlichen Verhalten mancher Leute gesehen haben will. Gelegentlich macht er auch abfällige Bemerkungen über die Muslime. Ob das in erster Linie bei seinen christlich-abendländischen Lesern eine Wirkung hervorrufen und deren Vorurteile bestärken soll oder ihm rückblickend auf sieben Jahre Gefangenschaft doch so eindrucksvoll in Erinnerung geblieben ist, läßt sich nicht endgültig entscheiden. Aber verglichen zu den Abgeschmacktheiten mancher seiner Vorgänger – man denke z.B. an Martin Luther – hält es sich noch in durchaus erträglichen Grenzen. So gebraucht er des öfteren die Bezeichnung „Gaukelwerk" für die religiösen Gebräuche der Muslime oder konfrontiert ihren Glauben mit seiner Heiligen Schrift, der Bibel: „Solches geben die Türken vor. Aber Gottes Wort sagt es uns ganz anders, und ich will nicht glauben, daß Abraham jemals gen Mekka kommen sei."

Seine Beschreibung der Stadt Mekka, in der auch der Brunnen *zamzam* und der Ort *al-'umra* erwähnt werden, schließt Wild mit dem Satz: „Das sei also von der Stadt Mekka genug gesagt. Und es darf kein Christ noch Jude in diese Stadt kommen. Wenn einer allda gefunden würde,

müßte er ohne alle Gnade verbrannt werden" – noch ein Indiz dafür, daß er selbst zur Zeit seines Besuches in Mekka nicht Christ oder Jude, sondern Muslim gewesen sein muß.

Ob er Deutschlands erster Mekkapilger war, läßt sich nicht mit völliger Sicherheit sagen. Vielleicht ist schon vor ihm jemand auf ähnlichem Weg dorthin gelangt. Daß sein Schicksal nicht ganz ein Einzelfall war, zeigt die Tatsache, daß er selbst in Dschidda einem Landsmann begegnet, „Hans Hey aus Straßburg, eines Küfers Sohn", der in türkische Gefangenschaft geraten war. Aber Johann Wild ist der erste Mekkapilger Deutschlands, der uns einen Bericht von seiner Wallfahrt hinterlassen hat, einer der frühesten Berichte eines Europäers überhaupt, in dem sachkundig von den Heiligen Stätten des Islam berichtet wird. Auch nach Medina ist Wild ja gekommen und gibt eine Beschreibung der Prophetenmoschee und der dort zu vollziehenden Bräuche. Vor allem räumt er auf mit einem damals weitverbreiteten Märchen, das bis heute in den Köpfen mancher Leute herumspukt:

„Also verhalten sich die Türken bei ihres Mahomets Begräbnis. Die gemeine Meinung bei den Christen ist, er solle oben in der Kirche in einem eisernen Sarg hängen, zu Mekka, und ein Magnetstein habe ihn in die Höhe gezogen. Dem ist nicht also. Sondern er liegt in Medinet en-Nebi in einer

Kirche, und sein Grab ist mit schönen, wohlriechenden Tüchern bedeckt …“

Inzwischen sind Jahrhunderte verstrichen. Was aus Johann Wild nach seiner Rückkehr nach Nürnberg geworden ist, weiß man nicht. Aber seine „Reysbeschreibung“ ist ein äußerst interessantes Dokument. Es zeigt, daß sich die Riten der Wallfahrt und auch die Wallfahrtsstätten des Islam im Wesentlichen überhaupt nicht verändert haben, sondern auch heute alles so getan und vorgefunden wird, wie es schon Johann Wild erlebt hat – ein deutlicher Beweis der prägenden Kraft des Islam für das Verhalten der Muslime. Nur eins hat sich geändert:

Heute kommen Deutschlands Mekkapilger nicht mehr vereinzelt, sondern in zunehmend großer Zahl, und sie kommen ohne daß sie ein Glaubensgenosse verkauft, sondern aus tiefer religiöser Überzeugung und – im Gegensatz vielleicht zu Johann Wild – absolut aus freien Stücken, *al-hamdu li-llah.* [165]

DER TURBANKOPF

1

Am Fuß des Soonwalds, fünfzehn Kilometer nordwestlich von Bad Kreuznach, liegt Spabrücken. Nur etwas mehr als 1000 Menschen leben hier, doch das kleine Hunsrückdorf ist dennoch nicht unbedeutend. Steil führt von Dalberg kommend die schmale Landstraße mit mehreren Kurven nach oben, dann erreicht man die ersten Häuser und bald darauf in der Ortsmitte die hoch aufragende Kirche, weiß getünchte Wände, graues Schieferdach, darauf zwei Türmchen, sogenannte Dachreiter.

Der Weg dorthin, der Ort und der Anblick der Kirche sind mir alte Erinnerungen. Manche der katholischen Nachbarn unternahmen am 8. September ihre Wallfahrt zur „Maria vom Soon". Auf der weiter oben im Hunsrück gelegenen Opelwiese fanden die Pfadfinderlager statt. Dorthin zogen wir zu Fuß, kamen so in Spabrücken vorbei und machten Rast. Später, als ich mit dem Lastwagen Obst und Gemüse in die Geschäfte der Umgebung fuhr, kam ich auch öfter an der Kirche vorbei. Das Gebäude in der heutigen Form stammt aus der Zeit, als um 1730 Franziskanermönche das Kloster Spabrücken erneuerten.

Das Innere der Kirche ist überladen mit Figuren und Bildern an Wänden und Decke, der Blickfang ist jedoch der hohe barocke Baldachinaltar. In seiner Mitte steht die Spabrücker Marienfigur mit dem Jesuskind, eine Lindenholzschnitzerei, datiert um die Mitte des 14. Jahrhunderts, flankiert von Engelchen, die den Baldachin stützen. Auch sonst fliegen noch Engelfiguren herum oder breiten die Flügel aus. An beiden Seiten des Altars steht jeweils eine lebensgroße Männergestalt in dunkelbrauner Mönchskutte. Die linke Figur hält einen Bischofstab, die rechte Figur in der einen Hand eine kreuzgeschmückte Fahne, in der anderen ein nach unten weisendes hölzernes Kreuz.

Man kann ihre Anwesenheit einfach nur hinnehmen, wie es wohl viele Kirchenbesucher tun, aber man kann sich auch fragen: Sind dies allegorische Statuen, oder sollen es konkrete Personen sein? Die Identifizierung bedarf einiger Mühe. In der Kirche findet man keine näheren Hinweise, und vermutlich werden auch die meisten Kirchenbesucher überfragt sein. Aufschluß gibt ein „Führer durch die Kirche":

Es handelt sich um zwei den Franziskanern besonders bedeutsame Persönlichkeiten: Der Mann mit dem Bischofstab ist der Kardinal Bonaventura, und der Mönch mit der Fahne ist der Franziskanerprediger Johann Capistran.

Es nimmt nicht wunder, daß in einer Franziskanerklosterkirche hervorragender Franziskaner gedacht wird. Der Italiener Giovanni Bonaventura (1221-1274) war Oberer der Franziskanermönche und Kardinal von Albano. Er wurde später heiliggesprochen und zum Kirchenlehrer erhoben. Johannes Capistranus (1386-1456) stammte aus dem zum Königreich Neapel gehörenden Abruzzendorf Capestrano, Sohn eines dort verbliebenen Ritters unter Ludwig von Anjou (1339-1384). Er wurde Franziskanerprediger, zugleich auch Inquisitor und Judenverfolger, ebenfalls heiliggesprochen.

Johann Capistran sammelte 1456 in Ungarn ein Heer von Unterstützern, um den von den Türken belagerten Verteidigern Belgrads beizustehen. Konstantinopel war bekanntlich drei Jahre zuvor, 1453, von den Türken unter Mehmet II. (1432-1481), osmanischer Sultan und Brudermörder, genannt *„Fatih"*, bereits eingenommen worden. Doch bei Belgrad wurden die Türken besiegt und zogen ab. Der türkische Sultan war verwundet, beinahe getötet worden. Johann Capistran galt seither als „Befreier Belgrads".

Allerdings lag der Sieg von Belgrad 1456 bald drei Jahrhunderte zurück, als 1736 die Kirche von Spabrücken fertiggestellt wurde. Was hat den Gestalter des Altars und dessen Auftraggeber veranlasst, Johann Capistran in der Kirche aufzustellen?

Die Befreiung Belgrads hatte ja die christlich-muslimischen Kriege auf dem Balkan nicht beendet. Zu Beginn des 18. Jahrhunderts waren die Türkenkriege und von großer Bedeutung. Belgrad wurde 1688 eingenommen und 1690 wieder verloren. In der Schlacht bei Zenta siegte 1697 Prinz Eugen „der edle Ritter" über Mustafa II. und sein Heer. Der Friede von Karlowitz 1699 beendete die osmanische Herrschaft über Ungarn. 1717 nahm Prinz Eugen das bis dahin noch immer osmanische Belgrad ein.

Aus dieser Zeit stammt auch das Volkslied, das ich aus meinen Kindertagen kenne. An Sommerabenden saßen wir am offenen Fenster, und unser Vater sang mit uns Lieder aus dem „Zupfgeigenhansel", bevor das melodische Schlagen der Nachtigall draußen im Gebüsch uns in den Schlaf begleitete. In diesem Liederbuch heißt es:

„Prinz Eugen, der edle Ritter,
wollt dem Kaiser wiedrum kriegen
Stadt und Festung Belgarad.
Er ließ schlagen einen Brucken,
daß man kunnt hinüberrucken
mit der Armee wohl vor die Stadt.

Als der Brucken war geschlagen,
daß man kunnt mit Stück und Wagen
frei passiern den Donaufluß:
Bei Semlin schlug man das Lager,
alle Türken zu verjagen,
ihn'n zum Spott und zum Verdruß."

Vollständig geräumt wurde Belgrad übrigens erst 1867 und die Stadt anschließend durch Baumaßnahmen von praktisch allen muslimischen Gebäuden, darunter ehemals über 200 Moscheen, bis auf eine Moschee „gereinigt". Doch das ist eine andere Geschichte.

3

Johann Capistran wurde indes schon 1724 wieder in Erinnerung gebracht, nach seiner erfolgten Heiligsprechung. Er war zu der Zeit, als der Spabrücker Altar entstand, gewissermaßen der aktuellste Heilige der katholischen Kirche. Betrachtet man dessen Figur genauer, fällt noch ein ungewöhnliches Detail ins Auge: Der Fuß des Mönchs steht auf dem Halsansatz eines Menschenkopfes, und dieser Mensch hat einen schwarzen Schnurrbart unter der Nase und trägt einen grünen Turban. Es liegt nahe, in dem Turbankopf den osmanischen Sultan Mehmet II. dargestellt zu sehen. Selbst wenn dies nicht zutreffen sollte, besteht kein Zweifel, daß hier der Sieg des Kirchenmannes über den muslimischen Feind zum Ausdruck gebracht ist.

Als man um 2005 die Vorgehensweise für eine Kirchenrenovierung erörterte, entschloß man sich, den Turbankopf nicht zu entfernen, sondern beizubehalten. Die Gründe dafür kenne ich nicht, zumindest kunsthistorische Überlegungen dürften eine Rolle gespielt haben. Die Folge davon

ist, daß der unveränderte Altar auch weiterhin sehr drastisch an die Tatsache erinnert: Die Kirche ist seit bald zweitausend Jahren an Kriegen beteiligt gewesen.

Hinweise auf die Türkenkriege gibt es noch andernorts. Nicht weit entfernt, ebenfalls im Hunsrück, hängt in der Stephanskirche von Simmern eine Lanze, mit der, wie eine Inschrift verkündet, 1532 der Herzog Friedrich von Simmern gegen die Türken gezogen war. Auch in muslimischen Ländern findet man Trophäen und Erinnerungsstücke aus Kriegszeiten, wenn auch eher in Festungen und Palästen und wohl weniger in Moscheen. Doch etwas dem Spabrücker Turbankopf Vergleichbares ist mir nicht bekannt geworden. Ein lebensgroßer Menschenkopf unter dem Fuß eines Predigers des Wortes Gottes und das zudem noch in einer Gebetsstätte – diese Art von Erinnerungskultur ist islamischen Grundsätzen zufolge Gott sei Dank nicht einmal denkbar.

Ach ja, und noch etwas: Der Papst hatte angeordnet, daß zur Mittagszeit alle Kirchenglocken geläutet werden sollten, um die Gläubigen aufzufordern, für den Sieg über die Türken zu beten. Dieses Mittagsläuten wurde als Dank für den Sieg beibehalten. Wenn also bis heute die Glocken der katholischen Kirchen zur Mittagszeit erschallen, geht dies zurück auf die Schlacht von Belgrad, als Christen und Muslime Krieg gegeneinander führten. So ist auch das Mittagsläuten ein gewisser Hinweis darauf, wie die Anwesenheit von Muslimen Einfluß auf das Alltagsleben in Deutschland genommen hat.

NEIN, NEIN, ICH MAG KEIN TÜRKE SEIN...

1

„Die Türken haben schöne Töchter,
und diese scharfe Keuschheits-
wächter.
Wer will, kann mehr als eine freyn;
Ich möchte schon ein Türke seyn.

Wie wollt ich mich der Lieb ergeben!
Wie wollt ich liebend ruhig leben
Und ... Doch sie trinken keinen Wein;
Nein, nein, ich mag kein Türke seyn. "

Dieses kleine Gedicht ist der 1751 erstmals veröffentlichten Sammlung „Kleinigkeiten" von Gotthold Ephraim Lessing entnommen. [166] Auch wenn die Texte des damals erst 19 Jährigen nicht immer ganz ernst zu nehmen sind, fällt doch auf, daß er in den wenigen Zeilen mit der Überschrift „Die Türken" zwei Themen anspricht, die auch noch heutzutage, nach mehr als 250 Jahren, weiterhin typisch für das Verhältnis vieler Deutscher zum Islam sind. Daß es tatsächlich um den Islam geht, und die Türken hier nur stellvertretend für die Muslime stehen, wird aus diesen beiden Themen zu gleich ersichtlich. Die angesprochenen Regelungen von Mehrehe und Alkoholverbot sind nicht an sich türkischen Ursprungs, sondern dem Islam geschuldet. Einerseits weckt die islamische Regelung, sich nicht unbedingt mit einer einzigen Ehefrau begnügen zu müssen, gewisse Wunschvorstellungen. Andererseits ruft der islamische Alkoholverzicht Ablehnung hervor.

Interessant ist, wie die Abwägung erfolgt. Im Gedicht Lessings werden zwei Sinnesfreuden gegenübergestellt. Dabei kann der Gewinn, den die Mehrehe vielleicht mit sich bringt, den erwarteten Verlust durch den Verzicht auf Alkohol offenbar nicht aufwiegen.

In Wirklichkeit aber geht es bei den diesbezüglichen islamischen Regelungen ja nicht um die Sinnesfreuden an und für sich, sondern darum, menschliches Verhalten sozial verträglich zu ordnen. Wie gesagt, nicht alles ist bei Lessings „Kleinigkeiten" ganz ernst gemeint. Wer sich aber der Frage stellt, warum er oder sie dem Islam so ablehnend gegenübersteht, darf sich nicht auf milden Spott zurückziehen, sondern sollte bereit sein, sich mit Vernunftgründen zu befassen. In der Folge dürfte er die islamischen Regelungen zumindest als bedenkenswert erkennen.

Im Hinblick auf die Beziehungen der Geschlechter zueinander sind die gegenwärtigen Verhältnisse zugegebenermaßen weit von den islamischen Grundsätzen entfernt. Wer aber für das traditionelle Verständnis der Familie als unerläßliches Kernelement einer stabilen Gesellschaft und der Ehe als Beziehung von Dauer zwischen Mann und Frau eintritt, wird sich dem Argument kaum verschließen können, daß eine rechtlich begründete zweite Ehe die zweite Ehefrau der ersten gleichstellt und sie nicht den Unwägbarkeiten aussetzt, denen die nicht verehelichte Geliebte ausgesetzt ist.

Was die Haltung gegenüber dem Alkohol angeht, hat sich indes schon ein Wandel abgezeichnet. Anders als noch vor einigen Jahrzehnten scheut man sich mittlerweile nicht mehr, Alkohol als Droge zu bezeichnen und beginnt, die schädlichen Folgen von Alkohol- und Drogenkonsum ernster zu nehmen. Darauf, welchen Nutzen auch materieller und wirtschaftlicher Art es für die Gesellschaft in Deutschland bedeutet, daß hierzulande Muslime leben, die sich in der Regel an den Grundsätzen ihrer Religion orientieren, habe ich schon mehrfach hingewiesen. Auch die Anregung möchte ich wiederholen, daß sich ein team von muslimischen Sozial- und Wirtschaftswissenschaftlern mit den Fragen befassen sollte, welchen Gewinn es für die Rentenversicherungen hat, daß muslimische Familien meist kinderreicher als der Durchschnitt sind, und welchen volkswirtschaftlichen Schaden es abwendet, daß Muslime, immerhin mehrere Millionen in Deutschland, in der Regel keine Unfälle unter Alkoholeinfluss verursachen und keine alkoholbedingten Straftaten begehen, wobei die eingesparten Belastungen von Krankenkassen, Unfall-

renten u.a.m. zu berücksichtigen sind, von immateriellen Schäden und deren Folgen ganz abgesehen.

Die deutsche Gesellschaft verdankt also dem Islam durch die Anwesenheit der Muslime unter anderen die beiden Fragestellungen danach, ob sie langfristig nicht vielleicht besser damit fährt, sich an den diesbezüglichen islamischen Regelungen zu orientieren.

2

Indes ist Gotthold Ephraim Lessing nicht wirklich deswegen bedeutsam, weil er kein Türke sein wollte. Vielmehr kennt man ihn als den Autor des Dramas „Nathan der Weise" (1779), das als ein Schlüsseldokument der Epoche der Aufklärung gilt und für die Ideen von Toleranz und Humanität steht. Die entscheidende Passage, die sogenannte „Ringparabel", ist kurz erzählt:

Der muslimische Sultan Saladin fragt den jüdischen Weisen Nathan: „Was für ein Glaube, was für ein Gesetz hat dir am meisten eingeleuchtet?" Daraufhin erzählt dieser ihm die Geschichte von einem kostbaren Ring, der *„die geheime Kraft"* hatte, *„vor Gott und Menschen angenehm zu machen, wer ihn in dieser Zuversicht trug."* (Dritter Aufzug, Siebenter Auftritt). Dieser Ring wurde von Vater zu Sohn vererbt, bis einmal ein Vater drei Söhne hatte. Um keinen seiner Söhne zu kränken, läßt der Vater zwei weitere Ringe anfertigen, und als der Künstler ihm diese bringt, kann der Vater selbst nicht mehr unterscheiden, welcher der drei Ringe der ursprüngliche war. Nach dem Tod des Vaters erhält jeder Sohn einen der Ringe. Sie streiten darüber, welcher der echte Ring ist. Ein Richter soll entscheiden. Er meint, *„der rechte Ring vermutlich ging verloren"*, weil sich bei keinem der drei miteinander zerstrittenen Söhne *„die geheime Kraft"* erwiesen hat.

Die drei Ringe sollen für die drei Religionen Judentum, Christentum und Islam stehen. Nur am rechten Verhalten läßt sich also die rechte Religion ablesen.

Die „Ringparabel" ist indes nicht Lessings eigene Idee. Er hat sie vielmehr, wie er selbst mitteilte, dem „Decamerone" des italienischen Renaissance-Autors Giovanni Boccaccio (1313-1375) entnommen. [167] Das Drama insgesamt ist indes weitaus komplizierter. Es spielt in Jerusalem zur Zeit Saladins, Salahuddin al-Ajjubi (1138-1193), der 1187 Jerusalem von den Kreuzfahrern zurückgewonnen hatte. Es würde zu weit führen, den gesamten Handlungsablauf wiederzugeben. Er ist nicht unbeabsichtigt ziemlich verwirrend. Wer das Stück nie gesehen hat, sollte zumindest den Text einmal gelesen haben. Zum Verständnis hier nur so viel: Auch in der Gesamthandlung sind wie

in der Ringparabel die drei Religionen von Bedeutung.

Ein junger Tempelritter – Christ – ist Gefangener des Sultans – Muslim – und rettet die Tochter Nathans – Jude – aus dem brennenden Haus. Es stellt sich heraus, daß sie in Wirklichkeit nicht Nathans Tochter ist. Vielmehr hatte ihr vermeintlicher Vater sie als kleines elternloses Kind angenommen und als seine Tochter aufgezogen. Der Patriarch – die Kirche – verlangt nun, daß Nathan mit dem Tod bestraft wird, weil er ein Christenkind jüdisch aufgezogen hat und weist jedes Gegenargument mit dem stereotypen Satz ab: „Tut nichts! der Jude wird verbrannt." Das Mädchen ist verzweifelt, als sie erfährt, daß Nathan nicht ihr wirklicher Vater ist und sie statt eines Juden einen Christen zum Vater haben soll. Saladin, der von ihrer Not erfährt, tröstet sie mit den Worten:

„Ja wohl: das Blut, das Blut allein macht lange noch den Vater nicht!... gibt zum höchsten das erste Recht, sich diesen Namen zu erwerben! – Laß dir doch nicht bange sein! – Und weißt du was? Sobald der Väter zwei sich um dich streiten: – laß sie beide; nimm den dritten! – Nimm dann mich zu deinem Vater!" (Fünfter Aufzug, Siebenter Auftritt).

Ich weiß nicht, ob es jedermann klar wird, daß an dieser Stelle im „Nathan" es nicht Nathan der Weise, sondern Saladin der Muslim ist, der den Konflikt zwischen dem Anspruch des christlichen und des jüdischen Vaters löst. Der Muslim Saladin eröffnet dem verzweifelten Mädchen die menschliche Lösung: *„Nimm den dritten!"* Die beiden Väter, die sich streiten, sind Judentum und Christentum. Der „dritte" ist der Islam.

Und ich weiß auch nicht, wie weit Lessing wirklich alle Konsequenzen seiner Gestaltung des Handlungsablaufs im Blick hatte. Jedoch ist nicht allein der Schluß des Dramas verblüffend, sondern ebenso die Folgerung, die sich daraus ergibt, selbst wenn diese nicht beabsichtigt gewesen sein sollte: Es stellt sich nämlich heraus, daß der junge Tempelritter und das Mädchen, das er aus dem Feuer gerettet hat, Bruder und Schwester sind, und noch mehr. Ihrer beider Vater war Assad, der Bruder des Sultans Saladin. Die Einzelheiten dieser komplizierten Verwandtschaftsverhältnisse müssen hier nicht entwirrt werden. Mir kommt es wie gesagt auf die Folgerung an, die sich aus dieser Konstruktion Lessings ergibt: Der christliche Tempelritter und das jüdisch aufgewachsene Mädchen stammen beide vom selben muslimischen Vater ab. So löst am Ende Lessing das Problem der Verschiedenheit der Religionen, deren Über-

windung er zu Beginn des Schauspiels bezeichnet hat als

„einen Wahn, in dem sich Jud' und Christ und Muselmann vereinigen..."
(Erster Aufzug, Erster Auftritt)

3

In der klassischen muslimischen Kultur gibt es keine Affinität zu Schauspiel, Theater, Oper etc.

Lessings Figuren des Schauspiels sind weitgehend den bekannten abendländischen Klischees gemäß gezeichnet. Der Tempelherr zum Beispiel, ein Angehöriger des christlichen Ritterordens, entspricht dem Klischee, das man vom christlichen Ritter hat: Er kommt aus dem Nichts, rettet die bedrohte Jungfer vor dem Flammentod und verschwindet danach spurlos.

„Er kam, und niemand weiß woher. Er ging, und niemand weiß wohin... drang... kühn durch Flamm' und Rauch... Schon hielten wir ihn für verloren, als aus Rauch und Flamme mit eines er vor uns stand, im starken Arm empor sie tragend...ungerührt vom Jauchzen unsers Danks, setzt seine Beute er nieder, drängt sich unters Volk und ist verschwunden!" (Erster Aufzug, erster Auftritt).

Später erläutert er sein Tun mit dem Hinweis:

„Es ist der Tempelherren Pflicht, dem ersten dem besten beizuspringen, dessen Not sie sehn." (Erster Aufzug, Fünfter Auftritt)

Ebenso sind gewisse Merkwürdigkeiten dem Bild geschuldet, daß man sich damals vom Orient machte, wie beispielsweise daß Saladin mit seiner Schwester Schach um Geld spielt, auch Geld gegen Zinsen borgen will u.a.m.

Doch auf die Figuren an sich, die Persönlichkeiten, die sie sein könnten, die Menschen, für die sie stehen mögen, kam es Lessing offenbar gar nicht an. Wie Lessing seinem Bruder Karl in Briefen schreibt, ist für ihn selbst, der sich in einem scharfen Konflikt mit gewissen Kirchenleuten seiner Zeit befand, das Schauspiel „Nathan der Weise" ein „Possen" gegen die Theologen und „nichts weniger als ein satirisches Stück um den Kampfplatz mit Hohngelächter zu verlassen." [168] Man kann also sagen, daß der Dichter sich hier des Islam bedient hat, um in seiner Auseinandersetzung mit den verachteten „Schwarzröcken" [169] bestehen zu können. Die Aufklärer sehen eine mehr der Vernunft zugeneigte Haltung muslimischen Denkens und Handelns und stellen diese dem christlichen ihrer Tage gegenüber, um Kritik daran üben zu können. Lessings Vorgehensweise ist dafür ein deutliches Beispiel. Er läßt Sittah, die Schwester Saladins, die Muslimin, im Gespräch mit ihrem Bruder die Kritik vortragen, die Lessing selbst ausgesprochen haben will:

„Du kennst die Christen nicht, willst sie nicht kennen. Ihr Stolz ist: Christen sein; nicht Menschen. Denn selbst das, was, noch von ihrem Stifter her, mit Menschlichkeit den Aberglauben würzt, das lieben sie, nicht weil es menschlich ist: Weils Christus lehrt; weils Christus hat getan. – Wohl ihnen, daß er ein so guter Mensch noch war! Wohl ihnen, daß sie seine Tugend auf Treu und Glauben nehmen können! – Doch was Tugend? – Seine Tugend nicht; sein Name soll überall verbreitet werden; soll die Namen aller guten Menschen schänden, verschlingen. Um den Namen, um den Namen ist ihnen nur zu tun." (Zweiter Aufzug, Erster Auftritt)

Allerdings war sich Lessing des Erfolgs seines Unterfangens nicht wirklich sicher. Seinem Bruder Karl schrieb er:

„Es kann wohl seyn, daß mein Nathan im Ganzen wenig Wirkung thun würde, wenn er auf das Theater käme, welches wohl nie geschehen wird. Genug, wenn er sich mit Interesse nur liest, und unter tausend Lesern nur Einer daraus an der Evidenz und Allgemeinheit seiner Religion zweifeln lernt." [170]

Doch anders als Lessing befürchtete, war sein „Nathan" letztendlich auch auf der Bühne erfolgreich und wird bis heute aufgeführt. Und weil man darin die Auseinandersetzung zwischen dem Geist der Aufklärung und der überkommenen abendländischen Religion erkennt, darf man auch sagen, daß hier der Islam einen nicht unbedeutenden Beitrag zur geistesgeschichtlichen Fortentwicklung im abendländischen Denken geleistet hat.

4

Weniger bekannt ist Lessings Studie aus dem Jahr 1773 „Von Adam Neusern, einige authentische Nachrichten", in der er sich mit Schicksal und Bewertung dieses Heidelberger Pastors befasst hatte.[171]

Neuser (1530-1576) bestritt die kirchliche Trinitätslehre, suchte Kontakt zu Gesinnungsgenossen in Siebenbürgen und dem türkischen Sultan, sollte wegen Hochverrats angeklagt werden, entging der Verhaftung, floh ins Osmanische Reich, nahm den Islam an und verstarb in Istanbul, angeblich am Alkoholismus zugrunde gegangen. Lessing führt Neuser in seiner nächsten Abhandlung „Von Duldung der Deisten"[172] als frühen „Deist" ein, d.h. gewissermassen als einen Vorläufer von Lessings eigener Haltung der Religion gegenüber:

„Denn als Neuser so weit gekommen war, daß er sich kein Bedenken machte, zur Mahometanischen Religion überzutreten, war er doch vermuthlich kein Phantast, der sich von der Wahrheit der Mahometanischen Religion, als geoffenbarter Religion, vorzüglich vor der Christlichen, überzeugt fühlte: sondern er war ein Deist, der Eine geoffenbarte Religion für so erdichtet hielt, als die andere, und den nur die äussere Verfolgung zu einem Tausche brachte, an den er nie würde gedacht haben, wenn er irgendwo in der Christenheit die Duldung zu finden gewußt hätte."[173]

Wie dem nun sei, Neusers „Komplize", der reformierte Prediger Johannes Sylvanus, zeitweilig Pfarrer in Kaiserslautern in der Pfalz, konnte nicht entkommen. Ihm wurde wegen seiner Gesinnung als Antitrinitarier der Prozeß gemacht, und er wurde 1572 in Heidelberg öffentlich enthauptet.[174] Allzu weit sollte die Reformation der Religion also offensichtlich doch nicht gehen. Aber das war ja nur eine Generation nach Luther und, wie die Jahreszahl anzeigt, lange bevor der Geist der Aufklärung nach Deutschland kam …

DAS SERAIL

1

Als junger Ehemann war ich sehr daran interessiert, die Kultur der Familie meiner malaiischen Frau kennen zu lernen. Zugleich unternahm ich mancherlei, um sie mit meiner, der deutschen Kultur, bekannt zu machen. Meine Mutter, eine ausgesprochene Musikliebhaberin, empfahl den Besuch der Oper. In Mainz wurde Mozarts „Die Entführung aus dem Serail" gegeben. Wir fuhren hin, nicht mit Pferd und Wagen, sondern mit meinem kleinen Renault R4, dem damaligen Auto der etwas besser situierten Studenten, die nicht die ansonsten übliche „Ente", den Citroen 2CV, benutzten.

Mozart als einer der bedeutendsten deutschen Musiker schien zur Kulturbegegnung gut geeignet. Doch den kannte meine Frau bereits. Sie hatte nämlich eine mehrjährige Klavierausbildung absolviert und „Rondo alla Turca" schon als junges Mädchen gespielt. Immerhin aber wies die Aufführung eine gewisse interkulturelle Note auf. „Serail", vom türkischen „saray", ist die Bezeichnung für einen orientalischen Palast. Und die Entführung ließ eine spannende Handlung erwarten. Doch am Ende erwies sich das Ganze als eher langweilig, Theater eben auf der Grundlage bekannter Klischeevorstellungen vom Orient. Obwohl noch jung hatte ich von der Welt der Muslime schon mehr gesehen als Mozart in seinem gesamten Leben, der über Mitteleuropa nicht hinausgekommen war.

Allenfalls die Zeilen, mit denen Osmins Gesang begann, sprachen mich, den Jungverheirateten, in gewisser Weise an:

„Wer ein Liebchen hat gefunden, die es treu und redlich meint, lohn' es ihr durch tausend Küsse, mach' ihr all das Leben süße, sei ihr Tröster, sei ihr Freund..."

Doch das konnte für jedermann gelten.

2

Auf der Bühne sah man phantasievoll gekleidete Gestalten. Aus dem, was sie teils sangen und teils sprachen, galt es den Handlungsablauf zu erschließen, was vor allem bei den Gesangspassagen nicht immer ganz einfach war, weil dabei der Wortlaut manchmal unverständlich blieb. Die Europäerinnen Konstanze und Blonde sind mit deren Begleiter Pedrillo in Gefangenschaft geraten. Selim Bassa, der Konstanze gekauft hat, möchte ihre Gunst erwerben, Osmin, sein Aufseher, die Gunst von Blonde. Belmonte, der Geliebte von Konstanze, kommt, um die Gefangenen zu befreien. Pedrillo schläfert den Aufseher ein, doch der Fluchtversuch mißlingt. Als die vier vor Selim Bassa stehen, stellt sich heraus, daß Belmonte der Sohn von Selims ärgstem Feind ist. Belmonte fügt sich in das Schicksal, die Vergeltung der Übeltaten seines Vaters auf sich zu nehmen. Doch nun kommt es zu einem überraschenden Schluß. Selim antwortet Belmonte:

„Es muß also wohl deinem Geschlechte ganz eigen sein, Ungerechtigkeiten zu begehen, weil du das für so ausgemacht annimmst? Du betrügst dich.

Ich habe deinen Vater viel zu sehr verabscheut, als daß ich je in seine Fußtapfen treten könnte. Nimm deine Freiheit, nimm Konstanzen, segle in dein Vaterland, sage deinem Vater, daß du in meiner Gewalt warst, daß ich dich freigelassen, um ihm sagen zu können, es wäre ein weit größer Vergnügen eine erlittene Ungerechtigkeit durch Wohltaten zu vergelten, als Laster mit Lastern tilgen.

BELMONTE
Herr! Du setzest mich in Erstaunen ...

SELIM (ihn verächtlich ansehend)
Das glaub ich. Zieh damit hin, und werde du wenigstens menschlicher als dein Vater, so ist meine Handlung belohnt.“

...

OSMIN
Verbrennen sollte man die Hunde

Die uns so schändlich hintergehn;
Es ist nicht länger auszustehn.
Mir starrt die Zunge fast im Munde
Um ihren Lohn zu ordnen an:
Erst geköpft,
dann gehangen,
dann gespießt
auf heiße Stangen;
dann verbrannt,
dann gebunden,
und getaucht;
zuletzt geschunden.
(läuft voll Wut ab)

KONSTANZE, BELMONTE,
BLONDE, PEDRILLO
Nichts ist so häßlich als die Rache;
Hingegen menschlich, gütig sein,
Und ohne Eigennutz verzeihn.
Ist nur der großen Seelen Sache!
Wer dieses nicht erkennen kann,
Den seh' man mit Verachtung an.

CHOR DER JANITSCHAREN
Bassa Selim lebe lange!
Ehre sei sein Eigentum!
Seine holde Scheitel prange
Voll von Jubel, voll von Ruhm.“

Die Sache hat also am Ende eine entscheidende Wendung genommen. Es ist der Bassa, der türkische, der muslimische Protagonist, der sich als edelmütiger Wohltäter erweist. Der Muslim empfiehlt dem Christen:
„...werde du wenigstens menschlicher als dein Vater...“

Dieses Motiv erinnert an Lessings Nathan der Weise. Auch dort ist es der muslimische Protagonist, Saladin, der sich beispielhaft menschlich verhält. Das Motiv war also bekannt, um nicht zu sagen geläufig. Als Muslim erinnert man sich in diesem Zusammenhang an die Koranverse:

„Wehre mit dem, was besser ist, das Schlechte ab..." (23:96)

„Und die gute Tat und die schlechte Tat sind nicht gleich, – wehre ab mit dem was besser ist, und dann ist derjenige, wo zwischen dir und zwischen ihm Feindschaft war, als ob er ein heißliebender Freund ist." (41:34)

3

Vom Selim Bassa heißt es, daß er kein wirklicher Türke, sondern ein Renegat sei, worauf man gelegentlich seine Milde zurückführen wollte.

Osmin hingegen bezeichnet sich zweimal als „Muselmann" und bedient sich der Ausrufe „Beim Barte des Propheten" und „beim Allah."

Die Figur des Osmin hatte Mozart schon in Briefen an seinen Vater beschrieben als „ein grober Flegel und Erzfeind von allen Fremden impertinent..." [175] und als „dummen, groben und boshaften Osmin" [176] charakterisiert.

Im Zweiten Aufzug verführt Pedrillo den Osmin zum Weintrinken mit dem Hinweis: *„Mahomet liegt längst auf'm Ohr und hat nötiger zu tun, als*

sich um deine Flasche Wein zu bekümmern." Osmin zweifelt zunächst: *„Ob ich's wage? Ob ich's trinke? Ob's wohl Allah sehen kann?"* Schließlich trinkt er und schläft am Ende mit dem Wunsch ein: *„ ... unser großer Prophet mag mir's nicht übel nehmen."*

Ähnlich wie schon bei Lessings kleinem Gedicht „Nein, nein, ich mag kein Türke sein..." findet man auch hier wieder die beiden Hauptmotive der abendländischen Wahrnehmung des Islam: Der Wein und die Frauen. Der Hinweis darauf soll genügen, es muß nicht weiter ausgeführt werden.

Osmin bleibt auch am Ende der Bösewicht, der echte Türke, der übel schimpft und wütend als Verlierer abgeht. Den muslimischen Zuschauer mag das insofern nicht verdrießen, als Osmin ja auch das koranische Weinverbot übertreten hat. Doch diese „Vergeltung" war sicher nicht beabsichtigt und die Figur des Osmin ja für den nichtmuslimischen Opernbesucher des 18. Jahrhunderts gestaltet.

Im Gegensatz zu Osmin wiederum preisen die Janitscharen, gewissermassen die Elite und zugleich die Masse der anwesenden Türken und Muslime, die Haltung des Selim Bassa, woraus sich deren allgemeine Zustimmung ableiten läßt.

4

Übrigens hat nicht Mozart den Text, das Libretto, zu seinem Singspiel verfasst. Das war damals nicht die Aufgabe eines Komponisten. Der Autor, der dies für Mozart übernommen hatte, hieß Johann Gottlieb Stephanie (1741-1800), und das Ganze war ein Plagiat. Denn kurz zuvor, 1781 um genau zu sein, war in Leipzig ein Text mit dem Titel erschienen „Belmont und Constanze, oder: Die Entführung aus dem Serail. Eine Operette in drey Akten von C. F. Bretzner. Componiert vom Herrn Kapellmeister André in Berlin". In der Literatur findet man häufig den Hinweis, Bretzner habe darauf mit folgender Annonce in der Leipziger Zeitung 1782 reagiert:

„Ein gewisser Mensch namens Mozart in Wien hat sich erdreistet, mein Drama ‚Belmont und Constanze' zu einem Operntext zu mißbrauchen. Ich protestire hiermit feierlich gegen diesen Eingriff in meine Rechte und behalte mir weiteres vor."

Ein konkreter Beleg dafür fehlt jedoch.

Zur Entstehung von Mozarts „Entführung" hat es vielerlei Spekulationen gegeben. Manche mochten in dem erfreulichen guten Ende Mozarts Neigung zur Freimaurerei erkannt haben, die sich vor allem in seinem späteren Werk „Die Zauberflöte" nachweisen läßt. Doch die „Entführung" entstand,

bevor Mozart 1784 einer Loge beitrat. Andere sahen in der „Entführung" Spuren von Mozarts Bemühen, seine Ehefrau Constanze entgegen dem Widerstand seines Vaters zu heiraten. Doch die weibliche Hauptfigur hieß schon in der Vorlage Constanze, die Mozarts Librettoschreiber abgeschrieben hatte.

Schon einmal zuvor hatte Mozart sich einer Dame im Orient zugewandt, doch dieses Stück nicht zu Ende gebracht. Mir als Kulturbanause erscheint „Zaide", [177] zumindest was die Handlung angeht, nicht anders als melodramatischer Kitsch, der es geschafft hat, zum Kulturgut zu werden – was übrigens Kitsch auch dann ist, wenn er das nicht geschafft hat…

Darum finde ich es auch nicht schlimm, daß dieses Werk unvollendet und weitgehend unbeachtet blieb. Es strotzt vor stereotypischen Orientfiguren und -motiven. Da ist der tyrannische Sultan Soliman, der die bedauernswerte Sklavin Zaide begehrt. Diese ist eine gefangene Europäerin und liebt statt dem Tyrannen den ebenfalls gefangenen europäischen Sklaven Gomatz. Die beiden fliehen mit Hilfe des Höflings Allazim, der sich seiner christlichen Herkunft besinnt, den Aufseher Osmin besticht und sich Zaide und Gomatz anschließt. Doch das Entkommen mißlingt. Die drei Flüchtigen werden vor den Sultan Soliman gebracht. Dieser droht in seiner zweiten Arie mit übler Strafe:

„Ich bin so bös als gut: Ich lohne die Verdienste mit reichlichem Gewinnste; Doch reizt man meine Wut, so hab ich auch wohl Waffen, das Laster zu bestrafen, und diese fordern Blut.“ [178]

Das Ende muß man sich ausmalen, denn bald darauf bricht das Fragment ab.

5

Daß Mozart bei der Arbeit an der „Entführung“ auf die Fragmente von „Zaide“ zurückgegriffen hat, liegt schon bei der thematischen Ähnlichkeit nahe. Auch dazu gab es hinreichend Vorbilder zur Orientierung, die hier nicht alle genannt werden können, doch mit allen Versatzstücken wie getrennte Liebende, Haremspalast, geplante und mißlungene Flucht, verbotenes Weintrinken etc., von „Die Pilger von Mekka“ (1763/64) des Opernkomponisten Christoph Willibald Gluck (1714-1787) bis zu „Zaïre“ (1732) des französischen Philosophen der Aufklärung Voltaire (1694-1778). Nach dem Abklingen der Türkengefahr im 18. Jahrhundert war die abendländische Welt nun von einer „Turkomanie“ ergriffen und voll von „Türkenstücken“. Von diesen ist, ob verdienterweise oder nicht, Mozarts „Entführung“ nicht nur die zu seinen Lebzeiten am häufigsten aufgeführte seiner Opern geworden, sondern dasjenige, das am meisten bleibenden Eindruck gemacht hat und auch heute noch immer wieder aufgeführt wird.

Nun ist es interessant, sich nochmals die Zeitschiene in Erinnerung zu rufen, auf der das Geschehene ablief: Lessing veröffentlichte den Text des Nathan 1779 in Berlin. Mozart arbeitete an „Zaide“ 1779/80. Das Libretto zu Mozarts „Zaide“ stammte von Johann Andreas Schachtner (1731-1791). Er hatte den Text „Das Serail“ von 1777/79 zum Vorbild, den Franz Joseph Sebastiani (1722-1772) verfasste. Darin sind am Ende Gomatz und Zaide Kinder des „Renegaten“, und der Sultan läßt Gnade walten, eine Lösung, die an Lessings Nathan erinnert. Bretzners „Belmont und Constanze“ erschien in Leipzig 1781. In seiner Operette besteht die Lösung am Ende darin, daß Selim Bassa der Vater des Belmonte ist, ganz wie in Lessings Nathan der Bruder Saladins sich als der Vater des Tempelritters herausstellt.

Damit, daß bei Bretzner Selim der Vater des Belmonte ist, hat sich auch der verschiedentlich geäußerte Hinweis erledigt, die Milde und gute Gesinnung des Selim Bassa folge daraus, daß diese Figur als ein Renegat vorgestellt wird, d.h. als ein Mensch von ursprünglich nicht muslimischer, sondern christlicher Herkunft. Denn bei Bretzner bedingt dies dessen Auflösung des Konflikts, wonach Selim der Vater des Belmonte ist. Die gute Gesinnung Selim Bassas spielt bei

Bretzner keine Rolle und kommt erst bei Mozart vor. Ob Mozart selbst oder seinem Librettisten Stephanie die dazu notwendige Veränderung der Figur des Selim Bassa zukommt, läßt sich nicht mit Sicherheit klären. Jedenfalls ist Selim Bassa in beiden Fassungen, Bretzners Original und Mozart-Stephanies Plagiat, ein Renegat. Und interessant am Rande ist auch: Sowohl bei Bretzner-André als auch bei Mozart-Stephanie singt der Selim Bassa keinen einzigen Ton, sondern tritt immer nur als Sprecher auf.

6

Was seinerzeit als „türkische Musik" und als „Janitscharenmusik" empfunden wurde, ist heute, nach mehr als zwei Jahrhunderten, für das ungeschulte Ohr nicht mehr so deutlich wahrnehmbar. Die Piccoloflöte und die Schlaginstrumente Große Trommel und Becken gehören mittlerweile längst zum klassischen Orchester. Am 26. September 1781 schrieb Mozart an seinen Vater, um ihm „eine kleine Idee von der Oper" zu geben, und erläutert dabei die Funktion der türkischen Musik: „… der Zorn des Osmin wird dadurch in das Komische gebracht, weil die türkische Musik dabei angebracht ist… Ein Mensch, der sich in so heftigem Zorn befindet, überschreitet alle Ordnung, Maß und Ziel, er kennt sich nicht – so muß sich auch die Musik nicht mehr kennen… Der Jani-

tscharen-Chor ist für einen Janitscharen-Chor alles, was man verlangen kann: kurz und lustig; und ganz für die Wiener geschrieben…"

Es geht also darum, mit Hilfe der Musik das Wesen der Figur zu unterstreichen und die Vorstellung des Publikums zu bedienen. Anders gesagt:

Mozart will nicht etwa eine sachgerechte türkische Milieustudie vorlegen, sondern zweifelsfrei populär sein, was man natürlich bei keinem Künstler in Abrede stellen sollte, der mittels seiner Kunstwerke seinen Lebensunterhalt bestreitet. Für Mozart ist, wie er seinem Vater mitteilt, klar:

„Wenn mir der Kaiser 1000 Gulden gibt, und ein Graf aber 2000 – so mache ich dem Kaiser mein Kompliment und gehe zum Grafen – versteht sich auf sicher." [179]

7

Streng genommen soll Wolfgang Amadeus Mozart (1756-1791) als Österreicher gelten. Sein Vater kam jedoch aus Augsburg nach Salzburg, und Mozart mußte bei jeder Reise ins österreich'sche Wien seinen Paß vorzeigen, denn Salzburg war noch bis 1805 ein eigenes Fürstentum. Jedenfalls gilt Mozart als einer der hervorragendsten klassischen deutschen Musiker und Komponisten, denn er sprach und schrieb deutsch. In einem Brief an seinen Vater klagt er: „Will mich Deutschland, mein geliebtes Vaterland, worauf ich (wie Sie wissen) stolz bin, nicht aufnehmen, so muß in Gottes Namen Frankreich oder England wieder um einen geschickten Deutschen mehr reich werden; und das zur Schande der deutschen Nation. – Sie wissen wohl, daß fast in allen Künsten immer die Deutschen diejenigen waren, welche excellieren. Wo fanden sie aber ihr Glück, wo ihren Ruhm? – In Deutschland gewiß nicht!..." [180]

Doch mit der „Entführung" hatte Mozart, anders als mit der vorherigen „Zaide", durchaus Erfolg. Seinem Vater kann er schreiben: „Die Opera hat in den zwei Tagen 1200 Gulden getragen." ... „Die Leute sind recht närrisch auf diese Oper. Es tut einem doch wohl, wenn man solchen Beifall erhält" und von dem Werk berichten, „welches in Wien (nicht platterdings gefallen), sondern so Lärm macht, daß man gar nichts anderes hören will, und das Theater allzeit von Menschen wimmelt. Gestern war sie zum vierten Mal, und Freitag wird sie wieder gegeben." [181]

Man darf nicht übersehen, daß Mozarts „Entführung" ein Auftragswerk des Kaisers Joseph II. (1741 – 1790) gewesen ist, der Wert auf das deutschsprachige Singspiel legte. So kam es dabei vor allem darauf an, daß dieser zufriedengestellt wurde. Wahrscheinlich wäre das mit „Zaide" nicht gelungen, denn darin sollte Allazim in seiner zweiten Arie singen:

„Ihr Mächtigen seht ungerührt auf eure Sklaven nieder; und weil euch Glück und Ansehn ziert, verkennt ihr eure Brüder. Nur der kennt Mitleid, Huld und Gnad, der, eh man ihn zum Rang erhoben, des wandelbaren Schicksals Proben im niedern Staub gesammelt hat." [182]

Das ist ja nichts anderes als revolutionäre Sozialkritik an den bestehenden Verhältnissen in Mozarts eigener Umgebung, verlagert an einen orientalischen Despotenhof. Hier waren der Orient und das Türkische, die muslimische Welt, die Projektionsfläche für eigene Vorstellungen, doch damit zugleich ein bedeutsames Betätigungsfeld abendländischer und deutscher Kulturschaffender.

Die muslimische Welt, und damit letztlich der Islam, bieten die Bühne, auf der die Ideen der Aufklärung in der Figur des toleranten Herrschers, wie Saladin oder Selim Bassa, dargestellt werden können. Anders gesagt: Beides paßt zueinander – die muslimische Welt mit ihrer islamisch begründeten, historisch gelebten Toleranz und der abendländische Wunsch nach Emanzipation von der Intoleranz und Kontrolle seitens der Kirche, verwechselt mit der Religion. Die muslimische Welt und der Islam bieten so dem Abendland und Deutschland die Bühne, um sich selbst zu finden, zu erfinden, und im Gegenüber darzustellen.

Interessant ist schließlich noch eine Veränderung in Mozarts Singspielen und schon seinen Vorläufern festzustellen. Seit etwa 10 Jahrhunderten dominierten zwei Protagonisten die Szene – Ritter und Mönch. Selbst in Lessings Nathan kommen sie noch vor.

Bei Mozart fehlt jede Figur, die für die Kirche oder die Religion genommen werden könnte.

Das Christentum spielt in der Auseinandersetzung zwischen Abendland und Morgenland nicht mehr die bisherige Rolle. Stattdessen kommt es zu einer Gegenüberstellung von Europa und dem Orient, wobei für Europa der Religionsbezug mehr und mehr abnimmt, während er für den Orient eher fortbesteht. Darin sind auch manche der heutzutage gegebenen Mißverständnisse begründet.

BRUDER,
NIMM DIE BRÜDER MIT…

1

Daß Deutschland einen Nationaldichter hat, ist unstrittig. Er heißt Johann Wolfgang von Goethe, obwohl es streng genommen zu dessen Lebzeiten Deutschland noch nicht gab. Goethe erblickte 1749 in Frankfurt am Main das Licht der Welt. Frankfurt war damals „Freie Reichsstadt", also keinem der zahlreichen deutschen Landesherren untertan. Goethe verstarb 1832 in Weimar, wo er seit 1775 lebte und wirkte. Der dortige Herzog Carl August hatte ihn an den Hof des Herzogtums Sachsen-Weimar-Eisenach in dessen kleine Hauptstadt Weimar eingeladen und auch veranlaßt, daß der Habsburger Joseph II. als Kaiser des Sacrum Imperium Romanum Nationis Germanicæ, des Heiligen Römischen Reiches Deutscher Nation, den Staatsbeamten in herzoglichem Dienst Johann Wolfgang Goethe 1782 in den Adelsstand erhob. Von diesem Reich war allerdings schon damals außer dem pompösen Namen nur wenig übrig, und Goethe selbst – nun „von Goethe" – wurde Zeuge seines unrühmlichen Endes, als es 1806 unter dem Druck Napoleons endgültig zerfiel und schlicht aufgelöst wurde. Der große deutsche Literat und Dichter war also des kleinen Sachsen-Weimar'sches „Subjekt", wie man damals noch sagte,

als bei diesem Wort für „Untertan" der heute damit verbundene herabsetzende Klang noch nicht mitschwang. Eine interessante Frage am Rande ist übrigens die folgende: Hat Goethe sich zum „Deutschsein" geäußert, und wenn ja, wie?

2

„Deutsch sein heißt arbeiten" ist ein dazu passendes Bonmot von Goethe. Nun wissen wir also auch, warum Goethe als der deutsche Nationaldichter gilt: Er hat einen Mythos geschaffen…

„Aber freilich, wenn wir Deutschen nicht aus dem engen Kreise unserer eigenen Umgebung hinausblicken, so kommen wir gar zu leicht in diesen pedantischen Dünkel. Ich sehe mich daher gern bei fremden Nationen um und rate jedem, es auch seinerseits zu tun." [183]

„Der Deutsche soll alle Sprachen lernen, damit ihm zu Hause kein Fremder unbequem, er aber in der Fremde überall zu Hause ist." [184]

Doch für uns ist an dieser Stelle die Goethe'sche Gretchenfrage bedeutsamer. „Wie hast du's mit der Religion?", hat, wie man weiß, Gretchen den Magister Faust im bekanntesten Goethe'schen Schauspiel „Faust" gefragt, und der gab ihr eine sie nicht besonders beeindruckende Antwort:

„…Mein Liebchen, wer darf sagen:
Ich glaub' an Gott?

Magst Priester oder Weise fragen,
Und ihre Antwort scheint nur
Spott…"
" Wer darf ihn nennen?
Und wer bekennen:
Ich glaub' ihn.
Wer empfinden,
Und sich unterwinden
Zu sagen: ich glaub' ihn nicht?
Der Allumfasser,
Der Allerhalter,…"

Die Hauptfigur der Tragödie, der Magister Faust, ist übrigens kein reines Phantasieprodukt des Dichters. Vielmehr hat Faust tatsächlich gelebt, wenn auch gut zwei Jahrhunderte vor Goethe. Magister Faust war 1507 Rektor der Kreuznacher Lateinschule, aus der später das dortige Staatliche Gymnasium hervorging, an dem ich meine ersten zunehmend unglücklichen Gymnasiastenjahre erlitt. Das Magister-Faust-Haus steht noch heute neben dem kleinen Turm an der Nahebrücke, der in den 1960er Jahren als Treffpunkt der „Freischar" diente, einer Gruppe Jugendlicher, der ich damals angehörte. Faust mußte Bad Kreuznach bald wieder verlassen, denn er trat als Magier und Schwarzkünstler auf und soll behauptet haben, jederzeit alle Wunder vollbringen zu können, die Jesus vollbracht hatte. Letzteres erwähnt sein Zeitgenosse, der Sponheimer Abt Johannes Trithemius, selbst der Schwarzen Magie verdächtigt. Ich verließ Bad Kreuznach knapp 500 Jahre später ohne den Ruf eines Zauberers. Über Fausts Geisterbeschwörungen und Zauberkünste zirkulierten bald zahlreiche Erzählungen, darunter auch die vom Teufel Mephistopheles, der ihm zu dienen anbot, wenn Faust ihm dafür seine Seele lasse. Goethe hat sich dieser volkstümlichen Stoffe bedient.

3

Richtet man die Gretchenfrage abgewandelt und konkretisiert an Goethe selbst – „Wie hast du's mit dem Islam?" – und geht dem nach, was Goethe dazu sagt, ergibt sich unerwartet Bemerkenswertes.

Zum Thema „Der Islam und Goethe" hatte ich Anfang der 1990er Jahre in der Zeitschrift „Al-Islam", deren Herausgeber ich war, eine umfangreiche Artikelserie veröffentlicht und in jener Zeit zudem mehrfach Vorträge darüber gehalten. Inzwischen liegt das Material auch in Buchform vor. [185] Auslöser für meine damalige Beschäftigung mit der Sache war ein einfacher Umstand. Ich hatte mit meiner alten Tante Wera über den Islam gesprochen. Sie meinte, sie halte sich lieber an Goethe. Mir schien seltsam, daß sie sich auf Goethe berief, ohne dessen Bezug zum Islam wahrzunehmen. Und sie war kein Einzelfall. Diesen Mangel zu beheben wollte ich helfen. So kam es am Ende zu einer umfangreichen Studie. Aus dem dargebotenen Material führe ich nachstehend einige wenige Passagen an. Sie zeigen beispielhaft verschiedene Einwirkungen des Islam und der muslimischen Kultur in Werk und Leben des deutschen Nationaldichters.

Wir wissen, daß Goethe den Koran in Übersetzung gelesen und sich sogar Auszüge daraus aufnotiert hat. Besonders hervorgehoben sei, daß sich in Goethes bedeutsamstem Stück, dem „Faust", Spurenelemente koranischen Materials feststellen lassen, worauf meines Wissens die Goethe-Forschung bisher noch nicht hingewiesen hat.

In einem der ersten Abschnitte des Dramas, im „Prolog im Himmel" – geschrieben wohl 1789 – treten auf: Der Herr, d.i. Gott, die drei Erzengel Raphael, Gabriel und Michael sowie Mephistopheles, der Teufel. Zwischen Gott und dem Teufel kommt das Gespräch auf Dr. Faust:

„Der Herr: ‚Kennst du den Faust?' Mephistopheles: ‚Den Doktor?' Der Herr: ‚Meinen Knecht.'

Der Bibelkenner erinnert sich hier an den Anfang des Buches Hiob (1, 6-12), worauf Goethe auch in seinem Gespräch mit Eckermann am 18.1.1825 hinwies. Der Ausdruck „Meinen Knecht" erinnert aber gleichfalls deutlich an die islamische

Vorstellung vom Menschen als „Knecht Gottes" und den koranischen Ausdruck „'ibadi – Meine Knechte", wie er zuerst in Sure 2:186 vorkommt, wo Allah spricht: „Und wenn Meine Knechte dich nach Mir fragen, dann bin Ich nahe..."

Interessanterweise findet man den selben Ausdruck „'ibadi – Meine Knechte" in Sure 15:42: „Siehe, Meine Knechte, nicht ist dir Macht über sie, außer über die Verführten, die dir folgen." Dies sind im Koran Worte Allahs an den Teufel.

Im „Faust" fordert wenige Zeilen später Mephistopheles den Herrn, d.h. Gott heraus: „Was wettet ihr? Den – gemeint ist Faust – sollt ihr noch verlieren, wenn ihr mir die Erlaubnis gebt, ihn meine Straße sacht zu führen!" Der Herr: „So lang' er auf der Erde lebt, so lange sei dir's nicht verboten, Es irrt der Mensch, so lang' er strebt."

Im Koran Sure 15:35 f. verflucht Allah den Iblis, den Teufel, wegen seines Ungehorsams. Darauf erbittet Iblis Aufschub bis zum Tag der Auferstehung, und Allah gewährt ihm diesen Aufschub. Nun sagt der Teufel:

„Mein Herr, dieweil du mich irreführtest, wahrlich, so will ich ihnen auf Erden (die Dinge) ausschmücken und will sie verführen allzumal, außer deinen Knechten unter ihnen, den lauteren." (Sure 15:39-40). Allah spricht daraufhin:

„Das ist ein Weg, ein rechter. Siehe, Meine Knechte, nicht ist dir Macht über sie, außer über die Verführten, die dir folgen." (15:41-42)

Die Anklänge und Übereinstimmungen sind verblüffend. Im „Faust", wie im Koran Sure 15:39 ff. spricht Gott von Seinem bzw. Seinen Knechten. Im „Faust" wie im Koran bekundet der Teufel seine Absicht, den Knecht Gottes irrezuführen, im Koran will er ihnen „es ausschmücken", im „Faust" ihn „sacht führen." Im „Faust" wie im Koran wird ausdrücklich die Zeit des Menschen „auf der Erde" genannt, während derer diese Verführung stattfinden soll, im „Faust" Gott in den Mund gelegt, im Koran ein Wort des Teufels. Im „Faust" wie im Koran findet sich das „Irren" – „Es irrt der Mensch, so lang' er strebt" und „dieweil du mich irreführtest ..." Im „Faust" wie im Koran gibt Gott dem Teufel die Erlaubnis für seinen Versuch: „so lange sei dir's nicht verboten" – „Das ist ein Weg, ein rechter ..." Ja, der „Weg" und sogar der „rechte Weg" kommen, wie im Koran, so im „Faust" vor, und sowohl im „Faust" wie im Koran spricht Gott die Hoffnungslosigkeit des Unterfangens aus, das der Teufel in Angriff nehmen will:

„Nun gut, es sei dir überlassen!
Zieh diesen Geist von seinem Urquell ab Und führ ihn, kannst du ihn erfassen, Auf deinem Wege mit herab

Und steh' beschämt, wenn du bekennen mußt:
Ein guter Mensch in seinem dunklen Drange
Ist sich des rechten Weges wohl bewußt" – und im Koran:
„Das ist ein Weg, ein rechter. Siehe, Meine Knechte, nicht ist dir Macht über sie gegeben, außer über die Verführten, die dir folgen." (15:41-42)

Es hat den Anschein, als sei hier die koranische Passage gewissermaßen gespiegelt. Manches, das im Koran am Ende steht, bildet im „Faust" den Anfang, und manche Worte, die im Koran der Teufel spricht, werden im „Faust" dem Herrn in den Mund gelegt. Darüber, daß es sich um dasselbe Motiv handelt, besteht aber kein Zweifel, nämlich – eingekleidet in einen Dialog zwischen dem Teufel und Gott – der Anbeginn der Versuchung des Menschen durch das Böse. Nur im Koran, nicht in der Bibel – man vergleiche 1. Moses 3 – kommt dies so vor.

4

Auch an der zweiten Stelle, wo im „Faust" von Gott die Rede ist, nämlich in „Marthens Garten", deuten sich ebenfalls koranische Spurenelemente an. Hier konfrontiert Gretchen den Faust mit der sprichwörtlich gewordenen Frage: „Nun sag', wie hast du's mit der Religion?" und Faust erwidert auf Gretchens Einwurf „So glaubst du nicht?" mit folgenden Worten:

„Mißhör mich nicht, du holdes Angesicht!

Wer darf ihn nennen? Und wer bekennen ich glaub' ihn?

Wer empfinden und sich unterwinden, zu sagen: ich glaub' ihn nicht?

Der Allumfasser, der Allerhalter, faßt und erhält er nicht Dich, mich, sich selbst? Wölbt sich der Himmel nicht da droben? Liegt die Erde nicht hier unten fest? ... Nenn's Glück! Herz! Liebe! Gott!

Ich habe keinen Namen dafür..."

Das koranische Vorbild ist hier offenbar Sure 59:22-24, speziell der letzte Vers. Das Motiv ist „Allahs schönste Namen" oder, wie Goethe öfter sagte, „das Namenshundert", das ja auch an anderen Stellen in seinem Werk – im „West-östlichen Divan" – zur Anregung gedient hat. Auf den Zusammenhang mit diesen „schönsten Namen" Allahs deutet nicht nur das Wortpaar „Der Allumfasser, der Allerhalter" mit seiner charakteristischen islamischen Färbung. Sowohl im „Faust" wie in besagten Koranversen kommen auch „Himmel und Erde" vor:

„Er ist Allah, der Schöpfer, der Erschaffer, der Bildner. Sein sind die schönsten Namen. Ihn preiset, was in den Himmeln und auf Erden ist, denn

Er ist der Mächtige, der Weise." (59:24)

„Allah ... Sein sind die schönsten Namen", heißt es außerdem hier im Koran, und die Worte Faustens sind der eingestanden nicht gelingende Versuch, etwas mit diesen „schönsten Namen" zu benennen: „Nenn's Glück! Herz! Liebe! Gott! Ich habe keinen Namen dafür..."

Offensichtlich hat sich Goethe also nicht nur an der einen, sondern an den beiden Stellen im „Faust", wo sich Aussagen über Gott finden, dem Einfluß des Korans nicht entzogen, sondern ist auf ihn zurückgekommen.

Wann, wo und wie er die hier zugrundeliegenden Passagen kennenlernte, und wie er sie im Einzelnen verarbeitet hat, mag die Goethe-Forschung herausfinden, wenn sie es denn kann. Zu entdecken waren diese Zusammenhänge aber offenbar nur auf Grund einer gewissen Vertrautheit mit der Quelle, aus der Goethe immer wieder geschöpft und wie wir sehen werden, viel öfter als bisher bekannt ist, geschöpft hat: dem Koran." [186]

5

Goethe hatte sich zumindest rudimentär mit der arabischen Schrift und etwas ausführlicher mit orientalischer Dichtung befasst, soweit sie ihm durch

Übersetzungen zugänglich war. Die Früchte seiner Bemühungen zeigen sich vor allem in seiner Gedichtsammlung „West-östlicher Divan", an deren Titel schon der Bezug zum Orient erkennbar wird. Dieses Werk verfasste er in fortgeschrittenem Alter, als reifer Mann, und ließ es im Jahr 1815 im Druck erscheinen. Auf Einzelheiten dieses Werkes einzugehen, würde den hier gezogenen Rahmen sprengen. Ich habe das wie gesagt in der Zeitschrift Al-Islam unternommen. Hier sollen nur zwei der besonders deutlichen Fälle angeführt werden, in denen Goethe sich im „West-östlichen Divan" vom Koran und anderen islamischen Quellen hat anregen lassen:

Mit dem Vers 4:157 stellt der Koran die gesamte christliche Theologie in Abrede, die ja auf dem „Kreuzestod" beruht. Auch den folgenden direkten Zusammenhang hat die Goethe-Forschung meines Wissens bisher nicht hergestellt.

Goethe verwendet in seinem Gedicht „Auserwählte Frauen" im „Buch des Paradieses" das koranische, nicht das christliche Motiv, nämlich die V e r w e c h s l u n g des Gekreuzigten. Er schreibt dort über Maria, die Mutter Jesu:

„Dann die Allgebenedeite
Die den Heiden Heil geboren
Und getäuscht, in bittrem Leide,
S a h den Sohn am K r e u z verloren."

Im Koran liest man:

„Und weil sie sagten: ,Wir haben den Messias Jesus, den Sohn der Maria, den Gesandten Allahs getötet — doch sie haben ihn nicht getötet und nicht gekreuzigt, sondern er schien ihnen so..." (Sure 4:157)

Demnach ist Jesus nicht am Kreuz gestorben. Maria unterlag vielmehr einer Täuschung. Sie s a h den Sohn am Kreuz verloren, das heißt es s c h i e n ihr so. Das genau ist die koranische Aussage über die Kreuzigung Jesu. Die Wortwahl Goethes ist aber so geschickt, daß sie dem christlichen Leser diese Spitze gegen die christliche Theologie ohne Kenntnis des koranischen Hintergrundes nicht erkennen läßt. [187]

Nun noch ein Beispiel für Übernahmen aus den Worten des Propheten, die Goethe durch seine Lektüre der „Fundgruben des Orients" kennengelernt hatte. Vom Propheten Muhammad (s) ist überliefert, daß er gesagt hat:

„Jedes Kind wird mit der Anlage der natürlichen Kenntnis geboren, dann machen die Väter einen Juden, Christen oder Magier daraus... Die natürliche Anlage aber, die Gott dem Menschen gegeben, wird nicht verwandelt. Dies ist die rechte bestehende Religion."

In das „Buch der Sprüche" des West-östlichen Divans hat Goethe den folgenden außergewöhnlichen Vierzeiler plaziert:

„Närrisch daß jeder in seinem Falle
Seine besondere Meinung preist!
Wenn I s l a m Gott ergeben heißt, Im
Islam leben und sterben wir alle.“

Bemerkenswerterweise ist dies die einzige Stelle, an der Goethe in den Gedichten des West-östlichen Divans das Wort „Islam“ einmal verwendet. Trotzdem hat sich über den Hintergrund dieses Vierzeilers die Goetheforschung bisher ausgeschwiegen. Auch Katharina Mommsen, die wohl im Hinblick auf den Orientbezug Goethes noch immer bedeutendste Autorin, hat ihn in ihrer letzten Veröffentlichung wohl vier Mal erwähnt, aber nichts über die Entstehung oder die Quelle gesagt.

Eine eindeutige Datierung für das Gedicht gibt es scheinbar nicht. Nach einer Angabe soll es „vor dem 16. Januar 1815“ entstanden sein.

Der eigentliche Ansatzpunkt ist wohl der Artikel „Eslam“ der „Orientalischen Bibliothek“ von Herbeloth. ... Den Herbeloth hatte Goethe vom 22. Dezember 1814 bis zum 22. Mai 1815 ausgeliehen. In besagtem Artikel wird der Begriff „Eslam“ zunächst wie folgt erläutert:

„Dieses Wort bedeutet eine gänzliche Unterwerfung und Ergebung des Leibes und der Seele an Gott...“

Der Zusammenhang mit der dritten Zeile des Goethe-Gedichtes „Wenn Islam Gott ergeben heißt“ ist deutlich erkennbar: „Dieses Wort (Islam)... bedeutet ...Ergebung ...an Gott.“

Nun kommt aber noch hinzu, daß es bei Herbeloth im selben Artikel nur wenige Zeilen später heißt, die Muslime „sagen sogar, alle Menschen wurden im Islamismus geboren.“

Dies betrifft den Gedanken in der vierten Zeile des Goethe-Gedichtes: „Im Islam leben ...wir alle.“

Das „Sterben“ hat Goethe offensichtlich hinzugefügt, vielleicht ohne weitere Anregung, vielleicht auch durch ein Prophetenwort wie das folgende, das er in den „Fundgruben des Orients“ gelesen haben muß: „Beim Schlafengehen pflegte der Prophet zu sagen: in deinem Namen o Gott! leb ich und sterb ich.“

Die beiden ersten Zeilen „Närrisch, daß jeder in seinem Falle Seine besondere Meinung preist“ sind offensichtlich die „Antwort“ Goethes auf diese Aussage, daß doch „alle Menschen im Islamismus geboren“ sind.

Das obige Wort des Propheten Muhammad (s) „Jedes Kind wird mit der Anlage der natürlichen Kenntnis geboren...“ erläutert sowohl, daß die „natürliche Anlage“ (arabisch: *al-fitrah*) „die rechte bestehende Religion“ ist, also der Islam. Dies ist ja auch das übliche muslimische Verständnis dieser Frage. Das Prophetenwort erwähnt außerdem beispielhaft Vertreter von „besonderen Meinungen", nämlich „Juden, Christen oder Magier". Somit läßt sich auch nachvollziehen, wie Goethe dazu kommt, in seinem Vierzeiler dem Islam als Gottergebenheit die jeweils „besondere Meinung" gegenüberzustellen, die „jeder in seinem Falle", also im Falle, daß er Jude, Christ, Magier oder sonst etwas ist, preist.

Den ersten Band der „Fundgruben des Orients" (Wien 1809), der das obige Prophetenwort enthält, hatte Goethe ebenfalls zu dieser Zeit entliehen, nämlich vom 25. Januar 1815 bis zum 16. Mai 1815, als er auch die „Bibliothèque Orientale" mit dem Artikel „Eslam" konsultierte. Es paßt also alles zusammen. [188]

6

Die Frage, ob Goethe selbst Muslim war, wird seit vielen Jahren gestellt und taucht auch in muslimischen Kreisen immer wieder auf. In gewisser Weise hat Goethe diese Frage selbst provoziert, denn in seinem Ankündigungstext zum West-östlichen Divan, in welchem der Inhalt dieser Gedichtsammlung kurz umrissen wird, schreibt Goethe von sich selbst:

„Der Dichter betrachtet sich als einen Reisenden. Schon ist er im Orient angelangt. Er freut sich an Sitten, Gebräuchen, an Gegenständen, religiösen Gesinnungen und Meinungen, ja er lehnt den Verdacht nicht ab, daß er selbst ein Muselmann sei..."

Hier ist Goethe der Aussage: „Ich bin Muslim" natürlich ausgesprochen nahe, doch darf dabei seine allgemeine Ansicht zum Islam nicht übersehen werden. Goethe verstand Islam eher allgemein und in erster Linie als „unbedingtes Ergeben in den unergründlichen Willen Gottes", und das ist ja auch keineswegs falsch. Aber er wußte, wie die von ihm herangezogenen Quellen zeigen, durchaus auch daß konkret zum Islam die „Annahme der Lehre Mohameds" gehört.

Die wesentlichen Grundzüge dieser Lehre, wie beispielsweise die sogenannten „Fünf Säulen des Islam", darunter vor allem das fünfmal tägliche Gebet, das Fasten im Ramadan, das Entrichten der Armensteuer, waren ihm zweifelsfrei bekannt, denn er hatte sich ja ausführlich mit der Lektüre des Korans und den Auszügen aus der Sunna befaßt. Es fehlen aber Hinweise darauf, daß er jemals versucht hätte, in seiner eigenen Lebensführung diesen Grundprinzipien der muslimischen Glaubenspraxis Raum zu geben.

Inwiefern Goethe Muslim war, läßt sich darum letztendlich nicht völlig zweifelsfrei klären, doch zumindest so viel darf als sicher gelten: Wenn Goethe denn nicht Muslim war, so wäre er es doch wenigstens gern gewesen —

denn dem Verdacht, es zu sein, hat er sich ja bereitwilligst und derart eindeutig ausgesetzt, daß dieser Verdacht bis heute besteht. [189]

Abschließend möchte ich noch ein Gedicht Goethes mit der Überschrift „Mahomets Gesang" erwähnen. Ich lernte es als Schüler im Fach Deutsch kennen und habe es in Erinnerung behalten, insbesondere die mehrfache Ansprache der „Brüder" darin: „Bruder, nimm die Brüder mit…" Im Schulunterricht ging es um Sprache und Stil, um Metaphern und Interpretationen. Darauf, daß mit „Mahomet" der Prophet des Islam gemeint sein könnte, kam es offenbar nicht an. Ich kann mich nicht daran erinnern, daß dies thematisiert worden wäre.

Wenn man jedoch den Hintergrund kennt, den Goethe selbst in seiner autobiographischen Schrift „Dichtung und Wahrheit" geschildert hat, wird indes ganz deutlich, daß es dabei sehr wohl auf den Propheten des Islam ankommt. Das Gedicht entstand nämlich, als Goethe mit Anfang Zwanzig plante, wie zuvor Voltaire, den er gelesen hatte, ein Schauspiel über das Leben des Propheten zu verfassen, und „Mahomets Gesang" war als ein Loblied auf denselben vorgesehen: „Im Stücke sollte Ali, zu Ehren seines Meisters, auf dem höchsten Puncte des Gelingens diesen Gesang vortragen." [190] Doch daß der deutsche Nationaldichter – im Gegensatz zu dem „Aufklärer" Voltaire – den Propheten

des Islam hätte preisen wollen, scheint ja auch heute noch manchem Zeitgenossen schier unvorstellbar. Der muslimische Leser indes kann sich an diesen Zeilen erfreuen, die bezeugen, daß auch der Prophet Muhammad (s) auf diese Weise zum deutschen Kulturerbe zu rechnen ist:

Mahomets Gesang

Seht den Felsenquell,
Freudehell,
Wie ein Sternenblick;
Über Wolken
Nährten seine Jugend
Gute Geister
Zwischen Klippen im Gebüsch.

Jünglingsfrisch
Tanzt er aus der Wolke
Auf die Marmorfelsen nieder,
Jauchzet wieder
Nach dem Himmel.

Durch die Gipfelgänge
Jagt er bunten Kieseln nach,
Und mit frühem Führertritt
Reißt er seine Bruderquellen
Mit sich fort.

Drunten werden in dem Tal
Unter seinem Fußtritt Blumen,
Und die Wiese
Lebt von seinem Hauch.

Doch ihn hält kein Schattental,
Keine Blumen,
Die ihm seine Knie umschlingen,

Ihm mit Liebesaugen schmeicheln:
Nach der Ebne dringt sein Lauf
Schlangenwandelnd.

Bäche schmiegen
Sich gesellig an. Nun tritt er
In die Ebne silberprangend,
Und die Ebne prangt mit ihm,
Und die Flüsse von der Ebne
Und die Bäche von den Bergen
Jauchzen ihm und rufen: "Bruder!
Bruder, nimm die Brüder mit,
Mit zu deinem alten Vater,
Zu dem ewgen Ozean,
Der mit ausgespannten Armen
Unser wartet,
Die sich, ach! vergebens öffnen,
Seine Sehnenden zu fassen;
Denn uns frißt in öder Wüste
Gierger Sand; die Sonne droben
Saugt an unserm Blut; ein Hügel
Hemmet uns zum Teiche!
Bruder,
Nimm die Brüder von der Ebne,
Nimm die Brüder von den Bergen
Mit, zu deinem Vater mit!"

Kommt ihr alle!
Und nun schwillt er
Herrlicher; ein ganz Geschlechte
Trägt den Fürsten hoch empor!
Und im rollenden Triumphe
Gibt er Ländern Namen, Städte
Werden unter seinem Fuß.
Unaufhaltsam rauscht er weiter,
Läßt der Türme Flammengipfel,
Marmorhäuser, eine Schöpfung
Seiner Fülle, hinter sich.
 Zedernhäuser trägt der Atlas
Auf den Riesenschultern; sausend
Wehen über seinem Haupte
Tausend Flaggen durch die Lüfte,
Zeugen seiner Herrlichkeit.

Und so trägt er seine Brüder,
Seine Schätze, seine Kinder
Dem erwartenden Erzeuger
Freudebrausend an das Herz.

DER KLUGE RICHTER

1

Wenn ich dazu komme, gehe ich gern auf Flohmärkten spazieren, und Bücher wecken mein Interesse. Eines Tages blinkten mir die goldenen Buchstaben mit der Botschaft „Das Buch der Werte" entgegen, auf einem Schutzumschlag aufgeprägt, dazu der Untertitel „Wider die Orientierungslosigkeit in unserer Zeit" und der Hinweis „Herausgegeben von Friedrich Schorlemer".

Ein schweres Buch, ein sogenannter „Schinken", mehr als 500 Seiten, geschätztes Gewicht ein Kilo. Und Schorlemer, ehemals DDR-Bürgerrechtler, Pastor, Buchhandels-Friedenspreisträger, der müßte es wissen, der müßte sagen können, was „Werte" allgemein und was „unsere Werte" im Besonderen denn sind. Also nahm ich das Buch mit, für einen Euro. Das, so dachte ich, dürften „unsere Werte" doch allemal wert sein...

Einer der Texte, die im besagten „Buch der Werte" diese verdeutlichen sollen, stammt von Johann Peter Hebel und trägt die Überschrift „Der kluge Richter". Dieser Text steht im Abschnitt über die „Gerechtigkeit". [191]

Hebels „Schatzkästlein des rheinischen Hausfreundes" war mir nicht ganz unbekannt, obwohl es aus einer früheren Epoche stammt. Die kurzen Geschichten in dieser Sammlung wollen zugleich unterhalten und unterweisen. Am meisten geläufig ist vielleicht die Erzählung vom „Kannitverstan":

Ein Mann kommt nach Holland, sieht ein schönes Haus und fragt, wem es gehört. Man antwortet ihm: „Kannitverstan". Im Hafen fragt er, wem die vielen Waren gehören, die gerade verladen werden. Wieder sagt man ihm: „Kannitverstan". Schließlich begegnet ihm ein Leichenzug, und auf die Frage, wer da zu Grabe getragen wird, heißt es erneut: „Kannitverstan". Da bedauert er den Herrn Kannitverstan, dem am Ende seines Lebens trotz allen Reichtums nur das Grab geblieben war.

2

Die Karlsruher Freunde werden es mir vielleicht danken, daß ich Hebel (1760-1826) erwähne. Er war Pädagoge und evangelischer Theologe, der im Badischen lebte und wirkte, seit 1808 auch Direktor des Gymnasium illustre zu Karlsruhe und 1818 Abgeordneter in der Badischen Ständeversammlung, dem ersten badischen Parlament.

In seinem „Schatzkästlein" findet man übrigens mehrere Geschichten, die „unsere Werte" vermitteln, aber aus dem Morgenland kommen und auch als solche vorgestellt werden. Um die Sache nicht über Gebühr zu strapazieren, sei hier nur ein Auszug aus dem Abschnitt „Denkwürdigkeiten aus dem Morgenlande" wiedergegeben:

„In der Türkei, wo es bisweilen etwas ungerade hergehen soll, trieb ein reicher und vornehmer Mann einen Armen, der ihn um eine Wohltat anflehte, mit Scheltworten und Schlägen von sich ab, und als er ihn nicht mehr erreichen konnte, warf er ihn noch mit einem Stein. Die es sahen, verdroß es, aber niemand konnte erraten, warum der arme Mann den Stein aufhob, und, ohne ein Wort zu sagen, in die Tasche steckte, und niemand dachte daran, daß er ihn von nun an so bei sich tragen würde. Aber das tat er. Nach Jahr und Tag hatte der reiche Mann ein Unglück, nämlich er verübte einen Spitzbubenstreich, und wurde deswegen nicht nur seines Vermögens verlustig, sondern er mußte auch nach dortiger Sitte zur Schau und Schande, rückwärts, auf einen Esel gesetzt, durch die Stadt reiten. An Spott und Schimpf fehlte es nicht, und der Mann mit dem rätselhaften Stein in der Tasche stand unter den Zuschauern eben auch da, und erkannte seinen Beleidiger. Jetzt fuhr er schnell mit der Hand in die Tasche; jetzt griff er nach dem Stein; jetzt hob er ihn schon in die Höhe, um ihn wieder nach seinem Beleidiger zu werfen, und wie von einem guten Geist gewarnt, ließ er ihn wieder fallen, und ging mit einem bewegten Gesicht davon.

Daraus kann man lernen: Erstens, man soll im Glück nicht übermütig, nicht unfreundlich und beleidigend gegen geringe und arme Menschen sein. Denn es kann vor Nacht leicht anders werden, als es am frühen Morgen war, und »wer dir als Freund nichts nutzen kann, der kann vielleicht als Feind dir schaden«. Zweitens, man soll seinem Feind keinen Stein in der Tasche, und keine Rache im Herzen nachtragen. Denn als der arme Mann den seinen auf die Erde fallen ließ und davonging, sprach er zu sich selber so: »Rache an dem Feind auszuüben, solange er reich und glücklich war, das war töricht und gefährlich; jetzt, wo er unglücklich ist, wäre es unmenschlich und schändlich. «" [192]

Hebel erzählt weiter: „Ein anderer meinte, es sei schön, Gutes zu tun an seinen Freunden, und Böses an seinen Feinden. Aber noch ein anderer erwiderte, das sei schön, an den Freunden Gutes zu tun, und die Feinde zu Freunden zu machen."

Dieser Gedanke erinnert jeden, der den Koran kennt, an den Satz aus der „Sure mit der Niederwerfung":

„Und die gute Tat und die schlechte Tat sind nicht gleich, – wehre ab mit dem, was besser ist, und dann ist derjenige, wo zwischen dir und zwischen ihm Feindschaft war, als ob er ein heißliebender Freund ist". (41:34)

Hebel scheut sich nicht, einen kurzen Kommentar zu geben, an den sich auch heutzutage noch mancher Zeitgenosse halten kann. Er schreibt:

„Es ist doch nicht alles so uneben, was die Morgenländer sagen und tun."

Dann fährt er fort: „Einer, namens Lockmann, wurde gefragt, wo er seine feinen und wohlgefälligen Sitten gelernt habe? Er antwortete: „Bei lauter unhöflichen und groben Menschen. Ich habe immer das Gegenteil von demjenigen getan, was mir an ihnen nicht gefallen hat." [193]

Dieser „Lockmann" ist kein anderer als der allen Muslimen gut bekannte „Luqman", der im Koran vorkommt. Eine ganze Sure ist nach ihm benannt, Sure 31, und darin belehrt er seinen Sohn nicht nur über den rechten Glauben, sondern auch über das gute Verhalten, warnt ihn vor Überheblichkeit und mahnt ihn zur Mäßigung. (31:13 ff.)

3

Doch eigentlich soll es hier ja um die Geschichte „Der kluge Richter" gehen, die im „Buch der Werte" zur Verdeutlichung der „Gerechtigkeit" steht. Sie lautet:

„Daß nicht alles so uneben sei, was im Morgenlande geschieht, das haben wir schon einmal gehört. Auch folgende Begebenheit soll sich daselbst zugetragen haben. Ein reicher Mann hatte eine beträchtliche Geldsumme, welche in ein Tuch eingenäht war, aus Unvorsichtigkeit verloren. Er machte daher seinen Verlust bekannt und bot, wie man zu tun pflegt, dem ehrlichen Finder eine Belohnung, und zwar von hundert Talern an.

Da kam bald ein guter und ehrlicher Mann dahergegangen. „Dein Geld habe ich gefunden. Dies wird's wohl sein! So nimm dein Eigentum zurück!" So sprach er mit dem heitern Blick eines ehrlichen Mannes und eines guten Gewissens, und das war schön. Der andere machte auch ein fröhliches Gesicht, aber nur, weil er sein verloren geschätztes Geld wieder hatte. Denn wie es um seine Ehrlichkeit aussah, das wird sich bald zeigen. Er zählte das Geld und dachte unterdessen geschwinde nach, wie er den treuen Finder um seine versprochene Belohnung bringen könnte.

„Guter Freund," sprach er hierauf, „es waren eigentlich 800 Tlr. in dem Tuch eingenähet. Ich finde aber nur noch 700 Tlr. Ihr werdet also wohl eine Naht aufgetrennt und Eure 100 Tlr. Belohnung schon herausgenommen haben. Da habt Ihr wohl daran getan. Ich danke Euch."

Das war nicht schön. Aber wir sind auch noch nicht am Ende. Ehrlich währt am längsten, und Unrecht schlägt seinen eigenen Herrn. Der ehrliche Finder, dem es weniger um die 100 Tlr. als um seine unbescholtene Rechtschaffenheit zu tun war, ver-

117

sicherte, daß er das Päcklein so gefunden habe, wie er es bringe, und es so bringe, wie er's gefunden habe. Am Ende kamen sie vor den Richter. Beide bestanden auch hier noch auf ihrer Behauptung, der eine, daß 800 Tlr. seien eingenäht gewesen, der andere, daß er von dem Gefundenen nichts genommen und das Päcklein nicht versehrt habe. Da war guter Rat teuer. Aber der kluge Richter, der die Ehrlichkeit des einen und die schlechte Gesinnung des andern zum voraus zu kennen schien, griff die Sache so an: er ließ sich von beiden über das, was sie aussagten, eine feste und feierliche Versicherung geben und tat hierauf folgenden Ausspruch: „Demnach, und wenn der eine von euch 800 Tlr. verloren, der andere aber nur ein Päcklein mit 700 Tlrn. gefunden hat, so kann auch das Geld des letztern nicht das nämliche sein, auf welches der erstere ein Recht hat. Du, ehrlicher Freund, nimmst also das Geld, welches du gefunden hast, wieder zurück und behältst es in guter Verwahrung, bis der kommt, welcher nur 700 Tlr. verloren hat. Und dir da weiß ich keinen andern Rat, als du geduldest dich, bis derjenige sich meldet, der deine 800 Tlr. findet." So sprach der Richter, und dabei blieb es." [194]

Hebel hat auch diese Geschichte wiederum mit dem Kommentar versehen: „Daß nicht alles so uneben sei, was im Morgenlande geschieht…"

Das soll ja nichts anderes bedeuten als: Man darf das, was positiv ist, durchaus als solches annehmen, auch wenn es aus einem anderen Kulturkreis, aus dem Morgenland, kommt.

4

Wer sich ein wenig mit vergleichender Kulturgeschichte und insbesondere der Wanderung von Erzählmotiven auskennt, wird vermuten, daß die Geschichte vom klugen Richter in abgewandelter Form auch anderswo vorkommt. Doch Hebel hat sie ganz zutreffend dem Morgenland zugeordnet, denn soweit bekannt, wurde sie zum ersten Mal im Spanien des 12. Jahrhunderts niedergeschrieben.

Der Autor, Petrus Alfonsi, ein zum Christentum konvertierter Rabbiner aus Aragon, verwendet die Geschichte in seinem bis ins 16. Jahrhundert weit verbreiteten Buch „Disciplina clericalis". Auch hier geht es um versuchten Betrug. Die kluge Entscheidung wird von einem Philosophen getroffen, der den König berät. „Petr. Alf. sagt ausdrücklich, daß er die Discpl. Cler. aus Arabischen Quellen entnommen habe. Inhalt und Form des Buches zeugen auch für den morgenländischen Ursprung. Ein Vater will seinen herangewachsenen Sohn in die Welt und die Freiheit entlassen. Noch einmal, zum letzten Mal, erteilt er ihm Ermahnungen, Rathschläge, Lebensregeln…" [195]

Nun gut, was also kann die Geschichte „Der kluge Richter" im Rahmen unserer Betrachtung sagen? Ich meine, das Beachtenswerte ist nicht die Geschichte selbst, sondern Hebels wiederholter Hinweis „Daß nicht alles so uneben sey, was im Morgenlande geschieht…" Man ersieht daraus, daß für ihn, der als einer der bedeutendsten deutschen Literaten des 19. Jahrhunderts gilt, selbst als christlichen Theologen, Vorbildliches im Orient zu finden eine durchaus annehmbare Vorstellung war, die er seinem Publikum keineswegs verschweigen wollte, sondern ihm gegenüber hervorhob. Das scheint heutzutage oft anders zu sein. Woran das wohl liegt? Ob es am Ende auch etwas mit „unseren Werten" zu tun hat und insbesondere der Frage nach der „Gerechtigkeit"?

5

Hebel wurde noch deutlicher. Er erzählt eine Geschichte vom Propheten Muhammad (s), den er nicht direkt sondern lediglich als „sogenannten" Lügenprophet vorstellt. Und auch hier heißt es wieder: „… alles ist auch nicht gefehlt…".

Das kleine Stück erschien im Jahre 1813 und heißt „Das gute Werk":

„Der sogenannte Lügenprophet Mahomed hat manches gesagt und getan, was ein christliches Herz nicht gutheißen oder verantworten könnte. Aber alles ist auch nicht gefehlt, was Mahomed gesagt oder getan hat.

Einmal kommt ein Araber zu ihm. „Gesandter Gottes, ich habe das Gesetz der Fasten gebrochen, das Fleisch ist schwach." Der Prophet sagte: „Hast du ein böses Werk begangen, so mußt du es mit einem guten büßen. Es gibt keine schönern Bußen als gute Werke. Hast du einen Sklaven", fragte ihn der Prophet, „den du freilassen kannst?" Der Araber fing an zu lachen, und sagte: „Sklaven freilassen, und ich! Wie komm ich mir vor!" der Prophet fuhr fort: „Kannst du die Fasten noch einmal von vornen anfangen?" Der Araber erwiderte: „Ich bins nicht kapabel. Wer für Frau und Kinder arbeiten soll, muß auch gehörig essen." Der Prophet fuhr fort: „Kannst du sechzig Arme speisen?" Der Araber erwiderte: „Nicht sechzig Mäuse, auch nicht vierzig, auch nicht zwanzig." Da brachte man dem Propheten seine Mahlzeit, Datteln und ein Stück Fleisch und er sagte dem Araber: „So nimm dieses Stück Fleisch, und bring's in deinem Namen einem Ärmern, als du bist zum Almosen." Der Araber erwiderte: „Gibt's noch einen Ärmern als ich bin? Ich weiß keinen." Da fuhr der Prophet fort: „Weißt du was, so bring's deinen Kindern, die sollen es essen. Deine Kinder sind noch ärmer als du bist." — So hat Mahomed gesagt und getan." [196]

Ahmed Peter Kreusch hat in einem Beitrag für die Islamische Zeitung auf

Hebel als „Vorbild und Beispiel" hingewiesen [197] und in diesem Text das Prophetenwort aus dem *Sahih al-Buchari* als Vorbild erkannt. Es bleibt noch nachzuzeichnen, woher Hebel Kenntnis über Prophetenworte hatte:

Im Jahr 1809 war in Wien der erste Band eines bedeutsamen Werkes für die Kenntnis des Morgenlandes erschienen: „Fundgruben des Orients, bearbeitet durch eine Gesellschaft von Liebhabern des Orients" mit dem Motto auf der Titelseite ‚Sag: Gottes ist der Orient, und Gottes ist der Occident. Er leitet, wen er will, den wahren Pfad. Coran II. Sure."

Es gab also, wie der Titel zeigt, damals keineswegs nur Gegner des Islam, sondern auch „Liebhaber" – heute würde man vielleicht stattdessen „Freunde" sagen. Herausgeber war Josef von Hammer-Purgstall (1774-1856), Übersetzer zahlreicher türkischer, persischer und arabischer Texte ins Deutsche, Nestor der österreichschen Orientkunde, Seine Übertragung der Gedichtsammlung des Hafis nahm Goethe zum Vorbild für den West-östlichen Divan.

In diesen „Fundgruben des Orients" hatte Hammer-Purgstall seinen Beitrag untergebracht „Auszüge aus der Sunna oder mündlichen Überlieferung Mohammeds". Darin ist unter der Nr. 231 zu lesen:

„Ich bin verloren, sprach ein Mann zum Propheten: – Was ist dir geschehen? – Ich fastete, und unterlag der Versuchung mit einem Weibe. – Kannst du dafür einem Sklaven die Freyheit schenken? – Nein. – Kannst du zwey Monate hintereinander fasten? – Nein. – Kannst du sechzig Arme speisen? – Nein. – Hier hielt der Prophet inne, und man brachte ihm zu gleicher Zeit einige Schüsseln mit Datteln und eingemachtem Fleisch. Er nahm von dem Letzten, gab es dem Fragenden und sprach: Geh und schenke dies als Almosen – Giebt es denn, o Prophet! Noch Ärmere als ich? Ich kenne keine als meine Familie, denen ich das Almosen austheilen will. Der Prophet lachte von ganzem Herzen, und sprach: nun so speise deine Familie davon." [198]

Ach ja, und noch etwas zum Schluß. Im besagten „Buch der Werte" wird aus dem Koran nicht zitiert, und auch kein anderer konkret islamischer Text kommt darin vor.

Man könnte also meinen, das beweise eben, daß der Islam keinen Beitrag zur deutschen Kultur und unseren Werten geleistet habe. Ich meine – nein, es beweist nur, daß der Herausgeber des „Buch der Werte" die Frage nach der Rolle des Islam nicht im Blick hatte, als er seine Textauswahl zusammenstellte.

Und daß man den Islam 'mal übersieht, soll ja vorkommen…

DER ORIENTMALER

1

Nicht nur die Literatur und die Musik, auch die bildende Kunst wandte sich dem Orient zu. Im 18. und besonders im 19. Jahrhundert verbreitete sich in der abendländischen Kunst ein Stil, den man als „Orientalismus" bezeichnet. Darunter sind orientbezogene Themen und Elemente vor allem in der Literatur, der Malerei und auch der Architektur zu verstehen. Weil nun der Islam zur Welt des Orients gerechnet wird und diese sich im Orientalismus widerspiegelt, darf man auch Spuren des Islam in der europäischen Kunst jener Epoche erwarten. Von der deutschen Literatur war bereits mehrfach die Rede. Hier soll der Blick auf die Malerei gelenkt werden.

Einer der bedeutenden deutschen Orientmaler war Adolf v. Meckel (1856-1893), [199] Schüler des Karlsruher Kunstakademiedirektors und Professors für Landschaftsmalerei Hans Gude (1825-1903). Zusammen mit den Karlsruher Malerkollegen Eugen Bracht und Carl Schirm unternahm er 1880/81 eine ausgedehnte Orientreise.

In Ägypten mag sich Adolf v. Meckel an eine Reise seines Vaters erinnert haben, der sich dort im Oktober und November 1854 aufgehalten hatte. Die deutschen Maler reisten weiter nach Palästina, zum Toten Meer, nach dem heutigen Jordanien, durch die Negev-Wüste nach Sinai zum Katharinenkloster und über Suez zurück nach Kairo. Weitere Reisen folgten, auch nach Nordafrika. So wurde Meckel zu zahlreichen Werken mit Orientmotiven angeregt.

Dabei unterscheidet er sich von den meisten seiner Kollegen, vor allem den französischen und englischen Orientmalern, durch eine Besonderheit, die man aber kaum beachtet hat. Mir ist als Muslim aufgefallen, daß Meckels Bilder keine nur halb oder ganz unbekleidete Frauen zeigen, wie sie für die Haremsphantasien von Künstlern und Publikum jener Epoche nicht unüblich sind.

Der palästinensisch-amerikanische Literaturwissenschaftler Edward Said hat sich ausführlich mit der abendländischen Vorstellung vom Orient befasst, die er in ihrer ganzen Breite ebenfalls als „Orientalismus" bezeichnet. Dabei hat er auch die Verbindung mit dem Kolonialismus deutlich herausgestellt und damit natürlich Widerspruch hervorgerufen. Seine Studie konzentriert sich auf die abendländische, insbesondere englische und französische Literatur zum Thema Orient, vor allem die der Fachwissenschaftler, als Orientalisten bezeichnet. Die Malerei wird kaum berührt, doch spielt das Bild des Abendländers von der orientalischen Frau auch in der Literatur keine unwesentliche Rolle. Said verweist auf die „Tagträume in orientalischen Klischees verpackt: Harem, Prinzessinnen, Prinzen, Sklaven, Schleier, Tanzmädchen und -jungen, Fruchtgetränke, Salben usw." So wie die Kolonien wirtschaftliche Vorteile bedeuteten und in Europa unerwünschte Bevölkerungselemente aufnehmen konnten, diente das Bild vom Orient auch gewissermaßen als Projektionsfläche für abendländische Vorstellungen von Sexualität. [200]

Übrigens meinte Said, in Deutschland von einem Orientbild ausgehen zu können, daß sich von dem Frankreichs oder Englands unterschied: „Es gab nichts in Deutschland, daß mit der anglo-französischen Präsenz in Indien, dem Nahen Osten, Nordafrika korrespondierte." [201]

2

Zum Bild vom Orient hat gerade auch die Orientmalerei viel beigetragen, und man darf schon die Bedeutung der Malerei an sich zu jener Zeit nicht unterschätzen. Noch hatten Fotografie und Film nicht den Platz eingenommen, den sie heute als Medien der bildlichen Darstellung einnehmen. Selbst wenn dabei Blick und Intention des Malers das Bild beeinflussten, haben die Gemälde noch weitestgehend den allermeisten Menschen vermittelt, was ihnen, die selbst nicht die Welt bereisten, anders nicht vor Augen

kommen konnte. Die Welt des Orients sehen geschah durch die Werke der Orientmalerei. Zu dieser Welt des Orients gehörte natürlich auch der Islam, und damit wurde das Bild, das man sich in Europa und in Deutschland vom Islam machte, auch durch die Orientmalerei mitbestimmt. So sieht man auf den Gemälden beispielsweise muslimische Gebetsstätten von außen und innen oder auch Muslime beim Gebet.

Die bekanntesten Bilder, die Adolf v. Meckel gemalt hat, sind orientalische Landschaften wie etwa „Abendstimmung am Toten Meer" (1886) oder „Die Oase. Peträisches Arabien (1887)." Die Staatliche Kunsthalle Karlsruhe hat von ihm das 1884 entstandene Gemälde „Die Palmen von Akabah am Roten Meer". Als Aquarelle liegt u.a. vor „Jerusalem mit der Omarmoschee."

Darüber hinaus gibt es auch verschiedene Darstellungen von orientalischen Menschen, beispielsweise „Arabische Schachspieler" (1891) und „Auf dem Weg zum Brunnen. Arabisches Mädchen mit Krug" (1892). Religiöse Themen stehen nicht im Vordergrund, obwohl die Reise doch auch zu den Stätten biblischen Geschehens geführt hatte, wie etwa „An der Quelle des Elisa" bei Jericho (1886). Auch fehlen nicht „Moses auf dem Sinai" (1888) und „Die Flucht nach Ägypten" (1891), darauf Maria mit dem Kinde auf dem Esel und der nachfolgende Joseph in der Wüste. Ein Bild von 1892 zeigt die Moschee „Sidi Abd-er-Rahman" mit muslimischen Gräbern im Vordergrund.

In einem Bericht über die „Große Berliner Kunst-Ausstellung von 1893 ist zu lesen: „In der Gruppe Genrestücke fesselt unser Interesse zunächst eine eigenartige Orientszene von Adolf v. Meckel, welche uns die Pietät der muhammedanischen Bevölkerung für ihre Todten schildert. Hiernach scheint unser Brauch, den Friedhof an einem dem Gedächtnis der Verstorbenen gewidmeten Tage aufzusuchen, auch in dem islamitischen Kultus zu bestehen. Auf dem Kirchhof von Biskra in Algerien, der uns, wie alle muhammedanischen Grabstätten ohne Grabhügel vor Augen geführt wird, sehen wir verschiedene Mädchen- und Frauengestalten sich bewegen: in dem intensiven Sonnenlicht, das die Luft durchzittert, erglänzen ihre faltigen weißen Schleier und Gewänder; das giebt der Szene einen phantastischen Charakter. Das Lichtproblem muß den Künstler besonders angezogen haben…" [202]

Ein Gemälde allerdings ist unzweideutig dem Islam zuzuordnen. Es ist betitelt „Die Märtyrer des Islam" und ergänzt mit dem Hinweis „Mekka-Karavane", was wohl Bezug auf die Wallfahrt nach Mekka nimmt. Es zeigt eine Wüstenlandschaft mit zwei erschöpft am Boden liegenden Männern und in großer Entfernung eine Karawane, der sie offenbar nicht mehr zu folgen

vermochten. Es ist das letzte Bild, das Adolf v. Meckel gemalt hat.

3

Adolf v. Meckel nahm sich 1893 in Berlin das Leben. Anlaß soll die Zurückweisung eines seiner Bilder gewesen sein, das er für die dortige Kunstaustellung vorgesehen hatte. Paul Dobert (1860-1931), Chefredakteur der Zeitschrift „Die Woche", veröffentlichte eine kleine Broschüre mit dem Titel „Adolf von Meckel's künstlerischer Nachlaß". [203] Darin heißt es:

„Der Orient war es, der ihn magisch anzog und festhielt, zu dem er immer wieder zurückkehrte, als dem Borne, aus dem er Erquickung schöpfte… und gleich tiefe Wurzeln in seinem seelischen Leben schlug die Berührung mit dem Volke des Orients. Die Aufopferungsfähigkeit, die Gastfreundschaft, die philosophische Ruhe und Weisheit des von der Kultur noch unberührten Mohammedaners sprachen zu den gleichen Charaktereigenschaften des Künstlers und schlugen die Brücke der Freundschaft zwischen dem Fremdling und dem Bewohner der Wüste."

Mit „Kultur" ist hier natürlich, ganz im ethnozentrischen Geist der Epoche, die als überlegen angesehene eigene, die abendländische, Kultur gemeint. Doch folgt man Doberts Einschätzung der Persönlichkeit des Malers, konnte Meckel den Muslimen gegenüber seelische Verbundenheit und Freundschaft empfinden und mit seinen Werken ein Bild ihrer Welt zeichnen, das jedenfalls nicht Ablehnung oder gar Feindseligkeit vermittelt.

„Das Getriebe des europäischen Lebens," so heißt es weiter, „die Jagd nach den anderen Sterblichen so begehrenswerth erscheinenden Aeusserlichkeiten dieser Welt reizte ihn nicht… So lenkte er stets von neuem seine Schritte zu dem Morgenlande, und die Welt, die sich ihm dort erschloss, hielt er in seinen Gemälden, seinen Skizzen und Studien fest… Die Kenntnisse der Landessitten, wie nicht minder die liebevolle Theilnahme an dem Geschicke auch der unbedeutendsten Kreatur haben dem Künstler und seiner Gemahlin jene köstlichen Stunden orientalischen Lebens und jene Einblicke in das Denken und Empfinden der von dem gebildeten Europäer so arg unterschätzten Bevölkerung verschafft, die wir in den Bildern wiederfinden."

Mit solcher Haltung und Empfindung war Meckel nicht allein. Was ihm hier nachgesagt wird, klingt wie das Vorausahnen einer späteren Begebenheit im selben Berlin. Drei Jahrzehnte darauf, im September 1926, fuhr der Nahostkorrespondent Leopold Weiss mit seiner Frau Elsa in der Berliner Untergrundbahn. In den Gesichtern der Menschen um sie herum nahmen sie Bedrückung, Schmerz und Leiden wahr, doch schienen diese

Menschen nicht zu wissen, was in ihnen vorgeht. „Ich war sicher", schrieb Weiss, „daß sie es nicht wußten – denn wie wäre es ihnen sonst möglich gewesen, ihr Leben weiterhin zu vergeuden und nur dem Verlangen nachzujagen, ihre äußere Lebenshaltung zu verbessern, ohne auch nur im geringsten an irgendwelche bindende Wahrheiten zu glauben, ohne einen anderen Wunsch zu haben, als mehr Bequemlichkeiten zu erlangen, mehr Zerstreuungen, und auch vielleicht mehr Macht…?" Dann stieß Weiss auf die Stelle im Koran:

„Besessen seid ihr von der Gier nach Mehr und Mehr, Immerfort, bis ihr in eure Gräber hinabsteigt…"

Für Weiss gab es „nunmehr keinen Zweifel" mehr: „Ich wußte mit vollkommener Gewißheit, daß ich ein von Gott eingegebenes Buch in meiner Hand hielt: denn obwohl es den Menschen vor dreizehn Jahrhunderten offenbart worden war, nahm es deutlich etwas vorweg, das erst jetzt, in diesem komplizierten, mechanisierten, von Phantomen besessenen Zeitalter in Erscheinung zu treten vermochte…

Dies war nicht die Weisheit eines Menschen. Wie weise er auch gewesen sein mochte: jener Mann der fernen Vergangenheit im fernen Arabien konnte unmöglich aus sich selbst heraus die Qual vorausgesehen haben, die dem zwanzigsten Jahrhundert ihren Stempel aufdrückte. Aus dem Koran sprach eine Stimme, größer als die

Stimme Muhammads…" [204]

Aus Leopold Weiss wurde Muhammad Asad (1900-1992). Ich begegnete ihm 1976 und konnte später seine 1980 fertiggestellte englische Koranübersetzung „The Message of the Qur'an" ins Deutsche übertragen. [205]

Meckel hatte diese Stimme, „größer als die Stimme Muhammads", offenbar nicht eindrücklich genug vernommen, doch zumindest ein gewisses Verständnis für das Leben der Muslime entwickelt. Dies kommt in seinen Bildern zum Ausdruck. Er vermittelte dem Betrachter, was er von der Welt der Muslime sah. Damit trug er dazu bei, beim Betrachter eine Vorstellung von der muslimischen Welt zu gewinnen, in der natürlich der Islam eine tragende Rolle spielte. Auch auf diesem wenngleich nur indirekten Weg konnte damit letztlich der Islam selbst einen Beitrag zu einem weniger abschätzigen Islamverständnis in Europa und in Deutschland leisten.

Ach ja, noch etwas: Seinen Vater hatte Adolf v. Meckel nie gekannt. Johann Heinrich Meckel v. Hemsbach (1821-1856), Prosektor an der Charité in Berlin und Professor für pathologische Anatomie, Vorgänger von Rudolf Virchow, war bereits verstorben, als das Kind zur Welt kam. Die Mutter Adolf v. Meckels, die ihn großzog, war Theophile v. Denffer (1824-1902).

KARA BEN NEMSI

1

Noch populärer als der deutsche Dichterfürst Goethe war der 1912 verstorbene Schriftsteller Karl May. Er ist wohl derjenige Autor, dessen literarisches Werk das Bild der Deutschen vom Orient und vom Islam am meisten beeinflusst hat.

Auch ich habe als Junge Karl May zu lesen bekommen, erinnere mich besonders an das Buch „Durch die Wüste", doch mehr an das Titelbild mit einem blauen sternenübersäten Himmel über dem vom Mond erhellten Sand als an die Geschichte, was wohl dafür spricht, daß ich vom Inhalt nicht wirklich beeindruckt war. Mein Bruder hat sich erheblich mehr mit Karl May befasst und sich als Erwachsener und Pädagoge über die Erzählungen hinaus für den Schriftsteller und Menschen interessiert.

Mays „Gesammelte Reiseerzählungen" von 33 Bänden und seine später in nahezu 100 Bänden zusammengetragenen enthaltenen Abenteuer- und Reisegeschichten spielen überwiegend im Orient und in Amerika. Die Hauptfigur in Amerika ist der mit dem Indianerhäuptling Winnetou befreundete „Old Shatterhand".

Im Orient füllt ein „Kara ben Nemsi" genannter Deutscher diese Rolle aus. Mit beiden hatte sich der Autor so weitgehend identifiziert, daß ihm notorisches Lügen nachgesagt wurde. May hatte selbst keine unmittelbare Berührung mit der Welt der Muslime oder der Indianer. Seine Kenntnisse über diese Weltengegenden und ihre Menschen bezog er aus der seinerzeit zahlreich erscheinenden Fachliteratur, deren Spuren sich bei sorgfältiger Betrachtung leicht in Mays literarischer Verarbeitung auffinden lassen. Nicht selten wird darin die Grenze zum Plagiat überschritten.

Als Beispiel mag das Kapitel „In Mekka" aus dem ersten Band der Gesammelten Werke – „Durch die Wüste" – dienen. Darin wird geschildert, wie der deutsche Christ Kara ben Nemsi als Muslim getarnt die Nichtmuslimen verbotene heilige Stadt des Islam besucht und in abenteuerlicher Flucht entkommt. Dazu gehören eine kurze Beschreibung der Moschee von Mekka und der sogenannten „Kleinen Wallfahrt", der *'umrah*. Allerdings waren weder Kara ben Nemsi noch Karl May jemals dort. Was abgesehen von der phantasiereichen Handlung mitgeteilt wird, stammt aus Berichten von Besuchern der heiligen Stadt des Islam. Besonders im 19. Jahrhundert gab es davon einige, wobei auch bei diesen nicht immer ganz klar ist, ob sie tatsächlich selbst vor Ort waren oder das nur vorgegeben und wiederum von

Anderen abgeschrieben hatten. Ein solcher Fall dürfte beispielsweise Heinrich von Maltzan gewesen sein, der schildert, als Muslim verkleidet im Jahr 1860 die Wallfahrt verrichtet zu haben. [206] Deutschlands wohl erster Mekkapilger Johann Wild hat in dieser Hinsicht mehr als zwei Jahrhunderte früher weitaus überzeugender berichtet.

Übrigens weckte das Thema Mekka doch so viel Interesse, daß später noch eine Art Fortsetzungsband „In Mekka" in die May'sche Erzählungsreihe eingefügt wurde. Bereits in der Abenteuergeschichte „Am Jenseits" hatte Karl May den Leser wissen lassen, daß „Kara ben Nemsi" nochmals Mekka aufsuchen möchte. Allerdings kommt es im Verlauf der Handlung nicht dazu, und May hat auch nichts weiter über Mekka geschrieben. Das Buch „In Mekka", daß die Geschichte fortsetzt, hat später Franz Kandolf verfaßt.[207] Wie alle Karl May Bände ist es in zahlreichen Auflagen erschienen.

2

Dies gibt mir Gelegenheit, an den 2010 verstorbenen deutschen Muslim Achmed Schmiede und die Zeitschrift „Al-Islam" zu erinnern. Achmed Schmiede zeichnete 1958 verantwortlich für die erste Ausgabe dieser deutschsprachigen muslimischen Zeitschrift, blieb jahrelang ihr Herausgeber und trug mir im Frühjahr 1978 an, ihn zu unterstützen. Ich übernahm probehalber die Zusammenstellung einer Ausgabe, übersiedelte aber in diesem Jahr nach England. Von 1979 bis 1983 war Fatimah Grimm die Verantwortliche, seit meiner Rückkehr nach Deutschland gab ich dann dauerhaft „Al-Islam" von 1984 bis 2007 (ab 2004 in elektronischer Form) heraus.

Im Jahr 1969 war „Al-Islam" als kleiner „Muslimischer Almanach" erschienen und Achmed Schmiede hatte darin über „Wir und Karl May" geschrieben.[208] Dabei stellte er fest: „Den Grossteil seiner Vorstellungen über den Islam bezieht der Durchschnitts-Deutsche von Karl May und aus der Boulevard-Presse". Zugleich betonte Schmiede, „dass Karl May in der Einstellung zum Islam völlig neue Akzente setzte, eine wenig bekannte bzw. beachtete Tatsache."

„Kara ben Nemsi, die Ich-Figur im orientalischen Reiseroman Karl Mays ist Christ. Sie argumentiert gegen den Islam. Andererseits aber – und hier ist Karl May seiner Zeit voraus – steht sie nicht an, die islamische Frömmigkeit zu bewundern. In „Durch die Wüste" sprechen Beduinen im Angesicht grosser Gefahr die Fatiha: „Ich muss gestehen, dass dieses Gebet auch mich ergriff, aber nicht aus Furcht vor der Gefahr, sondern aus Ehrfurcht vor der tief im Herzen wurzelnden Religiosität dieser halbwilden Menschen, welche nichts tun und beginnen, ohne sich dessen zu erinnern, der in dem Schwachen mächtig ist."

Weiter merkt Schmiede an: „Neben den Arabern hegt Karl May für das muslimische Volk der Türken besondere Anteilnahme... In „Von Bagdad nach Stambul" schreibt er: „Der Türke ist ein Mensch, und einen Menschen macht man nicht damit gesund, dass die Nachbarn sich um sein Lager stellen und mit Säbeln ein Stück nach dem anderen von seinem Leibe hacken, sie, die sie doch Christen sind. Einen kranken Mann macht man nicht tot, sondern man macht ihn gesund, denn er hat ein heiliges Recht zu leben wie jeder andere... Ich hasse den Türken nicht, sondern er dauert mich... und es tut mir immer weh, wenn ich einen Türkenfresser behaupten höre, dem Osmanen sei nicht zu helfen. Das ist Pharisäerhochmut, aber kein Christensinn!"

„Der Vorsatz, meine Gestalten teils in indianische und teils in orientalische Gewänder zu kleiden, führte mich selbstverständlich zu tiefem Mitgefühl für die Schicksale der betreffenden Völkerschaften. Der als unaufhaltsam bezeichnete Untergang der roten Rasse begann mich ununterbrochen zu beschäftigen. Und über die Undankbarkeit des Abendlandes gegenüber dem Morgenland, dem es doch seine Kultur verdankt, machte ich mir allerlei schwere Gedanken. Das Wohl der

Menschheit erheischt, dass zwischen beiden Friede sei, nicht länger Ausbeutung und Blutvergiessen. Ich nahm mir vor, dies in meinen Büchern immerfort zu betonen und in meinen Lesern jene Liebe zur roten Rasse und für die Bewohner des Orients zu erwecken, die wir ihnen als Mitmenschen schuldig sind." («Mein Leben und Streben»).

Dies waren Ansichten, mit denen Karl May zu seiner Zeit völlig allein dastand. Wir schulden ihm dafür Achtung, auch wenn manche unserer Glaubensgenossen in seinen Büchern schlecht davonkommen. Das Gebaren der Saud's, Sukarno's, Pahlewi's und Konsorten erleichtert es uns, ihm dies zu verzeihen." [209]

3

Knapp zwanzig Jahre später hat Muhammad Ajjub Mühlbauer eine „Analyse des Islambildes" von Karl May für die Zeitschrift „Al-Islam" verfasst. [210] Er kam zu einem weniger positiven Fazit:

„Bei der Betrachtung der Geschichte der Diskriminierung des Islam im Abendland ergibt sich auch bezüglich der Schriften Mays ein trauriges Paradoxon. Obwohl bestimmte Weltanschauungen im Weltbild des modernen Europäers nicht mehr präsent sind, haben sich doch die Vorurteile, die während der gerade herrschenden Weltanschauungen existierten, beharrlich tradiert. Karl Mays Werk, in dem sich, bedingt durch Mays labilen Charakter, die Meinung des Volkes besonders gut spiegeln konnte, kann für diese These durchaus als Beweis stehen. Alle Vorurteile, die sich im Laufe der Geschichte bilden konnten, treten bei May, wenn auch leicht verändert, wieder auf. Er wollte es sich nicht leisten, das in Deutschland herrschende Islambild zu entmythologisieren. Deshalb spielen die zweifellos von May benutzten Quellen eigentlich nur eine sekundäre Rolle. Entscheidend ist die Grundeinstellung und das Grundgefühl gegenüber dem Islam. Und hier muß man sagen, daß ihm eigentlich der Islam wohl recht egal gewesen sein muß. May suchte als Autor von Trivialromanen Stoff, der interessant und absonderlich genug war, als Kulisse für unterhaltsame Geschichten zu dienen."[211]

Man sieht wie unterschiedlich selbst deutsche Muslime Karl May betrachten. Schmiede konzediert durchaus dessen falsche Darstellungen des Islam, stellt diese jedoch nicht in den Vordergrund, während Mühlbauer sie genauer betrachtet. In beiden Fällen aber geht es letztlich um die Wirkungsgeschichte von Karl Mays Ausführungen zum Islam.

Von besonderem Interesse ist dazu auch eine Untersuchung, die vor einigen Jahren von der Karl-May-Gesellschaft veröffentlicht wurde: „Karl Mays Islambild und der Einfluß auf seine Leser" von Svenja Bach.[212] Gezielt wird darin gefragt, welche Wirkung das von May vermittelte Wissen vom Islam bei seiner zahlreichen Leserschaft hervorrief. Wir können hier noch die Fragen anschließen:

Wie hat sich der Islam, transportiert über das von Karl May vermittelte Islambild, auf das Verständnis der Menschen in Deutschland vom Islam und damit auf das Verhältnis der Deutschen zum Islam ausgewirkt?

Das Verständnis der Menschen vom Islam und das daraus resultierende Verhältnis zum Islam sind der deutschen Kultur zuzurechnen. Inwieweit hat also der Islam auf diese Weise zur deutschen Kultur beigetragen?

4

Bach hat für ihre Untersuchung eine Befragung von Karl-May-Lesern durchgeführt und sie dabei mit Sachinformationen über den Islam und die Muslime konfrontiert, die aus Karl Mays Werken stammen. Die Ergebnisse sind aufschlußreich. Hier seien lediglich einige wenige Feststellungen mitgeteilt. Interessant ist dabei, daß sich durch diese Befragung Ansichten zum Islam und den Muslimen bestätigen, die von May im 19. Jahrhundert vorgegeben werden, aber offenbar bis heute fortbestehen. Zwei herausragende Beispiele betreffen die Vorstellung von der eigenen „Überlegenheit" und den Blick auf die Rolle der Frau.

Bach stellt fest, dass Mays Ausführungen „das Denken im deutschsprachigen Raum über den Islam widerspiegeln. Sie liefern viele Informationen, die zwar nicht alle der Wahrheit entsprechen, aber dennoch einen Einblick in die fremde Kultur und Lebensweise bieten, wie man sie sich zu Mays Zeit vorstellte… Der Islam wird nicht ausschließlich positiv oder negativ dargestellt, sondern es wird eine realistische Mischung an Informationen vor dem Leser ausgebreitet, die einen differenzierten Blick auf diese Religion möglich macht." [213]

Letztere Bewertung weckt trotz der auf den ersten Blick vernünftig erscheinenden Formulierung Zweifel an diesem Teil der Untersuchung. Bei den Informationen zum Islam, die May mitteilt, muß es doch zunächst erst einmal darauf ankommen, ob sie sachlich richtig sind. Das aber hat die Autorin selbst bereits mit dem Hinweis in Frage gestellt: „Informationen, die zwar nicht alle der Wahrheit entsprechen." Die Bewertung „positiv oder negativ" gehört in eine andere Kategorie und ist abhängig vom kulturellen Hintergrund des Betrachters.

Immerhin wird aber festgestellt, daß May die Religionszugehörigkeit seiner

Charaktere nicht einsetzt, um ein negatives Bild der Muslime zu zeichnen: „Keine der negativen Figuren handelt schlecht, weil sie religiöse Motive verfolgt, sondern aus den klassischen Motiven, die sich überall in der Literatur wiederfinden: Habgier, Rachsucht, Neid usw." … Es gibt gute und böse Menschen überall, also auch unter den Christen und unter den Moslemim." 214 (May verwendet immer wieder die Mehrzahlform „Moslemim" mit „m" am Wortende, wohl ein Mißverstehen von „muslimin" (Moslemin), das sich allerdings schon im „Brockhaus Conversations-Lexikon" von 1809 findet).

Dennoch bleibt insgesamt ein Eindruck, den Bach ausblendet, nämlich daß angesichts der Überlegenheit des Protagonisten, der stets das Gute vertritt, seine Gegner doch mehr oder weniger dem Lager des Bösen zuzurechnen sind:

„Der christliche Held Kara Ben Nemsi ist den muslimischen Helden weit überlegen. Vor allem die Rückständigkeit der muslimisch geprägten Länder und Kulturen, die im allgemeinen von den Lesern vorausgesetzt wird, macht diese Tatsache für die christlichen Europäer nicht nur logisch, sondern zu einem weiteren Baustein, der die Glaubwürdigkeit Mays unterstützt." [215]

Auf das Thema der kulturellen Überlegenheit geht die Autorin an anderer Stelle noch etwas näher ein:

„Natürlich erwähnt auch May das zu seiner Zeit weit verbreitete Vorurteil, dass der Islam schuld an der Rückständigkeit und Entwicklungsunfähigkeit des Orients sei, stimmt jedoch nicht, wie es der Leser erwartet, damit überein.

Vielmehr lässt er eine seiner Figuren erklären, dass überwiegend politische Einflüsse dafür verantwortlich seien, dass der Orient dem Westen unterlegen sei und die Religion in diesem Zusammenhang keine Rolle spiele. Dies war in seiner Zeit eine fortschrittliche Ansicht…"[216]

Zur Lage der Frau in der muslimischen Welt ergab die Untersuchung folgendes Ergebnis:

„Dass May mit seiner Schilderung von den unterdrückten muslimischen Frauen ein glaubhaftes Bild erzeugt, bestätigen die Umfrageergebnisse: 48,8% der Befragten gaben an, dass sie die Schilderung der muslimischen Frauen als realistisch empfanden. Unrealistisch dargestellt empfanden 30,2% der Befragten die Situation der Frauen und 20,9% enthielten sich ihrer Stimme."[217]

Besonders interessant sind noch folgende Antworten auf die Frage, „was den Teilnehmern spontan zum Thema Islam einfalle. Sie antworteten überwiegend mit den üblichen Schlag-

wörtern: „Strenggläubigkeit und Fanatismus" (26,6%), „Krieg und Gewalt" (19,2%), „Unterdrückung der Frau" (14,9%) und „Leben in der Vergangenheit" (4,3%). Insgesamt waren also 65,0% der Antworten negativ. … Das heutige Islambild ist also dem von vor etwa 100 Jahren nicht unähnlich…"[218]

Wie bedeutend Karl May im Hinblick auf das Verständnis vom Islam zumindest zur Zeit der Umfrage noch war, zeigen schließlich die folgenden Zahlen: 69,7% hielten das Islambild Mays beim Lesen für realistisch, 14,0% für unrealistisch und 16,3% waren unentschieden."[219]

5

Die Wirkungsgeschichte von Mays Schriften scheint auch heute noch nicht ganz vorbei zu sein. Dafür spricht, daß seine Geschichten weiterhin Leser finden. Die Werke von Karl May werden mittlerweile sogar als „e-book" angeboten. Die Karl-May-Gesellschaft hat eine umfangreiche Internetpräsentation aufgebaut. Man findet dort nicht nur die bekannten Standardwerke, sondern auch manche sehr ungewöhnlichen Stücke wie etwa eine Sammlung von „Marienkalendergeschichten". Sie ist überschrieben mit „Christus oder Muhammed".

„Marienkalender" waren am Ende des 19. Jahrhunderts ein Literaturangebot vor allem für katholische Leser.

Karl May hat diese Möglichkeit zu veröffentlichen genutzt.

Es muß an dieser Stelle nicht im Einzelnen untersucht werden, inwieweit er sich dabei den Erwartungen der Verleger und dem Geschmack des spezifischen Leserkreises angepaßt hat. Vielleicht widmet sich bei Gelegenheit einmal ein muslimischer Student der Germanistik dieser Aufgabe. In jedem Fall sind die Geschichten Karl Mays Geschichten. Sie haben als mit seinem Namen verbunden gewirkt und derart auch seine Reputation mitgeprägt.

Die erste dieser „Marienkalendergeschichten" heißt, wie die ganze Sammlung, ebenfalls „Christus oder Muhammed. Reise-Erlebnis von Karl May". Dem Leser wird so nahelegt, sie als Tatsachenbericht zu verstehen. Ihr Inhalt sei als Beispiel kurz zusammengefasst:

Auf einer Reise nach Tunis kann der Erzähler, der von Mitreisenden als „Charley" angesprochen wird, ein orientalisches Haus besichtigen. Dort trifft er auf einen kleinen Jungen und dessen Mutter, die dem Christentum zuneigt und deshalb bittet: „Sage mir um des Himmels willen, wer Recht hat, Christus oder Muhammed!" Charley antwortet ihr:

„Christus, denn er ist wahrer Gott, von Ewigkeit geboren; Muhammed aber war ein sündiger Mensch. Muhammed hat Haschisch gegessen und seine Suren erträumt; Christus aber ist am Kreuz gestorben, um die Sünden aller Welt auf sich zu nehmen. Wer an ihn glaubt, wird selig." Später kommt es bei einem Ritt durch die Wüste zu einer erneuten Begegnung. Die Frau hat mit ihrem Mann und Sohn vor einem Sturm Zuflucht in einer Höhle gesucht wie schon vor ihnen Charley, den sie aber nicht bemerken. Ein großer Panther gelangt in die Höhle und droht das Kind zu fressen. Der Mann ruft vergeblich Allah zuhilfe, die Frau läßt ihn und den Sohn das christliche „Vater unser" beten, dem bis dahin unbemerkten Charley gelingt darauf der Schuß auf den Panther und somit die Rettung des Kindes. Am Ende bekehrt sich der zuvor dem Christentum feindselig gegenüberstehende Mann zu Christus.

Man darf an die Epoche erinnern, aus der hier berichtet wird. Es ist die hohe Zeit des europäischen Kolonialismus, mit dem verknüpft vielfältige kirchliche Missiontätigkeiten einhergingen. Die Frage, die unmittelbar ausgesprochen wird, betrifft aber nicht etwa „Okzident oder Orient", sondern eben „Christus oder Muhammed", und sie lautet: Wer von beiden hat recht?

Die Antwort, die darauf erfolgt, ist die klassische Antwort des christlichen Missionars: „Christus, denn er ist wahrer Gott, von Ewigkeit geboren; Muhammed aber war ein sündiger Mensch. Muhammed hat Haschisch gegessen und seine Suren erträumt; Christus aber ist am Kreuz gestorben, um die Sünden aller Welt auf sich zu nehmen. Wer an ihn glaubt, wird selig." Für den Leser des Marienkalenders bestätigt sich diese mit kirchlicher Dogmatik und übler Herabsetzung untermauerte Sicht durch die Wirksamkeit des Gebets, die Karl May in dem „Reise-Bericht" schildert. So beweist gewissermaßen das wahre Leben die Wahrheit der kirchlichen Lehre.

Hätte ich die Möglichkeit, mit Karl May darüber zu sprechen, so würde ich ihn fragen: Ist nicht schon die Frage „Christus oder Muhammed – wer hat recht?" falsch gestellt? Denn zumindest aus der muslimischen Sicht gibt es zwischen Jesus und Muhammad (s) keinen Gegensatz und dürfte es übrigens auch aus christlicher Sicht nicht geben, wenn man dem einen nicht die Achtung verweigert, die man für den anderen beansprucht.

Hättest Du, Karl May, die Frage – im Sprachgebrauch Deiner Zeit – nicht stellen müssen als: „Christen oder Mohammedaner – wer hat recht?"

Damit allerdings wäre wohl das Gewicht der kirchlichen Dogmatik durch das Gewicht des rationalen Begründens ersetzt worden.

Doch davon ganz abgesehen: Diese Geschichte Karl Mays wie auch andere vergleichbare Erzählungen werden für unsere Epoche wohl nicht mehr die Relevanz haben, die ihnen zukam, als sie erstmals erschienen. Denn die Bedeutung von Religion und Glauben hat in Deutschland stark abgenommen. Im Westen glaubt überhaupt nur noch „etwa jeder Zweite „ziemlich" bzw. „sehr" daran, dass Gott, Gottheiten oder etwas Gottähnliches existiert, … im Osten nur knapp jeder Vierte." [220]

Würde Karl May heutzutage leben, hätte er also andere Geschichten zu schreiben – nämlich solche über Themen wie „Gibt es einen ‚Tag der Auferstehung'?" und „Wird der Mensch dann zur Verantwortung gezogen?", vor allem aber „Gott oder kein Gott – wer hat recht?" Und Berichte sowohl von Christen als auch Muslimen davon, wie ihre Gebete erhört werden, gibt es zuhauf…

DER FALL DER MAUER

1

Wenn ich gelegentlich auf einen Zusammenhang zwischen dem Islam und der deutschen Wiedervereinigung und damit der deutschen Einheit hinweise, ruft das in der Regel massive Ablehnung hervor. Dieser Gedanke wird meist als völlig abwegig empfunden, und weil das so ist, scheint es sich auch nicht zu lohnen, ihm überhaupt nachzugehen. Aber ich gebe nicht auf. Versuchen wir es also wieder einmal, vielleicht erschließen sich doch gewisse Zusammenhänge.

Vorab darf ich darauf hinweisen, daß sich die Ereignisse, um die es hier geht, zu meinen Lebzeiten abgespielt haben und daß ich, wie meine Zeitgenossen, zumindest Beobachter war, also Zeitzeuge bin und berichten kann, was in jenen Jahren von den Geschehnissen bekannt wurde. Uns hat die Mauer noch getrennt, wir haben sie noch gesehen, den Stacheldraht, die Grenzsoldaten mit den Hunden, den Todesstreifen mitten durch Deutschland und Europa. Nach monatelangen Demonstrationen in der DDR wurde in der Nacht des 9. November 1989 in Berlin die Grenze geöffnet. Tausende, später dann Millionen von DDR-Bürgern besuchten den Westen, wurden dort mit „Begrüßungsgeld" versorgt und kosteten von der neuen Freiheit sowie Bananen. Als sie im Dezember mit ihren Trabis auch nach München kamen, wo ich damals lebte, mangelte es an Unterkünften, und so haben wir mehr als 50 von ihnen im Islamischen Zentrum Abendessen, Nachtquartier und Frühstück geboten – für diese Gäste zweifelsfrei ein zuvor noch nie dagewesenes Erlebnis.

2

Es ist notwendig, sich die Grundvoraussetzungen in Erinnerung zu rufen, die das Weltbild in Deutschland damals prägten. Man ging aus von der Konkurrenz zweier Systeme, man sprach von der bipolaren Welt, der westlichen und der kommunistischen, und vom Kalten Krieg.

Der Konkurrenzkampf der Systeme wurde weltweit ausgetragen, vor allem in den sich aus dem Kolonialismus lösenden Ländern Afrikas, Lateinamerikas und Asiens sowie besonders auch im Nahen und Mittleren Osten, der wegen des Rohstoffs Öl so bedeutsamen Region. Die direkte Konfrontation der sogenannten Großmächte wurde durch die gegenseitige nukleare Bedrohung verhindert, stattdessen versorgte man andere mit Waffen und verleitete sie zu Mord und Totschlag. Die augenfälligsten dieser Stellvertreterkriege waren die Kriege in Korea, Vietnam und Afghanistan.

Deutschland befand sich aus der Sicht der Deutschen inmitten dieser Lage, und war infolge des Zweiten Weltkriegs in zwei Teile geteilt: Die Bundesrepublik Deutschland gehörte zur westlichen Welt, die Deutsche Demokratische Republik zur sozialistisch-kommunistischen.

Zwischen den beiden deutschen Staaten lag der von der DDR angelegte Todesstreifen mit Stacheldraht, Minen und Selbstschußanlagen, in Berlin ergänzt durch die Mauer. Die innerdeutsche Grenze war zugleich der „Eiserne Vorhang", die Grenze in Mitteleuropa zwischen den beiden Welten. Schon 1953 war es im Ostteil Deutschlands zu einem Aufstand gekommen, den die Sowjetunion mit Hilfe ihrer dort stationierten Truppen unterdrückte. Der Aufstand in Ungarn 1956 forderte weit mehr Opfer und wurde ebenfalls durch sowjetisches Militär niedergeschlagen. Auf gleiche Weise fand der sogenannte Prager Frühling 1968 in der Tschechoslowakei sein Ende. Im Sommer 1980 entstand in der Volksrepublik Polen eine Streikbewegung, die sich bald zu der regimekritischen Gewerkschaft Solidarnosc entwickelte. Um deren Wirkung einzuschränken, wurde in Polen von 1981 bis 1983 das Kriegsrecht verhängt, begründet mit der Befürchtung, daß ansonsten die Sowjetunion militärisch eingreifen würde, um zu verhindern, daß die Streikbewegung auch auf andere Länder übergreift.

Das alles und viel mehr gehört zur Vorgeschichte der deutschen Wiedervereinigung, doch ging dieser noch ein weiteres bedeutsames Ereignis voraus, das sich nicht in Mitteleuropa, sondern in Asien abspielte: Der Krieg in Afghanistan, mit dem die damalige Sowjetunion versuchte, ihren dortigen Einfluß abzusichern.

3

Um das Interesse der Sowjetunion an Afghanistan zu verstehen, genügt ein Blick auf eine Landkarte aus jener Zeit. Man sieht, daß die Sowjetunion und Afghanistan eine gemeinsame Grenze hatten. Afghanistan war unmittelbarer Nachbar der tadschikischen, der usbekischen und der turkmenischen Sowjetrepubliken.

Innenpolitische Spannungen hatten 1978 zu einem Militärputsch in Afghanistan und zur anschließenden Machtübernahme der aus der Sowjetunion unterstützten sozialistischen Partei geführt. Deren Führungskräfte brachten dann in der Hauptstadt Kabul einander um, während sich auf dem Land der islamisch-religiös motivierte Widerstand ausbreitete. Der Guerillakrieg gegen die gottlosen Kommunisten und ihre Helfer begann.

Der ehemalige sowjetische Botschafter in Bonn, Valentin Falin, skizzierte die Lage im Rückblick: „Gegen Ende des Sommers 1979 neigte sich das Kräfteverhältnis in Afghanistan zuungunsten des Regimes. Das lag nicht nur an der militärischen Kräfteentwicklung. Die Losungen der Aprilrevolution blieben den Volksmassen unverständlich. Was konnten ihnen „Sozialismus", „Emanzipation", „Hegemonie des Proletariats" sagen, diesen analphabetischen, unterdrückten, verelendeten Menschen, die neun Zehntel der Bevölkerung, verstreut über vier Fünftel des Landes ausmachten? Der Wucher wurde abgeschafft, aber man vergaß, ein Ersatzkreditinstitut zu gründen. Land wurde gegeben, aber womit sollte man es bearbeiten, bewässern, bepflanzen? Dafür war auch nicht vorgesorgt worden. Man nahm ihnen auch noch den Mullah weg, der, wenn er schon nicht half, doch tröstete. Ganz Afghanistan war untereinander verfeindet." [221]

Hinzu kam, daß am 1. Februar 1979 Ajatollah Khomeini in den Iran zurückgekehrt, am 1. April das Land in die Islamische Republik Iran umgewandelt worden war und damit die Islamische Revolution zumindest einen Etappensieg errungen hatte. Die Sowjets sahen die Gefahr, daß sich an ihrer Südgrenze nach dem Iran ein zweiter vom Islam geprägter Staat etablieren könnte und diese Bewegung auch in die muslimisch bevölkerten südlichen Sowjetrepubliken ausstrahlen würde.

Zur Rechtfertigung des sowjetischen Einmarschs nach Afghanistan am 25. Dezember 1979 diente ein Hilferuf der vom Widerstand bedrängten afghanischen Regierung. Die Sowjetpolitik folgte damals der sogenannten Breschnew-Doktrin, benannt nach Leonid Breschnew, dem Chef der sowjetischen kommunistischen Partei. Demnach war es der Sowjetunion erlaubt, im Fall der Gefährdung des Sozialismus in anderen sozialistischen Staaten militärisch einzugreifen. So hatte man schon den Einmarsch der sowjetischen Truppen in die Tschechoslowakei am 21. August 1968 gerechtfertigt, um den sogenannten Prager Frühling, den „Sozialismus mit menschlichem Antlitz" unter Alexander Dubcek, zu beenden.

Damals leistete ich gerade meine Wehrpflicht ab. Ich erinnere mich daran, daß der sogenannte Nato-Alarm ausgelöst worden war und man uns auf die Bedrohlichkeit der Lage hinwies. Es bestand erhöhte Bereitschaft, man durfte die Kaserne nicht mehr verlassen, es gab Wochenendurlaubsperre. Unser Standort Neustadt bei Kassel lag nur etwa 60 Kilometer von der Grenze zur DDR entfernt, was noch zu besonderen Spekulationen führte. Könnten die Truppen des Warschauer Paktes die Gelegenheit nutzen und den Konflikt über die Grenzen der Tschechoslowakei hinaus ausdehnen? Würde dann nicht auch unsere Kaserne ein Angriffsziel sein? Und gehört die ABC-Ausbildung zur Abwehr atomarer, biologischer und chemischer Kampfstoffe nur einfach so dazu, oder mußte man am Ende nicht doch mit der Verwendung von Atomwaffen rechnen? Gott sei Dank kam es nicht dazu. Im Nachhinein ist es leicht gesagt, daß angeblich keine wirkliche Kriegsgefahr bestand.

Ich erwähne das, um die Folgen der sowjetischen Politik auch außerhalb ihres unmittelbaren Einflußbereichs vor Augen zu führen. Sie betraf ebenso Westdeutschland, die Bundesrepublik, ihr Militär die Bundeswehr und mich persönlich, der ich meine Wehrdienstpflicht erfüllte. Ein großer Soldat bin ich dabei nicht geworden. Doch sei erwähnt, daß ich nach Ableistung der Wehrpflicht meine Anerkennung als Kriegsdienstverweigerer durchsetzte. So war ich wohl militärisch ausgebildet, aber nicht der Staat, sondern ich selbst würde im Ernstfall die Entscheidung treffen, wann ich mich an einem Krieg beteilige. Dies geschah nicht zuletzt unter dem Eindruck der Tschechoslowakei-Krise, die mir gezeigt hatte, wie schnell sich die eigene Entscheidungsfreiheit auflösen kann.

4

Offiziell aufgehoben hat die sowjetische Interventionspolitik erst Michail Gorbatschow. Er war 1985 Generalsekretär der Kommunistischen Partei der Sowjetunion geworden und unternahm schon bald Anstrengungen, den Militäreinsatz in Afghanistan zu beenden, denn der Einmarsch der sowjetischen Truppen hatte den Widerstand nicht beseitigt, sondern dessen Anwachsen bewirkt. Das Wegfallen der Kriegskosten sollte helfen, das ständige Anwachsen der Staatsverschuldung zu reduzieren und somit die Wirtschaftskrise in den Griff zu bekommen. Mit dem Genfer Abkommen von 1988 wurde die Nichteinmischung in Afghanistan vereinbart und damit auch die Breschnew-Doktrin aufgegeben.

Die schreckliche Bilanz des Afghanistankrieges läßt sich wohl kaum ganz genau erstellen. Man geht von ein bis zwei Millionen Toten und fünf Millionen Flüchtlingen aus, von denen übrigens die meisten im benachbarten Pakistan und teils im Iran unterkamen. Einige gelangten auch nach Deutschland und manche von ihnen sind unsere guten Freunde geworden. Die offizielle Zahl der toten Sowjetsoldaten soll bei 15 000 liegen, die wahre Zahl weit darüber.

Die materiellen Kosten waren immens. Afghanistan erhielt während der Kriegsjahre umfangreiche Militärhilfe. Hinzu kamen die Kosten für die in Afghanistan eingesetzte 40. Armee der Sowjetunion, die sich auf jährlich 7,5 Milliarden Rubel beliefen, was einem Tagessatz von 20,5 Millionen Rubel entspricht. [222] Das waren dem Wechselkurs von 1984 zufolge tägliche Ausgaben von ca. 33 Millionen Deutsche Mark. Doch noch schwerwiegender war, daß mehr als 100 000 Sowjetsoldaten in Afghanistan gekämpft hatten. Durch sie verbreiteten sich Nachrichten und Informationen über den Krieg, die im Widerspruch zu den offiziellen Verlautbarungen standen, zur Beunruhigung der Bevölkerung führten und zunehmendes Mißtrauen gegenüber der Regierung beförderten.

Für den Niedergang der Sowjetunion, im Wesentlichen ein wirtschaftlicher, gab es verschiedene Gründe, im System zu suchen, worauf aber hier nicht näher eingegangen werden muß. Es genügt, sich zu fragen: „Könnte ein Staat mit Marktwirtschaft, egal welcher Schattierung, das zeitgenössische Niveau des Wohlstands aufweisen, wenn er jährlich ein Fünftel seines Nationalprodukts für die Verteidigung ausgibt? Für die USA würde dies eine Steigerung ihrer Militärausgaben auf das Dreifache, für die Bundesrepublik auf das Vier- bis Fünffache, für Japan auf das Zwölffache bedeuten…" Doch das waren die Umstände in der Sowjetwirtschaft:

„Neunzig Prozent der Grundmittel in der Industrie waren in der Gruppe A und in der Rüstungsindustrie konzentriert worden. Hier arbeiteten achtzig Prozent der Ingenieure und Arbeiter. Nennwert ca. siebzig Prozent der Waren und Dienstleistungen. Für den Konsumsektor, Gruppe B, blieb weniger als vier Prozent der Aktiva übrig… In keinem Wirtschaftssystem kann man einen Kuchen zweimal geniessen, erst auf dem militärischen, dann auf dem zivilen Sektor." [223]

Zu den hohen Militärausgaben trug natürlich auch der Afghanistankrieg merklich bei. Gorbatschow versuchte bekanntlich, dem Niedergang durch „Perestroika – Umgestaltung" und „Glasnost – Transparenz" entgegen zu wirken. Nicht nur der Staatshaushalt war stark belastet, sondern auch die Bevölkerung beunruhigt, weil es anders als bei vorherigen Interventionen mehr und mehr eigene Opfer zu beklagen gab, Familienangehörige tote Soldaten beweinen mußten und die Sinn- und Schuldfrage stellten. Verantwortlich dafür waren die Mudschahedin, die vom Islam motivierten afghanischen muslimischen Widerstandskämpfer.

5

Der Abzug der sowjetischen Truppen aus Afghanistan begann am 15. Mai 1988 und war am 15. Februar 1989 beendet. Am 13. Juni des selben Jahres veröffentlichten Michail Gorbatschow und der deutsche Bundeskanzler Helmut Kohl anläßlich des Deutschlandbesuch von Gorbatschow eine „Gemeinsame Erklärung", in der unter anderem die Rede ist vom „Recht aller Völker und Staaten, ihr Schicksal selbst zu bestimmen" und es mit Bezug auf die Staaten weiter heißt: „Jeder hat das Recht, das eigene politische und soziale System frei zu wählen...

Krieg darf kein Mittel der Politik mehr sein." [224]

Am 10. September 1989 öffnete Ungarn seine Grenze nach Österreich und Tausende von DDR-Bürgern konnten so in die Bundesrepublik gelangen. Weitere Tausende, die sich auf dem Gelände der bundesrepublikanischen Botschaft in Prag drängten, konnten am 30. September ausreisen. Am 9. November 1989 fiel die Berliner Mauer, gefolgt von der Auflösung des von der Sowjetunion dominierten Militärbündnisses Warschauer Pakt und schließlich der Sowjetunion als solcher.

Die Abkehr von der Breschnew-Doktrin, mit der die Intervention in Afghanistan aufgegeben wurde, war das Signal an die Bevölkerungen der Satellitenstaaten, daß Einfluß und Macht der Sowjetunion an Bedeutung verloren. Die Niederlage in Afghanistan war offensichtlich, denn die sowjetischen Truppen verließen das Land nach schweren Verlusten ohne das Kriegsziel erreicht zu haben. Doch nicht der militärische Sieg der Mudschahedin war das Entscheidende, viel bedeutender war der psychologische Sieg. Die magische Formel vom „großen Bruder" zerstob.

Entscheidend für die Außenwirkung war die Erkenntnis, daß die Sowjetunion zu besiegen war. Das hatten nicht die früheren Opfer der Sowjets wie die Polen, Tschechen, Ungarn und DDR-Deutschen, sondern die muslimischen Mudschahedin unter Beweis gestellt. Sie ermutigten dadurch die Menschen in den sogenannten Satellitenstaaten, sich dem sowjetischen Einfluß mehr und mehr zu entziehen und sich für ihre eigenen Anliegen einzusetzen. Diese Entwicklung wiederum ließ auch die Regimekritik in der DDR aussichtsreich erscheinen. Bei allem Respekt vor den dortigen Bürgerrechtlern sollte man nicht übersehen, daß die Deutschen das Schlußlicht unter den Reformern in den Satellitenstaaten bildeten.

Es war der Widerstand der Mudschahedin der zeigte, daß die sowjetische Militärmacht, anders als zuvor 1980 in Polen, 1968 in der Tschechoslowakei, 1956 in Ungarn und 1953 in der Deutschen Demokratischen Republik nicht unbesiegbar war. Kein Zweifel, daß in Afghanistan auch der Westen, allen voran die Vereinigten Staaten von Amerika, Krieg gegen die Sowjetunion führte. Doch diejenigen, die tatsächlich Leib und Leben einsetzten, waren die Mudschahedin. Anders als im Afghanistankrieg nach dem 11. September 2001 waren nach der sowjetischen Invasion von 1979 keine westlichen Soldaten im Einsatz, keine amerikanischen und auch keine Bundeswehreinheiten. Nur insofern war Deutschland tangiert, als die Volksarmee der DDR gewisse militärische

Unterstützung für die Sowjettruppen leistete.

Der Krieg gegen die Sowjetunion führte schließlich zum Sieg über die Sowjetunion, und gewonnen haben diesen Krieg die Mudschahedin, unterstützt auch von Freiwilligen aus der muslimischen Welt, und besonders aus dem Nachbarland Pakistan. Der dortige Regierungschef und General Zia-ul-Haq veranlaßte massive Hilfen verschiedenster Art für die Mudschahedin. Finanzielle Hilfen kamen in großem Umfang aus Saudi-Arabien. Beide Länder waren wie Afghanistan muslimisch bevölkert, und die dort aktiven Unterstützer waren von ihrer Religion, dem Islam, motiviert. Abdullah Azzam und sein Netzwerk halfen tausenden von Freiwilligen, vor allem aus arabischen Ländern, über Pakistan nach Afghanistan zu kommen, um an der Seite ihrer afghanischen Brüder zu kämpfen.

Damals suchten die Politiker des Westens, auch der Bundesrepublik, den Kontakt mit den Anführern diverser Widerstandsgruppen und feierten sie als tapfere Freiheitskämpfer. Wie man weiß, mutierten manche dann später zu üblen Terroristen, doch das ist eine andere Geschichte.

Gulbudin Hekmatyar von der damals einflußreichen Hezb-e-Islami kam 1981 auf Einladung der CSU-Hanns-Seidl-Stiftung in die Bundesrepublik Deutschland und traf unter anderen Franz Josef Strauß. Auch Burhanuddin Rabbani von der Dschamiat-e-Islami, später afghanischer Präsident, Sibghatullah Modschaddedi, später Übergangspräsident, und andere waren gern gesehen.

Der arabisch-muslimische Begriff „Mudschahedin" wurde zum Standardbegriff der Medien, die das Wort nicht ins Deutsche übersetzten sondern übernahmen. Durch den Einsatz der Mudschahedin gelangte also dieses Wort in die deutsche Sprache, fand Aufnahme in deren Regelwerk, den Duden, und gehört seither zum Sprachschatz der Deutschen.

6

Geschichte wird verständlich und kann nur durch das verständlich werden, was man über das Geschehene weiß. Das bedeutet zugleich, daß auch Nichtwissen das Geschichtsbild formt. Geschichte kann auch durch Ausblenden geschrieben werden. Ein Beispiel dafür ist meines Erachtens das Ausblenden der weitreichenden Auswirkungen des islamisch motivierten Widerstands der Muslime gegen die sowjetische Intervention in Afghanistan. Man führe sich bitte vor Augen:

Die politische Entscheidung zum Abzug der sowjetischen Truppen aus Afghanistan, umgesetzt vom 15. Mai 1988 bis zum 15. Februar 1989, kam von Michail Gorbatschow, dem damaligen Generalsekretär der Kommunistischen Partei der Sowjetunion.

Es fällt auf, daß Gorbatschow auf seinen mehr als tausend Seiten Erinnerungen, soweit ich sehe, an keiner Stelle darauf eingeht, wie es dazu kam. Der Afghanistankrieg wird nahezu gänzlich ausgeblendet. Afghanistan wird ein paar Mal erwähnt, doch eine Analyse fehlt. Selbst in der Passage über das Genfer Gipfeltreffen von 1985 mit dem amerikanischen Präsidenten Reagan erwähnt Gorbatschow den Afghanistankrieg nicht, ganz so als ob es möglich gewesen wäre, daß dieser in den amerikanisch-sowjetischen Verhandlungen keine Rolle gespielt hätte. [225] Die Erfahrung der Niederlage war offenbar so traumatisch, daß selbst der große Staatsmann Gorbatschow nicht anders damit umgehen konnte als sie zu verdrängen.

Wenigstens eine Andeutung hat der ehemalige sowjetische Botschafter in Bonn Valentin Falin gemacht. Er berichtete:

„Bei der letzten Begegnung Breschnews mit Babrak Karmal war ich zugegen gewesen. Der Eindruck war deprimierend. Immer tiefer rutschten wir in Afghanistan in einen politischen Sumpf. Aus „Helfern“ wurden wir zu Söldnern gemacht. Für wen und weshalb wird das Blut unserer Soldaten und das der Afghanen vergossen?“ [226]

Noch kurz vor dem Einmarsch will Falin den Chef der kommunistischen Partei Andropow gewarnt haben:

„Die letzten Entscheidungen, in Afghanistan einzugreifen, sind gründlich abgewogen? Die Engländer sind dort in achtunddreissig Jahren nicht zurecht gekommen und sie führten den Kampf Mann gegen Mann. Die Technik hat sich geändert. Aber die Menschen. Die Menschen in Afghanistan sind dieselben geblieben, und sie leben wie vor hundert Jahren.“ [227]

Hieraus wird deutlich, daß die Erfolgsaussichten für den Krieg in Afghanistan schon von Anfang an selbst im sowjetischen Führungskreis umstritten waren und bezweifelt wurden. Nicht zuletzt dies ermöglichte den Sieg der Mudschahedin, insbesondere den psychologischen.

Am aufschlußreichsten aber ist, was Andrej Gromyko, der nahezu drei Jahrzehnte sowjetischer Außenminister und später auch Staatspräsident war, in seinen Erinnerungen schrieb:

„Als ich mich fragte, was ich in meinen Memoiren über Afghanistan sagen wollte, war ich etwas ratlos.“ Dann fuhr er fort: „Nicht, weil es mir etwa aus meinen Begegnungen mit afghanischen Vertretern in 40 Jahren an Tatsachenmaterial gefehlt hätte oder aus Mangel an Problemen in Bezug auf Afghanistan in den letzten Jahren. Die Schwierigkeit war anderer Art. Aus dieser Menge an Material mußte ich genug bisher noch nicht allzu Bekanntes hinsichtlich der wesentlichen Veränderungen in diesem Land heraussuchen." [228]

Anschließend berichtet Gromyko kurz von seiner Begegnung mit dem König Sahir Schah, dessen Regierung ebenso wie die späteren die Probleme des Landes nicht meisterte.

Über den Widerstand gegen die „afghanische Revolution" hatte Gromyko nicht mehr zu sagen als: „Die das Regime in Kabul mit Waffen bekämpfen, sind unmittelbar auf die Unterstützung der imperialistischen Kreise angewiesen, die schon das Militärregime in Pakistan unterstützten… Die Zusammenkünfte westlicher und pakistanischer Verantwortlicher lassen sich kaum noch zählen…

Ihre Argumentation ist primitiv. Sie behaupten, ihre Unterstützung der Regierungsgegner erst einstellen zu können, wenn sämtliche sowjetische Truppen Afghanistan verlassen hätten, wo doch alle Welt weiß, daß diese Truppen überhaupt nur als Nachbarschaftshilfe eines Landes für das andere dorthin gelangt sind." [229]

Kurz darauf kommt Gromyko noch einmal auf Pakistan zu sprechen und berichtet vom Besuch des Generals Zia-ul-Haq in Moskau:

„Die sowjetische Seite erläuterte dem General ihre Einschätzung sämtlicher Aktionen, die bewaffnete Gruppen ausgehend von pakistanischem Gebiet in Afghanistan vorgenommen

hatten." [230] Über den eigentlichen Widerstand der Afghanen gegen die von Moskau unterstützte Regierung wird kein Wort verloren und der Afghanistankrieg einschließlich seiner Voraussetzungen und Folgen ganz wie bei seinen Parteigenossen Gorbatschow und Falin ansonsten vollständig ausgeblendet.

Immerhin gibt Gorbatschow am Ende doch noch einen zumindest indirekten Hinweis. Unter der Überschrift „Warum die sozialistische Staatengemeinschaft zerfiel" führt er aus:

„Doch machen wir uns nichts vor. Die Hauptursache für die stürmischen Wandlungen lag nicht in den Ränkespielen des Imperialismus. Dahinter verbarg sich vielmehr das nicht zu bezwingende Freiheitsstreben jedes Volkes sowie der Wunsch, sich von ausländischen Militärstützpunkten und fremden Truppen auf dem eigenen Territorium zu befreien und von der Willkür des „älteren Bruders", vom Charakter und den Neigungen des nächsten Kremlherren unabhängig zu sein. Wir haben ja auch erlebt, wie anderswo der Abzug der Amerikaner gefordert wurde, sobald ihre Präsenz zu groß wurde und ihr Verhalten die nationale Würde asiatischer und lateinamerikanischer Länder beleidigte. Wir wußten sehr wohl, wie das US-amerikanische Eingreifen in Vietnam geendet und wozu unsere Einmischung in Afghanistan geführt hatte." [231]

7

Die ausführliche und wissenschaftlich fundierte Ausarbeitung dieser Zusammenhänge ist noch ein Desiderat. Ich kann hier zum Abschluß nur noch einmal die Kausalkette kurz skizzieren:

Die deutsche Wiedervereinigung und damit die deutsche Einheit war Folge von und wurde möglich durch Michail Gorbatschows Außenpolitik, insbesondere der Aufhebung der Breschnew-Doktrin, wie diese in der „Gemeinsame Erklärung" von Bonn 1989 zum Ausdruck kommt.

Gorbatschows Außenpolitik mit der Aufhebung der Breschnew-Doktrin waren Folge seines innersowjetisch veränderten Politikansatzes der „Perestroika – Umgestaltung" und „Glasnost – Transparenz".

„Perestroika – Umgestaltung" und „Glasnost – Transparenz" waren Folge des Niedergangs der Sowjetunion.

Der Niedergang der Sowjetunion war Folge zunehmender wirtschaftlicher Schwierigkeiten.

Die wirtschaftlichen Schwierigkeiten waren, wenn auch nicht allein, so doch in erheblichem Maß Folge des jahrelangen Krieges in Afghanistan.

Der Afghanistankrieg stellte als Mißerfolg das sowjetische System in Frage.

Die Infragestellung des sowjetischen Systems ging einher mit wachsender Kritik der Bevölkerungen an den bestehenden Verhältnissen innerhalb der Sowjetunion und in den Satellitenstaaten.

Der Mißerfolg des Afghanistankrieges und damit des sowjetischen Systems war Folge und wurde möglich durch die Erfolge der muslimischen Mudschahedin in Afghanistan.

Die Erfolge der muslimischen Mudschahedin in Afghanistan waren Folge von und wurden möglich durch deren Motivation aus dem Islam. Ohne den Islam hätte es den *dschihad* in Afghanistan nicht gegeben.

Der *dschihad* der Muslime in Afghanistan war Voraussetzung für den Fall der Mauer und damit für die Wiedervereinigung Deutschlands. So merkwürdig es auch im ersten Moment klingen mag, trifft es doch zu...

WAS IST KULTUR?

Ich hatte anfangs ja angeboten, zum Abschluß des Erkundungsganges durch die Kulturgeschichte der Deutschen noch etwas näher darauf einzugehen, was es denn mit der Kultur überhaupt auf sich hat. Die Frage, „ob der Islam zu Deutschland gehört", ist damit zweifelsfrei verbunden.

Zum Thema, was denn Kultur eigentlich sei, hatte ich schon vor Jahrzehnten einmal ein paar Gedanken zusammengetragen, als ich 1979 in Riyadh an einer Tagung zum Thema „Gegenwärtige kulturelle Herausforderungen für die islamische *ummah*" teilnahm. [232] Damals waren mir die aus dem Studium der Ethnologie bekannt gewordenen Ansichten der Kulturanthropologen und anderer Gesellschaftswissenschaftler noch gut in Erinnerung, so daß ich auf manche von ihnen wie Edward Tylor, Clyde Kluckhohn, René König und Max Weber kurz Bezug nahm. Dabei mußte ich indes schon eingangs festhalten:

„Kultur ist wie viele andere von Sozialwissenschaftlern verwendete Begriffe, ein weitgebräuchliches Wort und ein weitgebräuchlicher Begriff, doch ohne eine allgemeingültige Definition. Anders gesagt: Über Kultur zu sprechen bedeutet zuerst einmal zu konkretisieren, wofür Kultur im eigenen Denken steht."

Heute fällt es mir leicht, dies zu tun, indem ich mich auf die schlichte Aussage beschränke:

„Kultur ist alles, was aus menschlichem Tun hervorgeht."

Von diesem umfassenden Verständnis ausgehend, möchte ich der Frage nachgehen, ob es zutrifft, daß der Islam nichts Nennenswertes zu unserer deutschen und abendländischen Kultur beigetragen hat.

Man möchte an dieser Stelle, damit es weniger primitiv klingt, gern sagen: „Kultur ist alles, was aus absichtsvollem menschlichen Tun hervorgeht", doch damit würde man übersehen, daß menschliches Tun nicht allein aus bewußten, sondern auch aus unbewußten Antrieben und Motivationen folgen kann. Zu letzteren gehört wohl an erster Stelle der Selbsterhaltungstrieb des Menschen, der sich wiederum primär im Streben nach Nahrung und in Nahrungsbeschaffung auswirkt. So gesehen gehören das Essen und alles, was damit zusammenhängt, zu den fundamentalen Elementen der menschlichen Kultur.

Wenn man nun feststellt, daß in Deutschland mittlerweile mehr Döner verzehrt werden als fast-food-Produkte diverser Kettenrestaurants und sich sogar abzeichnet, daß Döner die urdeutsche Delikatesse „Körri-Wuust" überholt (die man dem weitverbreiteten Trend zum Anglizismus folgend weiterhin „Curry-Wurst" schreibt), wie kann man da noch behaupten, daß darin kein Beitrag zur deutschen Eßkultur zu sehen ist?

Gut, „Körri" ist natürlich ein echt deutsches Gewürz, das seit alters her überall in Deutschland wächst, während „Döner" ursprünglich aus der Türkei stammt und erst vor wenigen Jahrzehnten nach Deutschland kam…

Doch der eigentliche türkische Döner wird mit Reis gegessen, während das Einpacken des Grillfleisches in Brot in Deutschland erfunden wurde, und wo mit dem dazu gebackenen Döner-Brot zu den rund 300 deutschen Brotsorten noch eine weitere hinzugekommen ist, die wiederum als spezifischer Beitrag zur deutschen Kultur gewürdigt werden sollte.

Und interessant am Rande ist noch, daß man beide Wörter „Körri-Wuust" und „Döner" mit „ö" schreibt, was daraus folgt, daß beiden Sprachen, der deutschen und der türkischen, dieser Umlaut ö und auch der Umlaut „ü" gemeinsam sind, ganz zweifellos Zeichen tiefster kultureller Verbundenheit…

Tatsächlich war es ja auch so, daß die türkische Sprache bis zum Ende des Osmanischen Reiches mit Hilfe der osmanisch-arabischen Schriftzeichen geschrieben wurde. Als man sich dann dazu entschloß, stattdessen die Lateinschrift einzuführen, konnte man sich für „ö" und „ü" natürlich nicht am Französischen oder Englischen, sondern nur am Deutschen orientieren.

Doch damit aufs erste genug zu gesellschaftswissenschaftlichen und linguistischen Theorien und zurück zur Kultur. Auch wenn es manche Zeitgenossen erschrecken mag, muß man wahrheitshalber sagen: Eine „reine" Kultur kann es in Wirklichkeit nicht geben und gibt es darum nicht, und damit dann auch keine „rein deutsche" Kultur. Vielmehr sind alle menschlichen Kulturen, schon weil Menschen nur in Gemeinschaften existieren können, gemeinschaftliche und damit gemischte Kulturen.

Die Anthropologen, die versuchen, die frühe Menschheitsgeschichte aufzuklären, sind sich einig, daß bereits die frühesten Zeugnisse menschlicher Aktivitäten, die ihnen zugänglich geworden sind, Hinweise auf die Begegnungen unterschiedlicher Kulturen und auf kulturellen Austausch bieten.

KULTURELLER AUSTAUSCH

Spätestens seit der Epoche, in die wir gewöhnlich die Entstehung der sogenannten Hochkulturen ansetzen, gehören kulturelle Begegnung und kultureller Austausch gewissermaßen zum Kernbestand von Kultur überhaupt, wie dies beispielsweise der französische Orientalist René Grousset immer wieder dargelegt hat. Er beschrieb verschiedentlich die beidseitigen Beeinflussungen von Europa und Asien und stellte dabei klar: „ …auch der Islam, sogar bis zum Ganges, gehört noch zu unserer Mittelmeerkultur." [233]

Man möchte hier fragen, weshalb gerade der Ganges, also Indien als Grenze gewählt wird, wo doch das bevölkerungsreichste muslimische Territorium mit Indonesien, Malaysia, den Süd-Philippinen und verschiedenen muslimischen Minderheiten wie denen Thailands oder Kambodschas in Südostasien liegt. Wichtiger ist aber, daß Grousset dieser „unserer Mittelmeerkultur" die Entstehung des Humanismus zuschreibt, in dem er das Wesentliche unserer Kultur sieht und den er folgendermaßen charakterisiert:

„ ...der Humanismus... ist das Gewissen der intellektuellen und moralischen Elite aller Jahrhunderte... er macht uns zu Weltbürgern... Er gehört uns als unser gemeinsames Erbgut. Ob wir seinen Ursprung im Parthenon oder auf einem Berge Galiläas suchen wollen, steht jedem von uns frei. Das Wesen des griechisch-lateinischen und jüdischen Humanismus, der der unsrige ist, besteht darin, daß er sowohl die Bergpredigt als auch die Gebete der Akropolis achtet. Hellenismus und Christentum sind in der Tat einig, wenn es sich darum handelt, den einzelnen Menschen frei zu machen, ihn mit geistiger Würde zu bekleiden und ihm einen heiligen Wert zuzusprechen... Diese Lehre beherrscht die Jahrhunderte... bis zur Erklärung der Menschenrechte... Der freie Bürger der freien Stadt ist es nur auf Grund der menschlichen Würde, die in seiner Person der Regierung Achtung abnötigt.

Die ganze westliche Zivilisation beruht auf dem so verstandenen Humanismus, daß heißt auf den Rechten der menschlichen Person im Liberalismus der staatlichen Einrichtungen. Doch täuschen wir uns nicht, meine westlichen Brüder. Dieses Ideal, dem wir mit allen Fibern unseres Wesens verbunden sind, ist vielleicht nur ein westlicher Begriff... In Wirklichkeit haben uns die Indienforschung, die Sinologie und die Erforschung des Islam gelehrt, daß in Asien großartige Formen des Humanismus, die offensichtlich dem unseren gleichwertig sind, existiert haben und noch existieren. Eine davon, der arabisch-persische Humanismus, ist ohne Zweifel so eng mit der Mittelmeerkultur verbunden, daß er schwer davon zu trennen wäre. Wie die Bibel und die Evangelien mit dem Koran verwandt sind, der sie als Offenbarungen desselben Gottes ansieht, so bleibt die arabische Philosophie in vieler Hinsicht ein Zweig der griechischen. Farabi, Ibn Sina, Ibn Roshid, die beiden ersten im heutigen sowjetischen Turkestan geboren, der dritte in Spanien, hatten keine andere Absicht als die, Aristoteles fortzusetzen, und wie wir wissen, schulden wir es zum Teil ihnen, daß die aristotelische Philosophie später dem Westen ganz wiedergegeben worden ist...

Es wäre undankbar zu vergessen, daß die arabisch-persische Welt, ebenso wie Byzanz, nur oft tatkräftiger, unseren Humanismus für uns bewahrt, unsre Kultur weitergegeben hat…" [234]

Angesichts dessen ist es mehr als verwunderlich, wie etwa der Mittelalterband des „Handbuch der Kulturgeschichte" gestaltet ist.

Die Darstellung der deutschen Kultur im Hochmittelalter im Rahmen dieses vielbändigen Sammelwerks beginnt mit den äußeren historischen Bedingungen von Raum und Zeit und thematisiert dann Städte, Burgen, Klöster, Landwirtschaft, Bergbau, Handwerk, Gewerbe, Verkehr, Handel, Geldwesen, Reichsfinanzen, Wohnen, Recht, Erziehung, Ausbildung, Wissenschaft, Spiritualität, Volkssprache und Dichtung. Der Dichtung ist mit einem Drittel des Bandes am meisten Platz gegeben. Es ist bemerkenswert, daß dabei auf einen arabischen oder gar islamischen Einfluß nicht eingegangen wird. Der Islam wie auch die muslimisch-arabische Kultur des Mittelalters werden schlicht ausgespart. Nur am Schluß der sehr knappen Ausführungen zur Troubadourdichtung heißt es einmal nebulös: „Die Nähe zum iberoarabischen Raum ist ebenfalls mitzubedenken." [235]

Verschweigen und Übergehen leisten bedeutsame Beiträge zur Verbreitung von Unkenntnis.

KULTUR UND SPRACHE

Ein enger Zusammenhang zwischen Kultur und Sprache ist offensichtlich, auch wenn es über die einzelnen Bedingtheiten ganz unterschiedliche Ansichten gibt. Jedenfalls behindern fehlende Sprachkenntnisse weitgehend die Teilhabe am Alltagsleben und der Kultur einer Gesellschaft, und Sprachbeherrschung ermöglicht sie.

Im Allgemeinen hält ein Deutscher ja „die Germanen" für die ersten Deutschen und stellt sich vor, daß sie als solche auch Deutsch gesprochen haben. Doch davon kann keine Rede sein. Zwar denkt man sich auch Karl den Großen (gestorben 814) als „deutschen Kaiser", doch tatsächlich war er Franke, und so beanspruchen auch die Franzosen ihn als ihren Charlemagne. Bevor eine deutsche Sprache in Gebrauch kommen konnte, mussten die Menschen der Vorgängersprachen wie Alemannisch, Fränkisch, Gotisch, Sächsisch u.a., in nähere und fortwährende Verbindung miteinander treten. Dies ergab sich erst seit dem frühen Mittelalter.

Deutschsprachiges entstand und bestand, wurde aber zunächst nur mündlich weitergegeben. Diese mündliche Überlieferung verlor sich im Laufe der Zeit, so daß vieles, wenn nicht das meiste daraus, uns unbekannt bleiben muß. Man kann sich nur auf das stützen, was von dieser mündlichen Überlieferung aufgezeichnet wurde, mehr oder weniger zufällig erhalten geblieben und so zu den altdeutschen Sprachdenkmälern geworden ist. Dazu gehören Fragmente wie das sogenannte „Wessobrunner Gebet" (um 800), die umfangreiche Stabreimdichtung Heliand (um 830) über das Leben Jesu und das Evangelienbuch des Otfried von Weissenburg (um 870).

Wer solche Texte heute liest, wird ohne Spezialkenntnisse kaum das Deutsche daran erkennen, und man muß erhebliche Mühe aufwenden, um sie zu verstehen. Zur Veranschaulichung soll ein kurzer Auszug aus den Seligpreisungen im Abschnitt über die Bergpredigt Jesu genügen:

„Saliga sind oc under thesaro managun theodo thie hebbeat iro herta gihrinid – Selig sind auch unter diesem großen Volke, die haben ihr Herz gereinigt" …

„oc saliga warin thiu hier frithusama under theson folka libbeat – auch selig wären, die hier friedsam unter diesem Volke leben" …

„thia muoton wesan suni drohtines genemnida – die müssen sein Söhne des Drosten genannt". [236]

Völlig unverständlich ist uns etwa das Wort *„droht* – Droste", das heutzutage kein Mensch mehr kennt, mit dem der „Herr" bezeichnet wird, und das so etwas wie „Heerführer", „Anführer der Kriegerschar" bedeutete, ein interessanter Aspekt der altdeutsch-christlichen Gottesvorstellung

Auffällig ist auch, daß zwei unterschiedliche Wörter für „Volk" gebraucht werden – *theod* und *folka*. Letzteres erkennt man am Klang, *theod* ist unbekannt geworden, aber verwandt mit dem Wort *„diutisc* – deutsch", das wiederum eigentlich bedeutet „zum Volk gehörend" – man meint hier fast schon, den Urklang der Parole „Wir sind das Volk!" zu hören…

Während dieser Epoche war aber noch die lateinische Sprache das vorherrschende Medium der Aufzeichnungen. Im Jahre 788 hatte Karl der Große seine Vasallen zu einer Reichsversammlung nach Ingelheim einberufen. Auch Tassilo, sein Cousin, Herzog von Baiern, war, allerdings ungern, gekommen. Karl lag im Streit mit ihm über das langobardische Norditalien, auch wurde Tassilo beschuldigt, die Heerfolge beim Feldzug gegen Aquitanien verweigert zu haben. Das Gelände der Kaiserpfalz ist heute von späteren Bauten überdeckt und ein Gesamtbild der Anlage nur schwer vorstellbar. Immerhin sind beim Rundgang Reste der *„aula regia"* – Königshalle oder Thronsaal – zu besichtigen, deren Grundmauern das imposante Ausmaß des 40 Meter langen Raumes erahnen lassen. Dort wird wohl Tassilo vor Karl gestanden und sein Todesurteil vernommen haben. Karl ließ es aber nicht vollstrecken, sondern verbannte seinen Cousin nebst

Angehörigen in Klöster. Baiern wurde dem fränkischen Reich zugeschlagen. So viel zum Familiensinn der Protagonisten frühmittelalterlicher deutscher und christlicher Geschichte. Immerhin aber: Im Bericht der Reichsannalen über den Prozess wird als Anklagepunkt u. a. eine Art militärische Gefolgschaftsverweigerung Tassilos 763 gegenüber Pippin beim vierten seiner neun Feldzüge in Aquitanien genannt, der „*harisliz*" – in etwa „Heer verlassen": „*Quod lingua theodisca harisliz dicitur*" – „was in deutscher Sprache *harisliz* heißt." [237] Es ist dies die früheste Erwähnung des Wortes „deutsch" („*lingua theodisca*" = Volks-Sprache).

Im elften Jahrhundert übertrug der Schweizer Benediktinermönch Notker Teutonicus (gest. 1022) lateinische Texte in die deutsche Sprache seiner Zeit. Wenn auch die Wörter „deutsch", „deutsche Sprache" u. ä. schon früher in Gebrauch waren gilt als bedeutendes erhaltenes schriftliches Zeugnis das „Anno-Lied", entstanden etwa um 1080. Es besingt den 1075 verstorbenen Kölner Erzbischof Anno.

Am Rande bemerkt: Erhaltene deutsche Sprachzeugnisse sind also keineswegs, wie man vielleicht aus Unkenntnis annimmt, älter als arabisch-islamische Texte. Vielmehr stammt der Koran aus den Jahren 610 bis 632, d. h. aus dem frühen 7. Jahrhundert.

Von einer „deutschen Kultur" kann man mit Wahrscheinlichkeit ab etwa dem 9. Jahrhundert und mit Sicherheit ab dem 11. Jahrhundert abendländischer Zeitrechnung sprechen.

Die Stauferzeit (1079 bis 1268) darf man als die Epoche ansehen, in der sich eine überregionale deutsche Sprache außerhalb des Klerus verfestigt hat und zu einer allgemeinen Literatursprache wurde. Es lohnt sich deshalb, auch gerade hier nachzufragen, ob in diesem Zusammenhang Einwirkungen seitens der muslimischen Kultur gegeben sind. Bei Wolfram von Eschenbach und insbesondere in seiner Dichtung „Willehalm", die schon betrachtet wurde, ist das wohl kaum zu bestreiten.

SPRACHE UND IDENTITÄT

Jedermann ist klar, daß Sprache für Austausch und Verständigung unerläßlich ist und daß Sprache die kulturelle Identität des Menschen einerseits prägt und andererseits zum Ausdruck bringt. Ganz natürlicherweise und zu recht erwartet man in Deutschland von seinen Mitmenschen, daß sie Deutsch sprechen. Schön wäre es, wenn man sich dabei dann auch daran erinnern würde, daß die deutsche Sprache eine sehr lange Geschichte hat, in deren Verlauf vielerlei Einflüsse und Wandlungen zu ihrer heutigen Gestaltung beigetragen haben. Dies geschah stets durch den Gebrauch der Sprache, den verbalen Austausch von Menschen miteinander.

Es wäre zu viel verlangt, in jedem von uns ein wandelndes etymologisches Wörterbuch sehen zu wollen, doch es ist sicher nicht verkehrt, wenn wir gelegentlich einmal innehalten und fragen, was die Wörter und Begriffe, die wir gerade verwenden, eigentlich bedeuten und woher wir sie überhaupt haben. Dabei könnten wir dann feststellen, daß es eine ganze Reihe von Ausdrücken gibt, die unsere eigene kulturelle Identität mitbestimmen und die zugleich aus dem arabisch-muslimischen Kulturraum stammen. Die bekannten Beispiele dafür, vom Admiral, *amir al-bahr* – wörtlich Befehlshaber des Meeres – bis Zucker, *sukkar* müssen hier nicht durchdekliniert werden. Stattdessen sei darauf hingewiesen, daß nicht allein die Wörter aus dem Arabischen gekommen sind, sondern vor allem das, was damit bezeichnet wurde und das sich dann gewissermaßen in die „deutsche" Kultur integrierte und zu Bausteinen für ihre Fortentwicklung wurde.

Ein interessanter Fall ist der wesentliche Bestandteil des bei den meisten Deutschen üblichen Morgenrituals – die Tasse Kaffee zum Frühstück. Kaffee ist wie Zucker aus dem deutschen Speiseplan nicht wegzudenken. Der jährliche pro Kopf Konsum von Kaffee in Deutschland beläuft sich auf mehr als 5,5 kg pro Person, wobei zu bedenken ist, das Kinder normalerweise noch keinen Kaffee trinken. Der Kaffee – arabisch „qahwa" – soll im 15. Jahrhundert von Äthiopien nach Arabien gekommen sein, Haupthandelszentrum war al-Mukka im Jemen, die Stadt, von der das deutsche Wort „Mokka" für einen besonders starken schwarzen Kaffee kommt. Wenn die Herleitung aus dem Französischen „*mocca faux* – falscher Mokka" zutrifft, würde sogar der total deutsche „Muckefuck" auf das arabische Mukka zurückgehen, doch das ist nicht gesichert.

Kaffee war in Arabien noch im 16. Jahrhundert umstritten und zeitweilig sogar verboten, auch in Europa. Verbreitet wurde er dann durch die Kaffeehäuser in Wien und in anderen deutschen Städten. Nach Wien sollen die Türken den Kaffee gebracht haben, ein Bremer Kaffeehaus gab es 1673.

Noch weniger als Kaffee ist der Zucker aus der heutigen Ernährung und Fehlernährung, der Lebensmittelindustrie und damit der Wirtschaft Deutschlands wegzudenken. Mehr als 30 Kilogramm werden jährlich pro Einwohner Deutschlands verbraucht. Das arabische Wort „*sukkar*" ist auch in den Bezeichnungen „Sacharose" und „Sacharin" erkennbar. Es stammt ursprünglich aus dem altindischen Sanskrit. Der süße Stoff wurde schon um 500 in Indien und Iran aus Zuckerrohrsaft gewonnen.

Die Wortgeschichte zeigt übrigens wie die Sache selbst, daß es ebenso im Arabischen Übernahmen aus anderen Kulturen gibt. Mit den Kreuzfahrern gelangte Zucker erstmals seit der

Antike nach Europa, als Arznei und Luxusartikel importiert, seit Beginn der Kolonialzeit um 1500 entstanden einhergehend mit Sklavenarbeit und Sklavenhandel Zuckerrohrplantagen in den Kolonien. Erst seit etwa 1800 wird Zucker in Europa und in Deutschland industriell aus Zuckerrüben hergestellt.

In der morgendlichen Tasse Kaffee, ist also nur die Milch, sofern man Milch zum Kaffee nimmt, gewissermaßen ursprünglich deutsch. Kaffee, Zucker und sogar die Tasse sind kulturelle Entlehnungen aus der muslimischen Welt.

Die Tasse als Gegenstand selbst ist uralt, wie Töpferware aus der Steinzeit erweist, das deutsche Wort stammt indes aus dem Arabischen „ṭās". Es gelangte über das Französische ins Deutsche und ist seit etwa 1500 in Deutschland in Gebrauch, d.h. seit einem halben Jahrtausend. Natürlich hat sich dabei ein Prozeß der Akkulturation vollzogen, wie etwa der deutsche Trinkspruch erkennen läßt: „Die Tassen hoch!" Unter Muslimen würde man stattdessen vor dem Kaffeetrinken eher sagen „b-ismi-llahi-r-rahmani-r-rahim – Im Namen Allahs, des Allerbarmers, des Barmherzigen". Selbst davon gibt es im Deutschen einen Widerhall, der lautet: „Simsalabim" – ein „Ausruf im entscheidenden Moment der Ausführung eines Zauberkunststückes." [238]

Wer hier die kulturelle Entwicklung nicht wahrnimmt, hat – mit Verlaub – offenbar nicht alle Tassen im Schrank!

KULTURTRANSFER

Die Fließrichtung des Kulturtransfers hat schon Ibn Khaldun im 14. Jahrhundert beschrieben. Im Kontext seiner Geschichtsbetrachtung verwendet er für den Empfänger im Prozeß des Kulturtransfers das Wort „der Besiegte" und für den Geber das Wort „der Sieger", doch abgesehen davon ist seine Beobachtung grundsätzlich gültig geblieben. Er schreibt: „Der Besiegte ist stets darauf aus, den Sieger in seiner Erscheinung, seiner Kleidung, seinen Anschauungen sowie in allen übrigen Lebensformen und Gewohnheiten nachzuahmen." [239]

Interessant ist dabei, daß Ibn Khaldun auch die Umkehr der Fließrichtung im Spanien seiner Zeit nicht übersehen hat:

„Dies geht sogar so weit, daß bei einem Volk, das von einem anderen, benachbarten, beherrscht wird, zu einem großen Teil Nachahmung und Angleichung sichtbar werden. Dies ist in heutiger Zeit in al-Andalus der Fall, wo sich die Menschen in ihrer Kleidung, ihren Äußerlichkeiten und vielen ihrer Gewohnheiten und Lebensnormen den (christlichen) Völkern der Galizier derart anpassen, daß sie sogar die Wände, Bauten und Häuser mit Bildern verzieren. Der kluge und aufmerksame Beobachter mag daran die Zeichen der Vorherrschaft ablesen. Allah hat die Macht zu befehlen." [240]

Kulturtransfer ist also allenfalls vorübergehend aber im Verlauf der

Menschheitsgeschichte kaum eine einseitige Erscheinung, sondern sich wirkt wechselseitig aus.

Zum Abschluß dieser Betrachtung noch ein Beispiel aus dem Alltagsleben, das verdeutlichen kann, wie Kulturtransfer, die Übertragung kultureller Elemente, geschieht und zu bewerten ist. Nehmen wir an, bei einer Autofahrt ereignet sich ein Reifenschaden, wir müssen anhalten und das Rad wechseln. So etwas passiert nicht jeden Tag, aber fast jedem Autofahrer ist es bekannt. Wir ziehen also die Warnweste an, stellen auch das Warndreieck auf, holen das Ersatzrad heraus und suchen, um das Auto anzuheben, nach dem Wagenheber. Zu unserem Leidwesen stellen wir fest: Der Wagenheber fehlt, warum auch immer. Freundlicherweise hält jemand an, erkundigt sich, ob er behilflich sein kann, und leiht uns seinen Wagenheber aus. Obwohl es sich bei seinem Auto um ein anderes Fabrikat als bei unserem handelt, können wir seinen Wagenheber verwenden und das Rad wechseln. Dabei unterhalten wir uns über Autopannen und fehlende Wagenheber, aber stellen nicht die Frage, ob der freundliche Helfer seinen Wagenheber im Gegensatz zu uns etwa deshalb im Auto hatte, weil er, anders als wir, zufällig ein Konstrukteur oder gar ein Hersteller von Wagenhebern ist. Denn für uns ist in diesem Fall nicht wichtig, wie er dazu kam, uns einen Wagenheber leihen zu können, sondern d a ß es dazu kam, weil er anhielt, um

uns behilflich zu sein. Ohne seinen Wagenheber hätten wir das Rad nicht wechseln können, ohne seine Mithilfe unser Problem nicht gelöst. Er hatte zu dem Zeitpunkt, zu dem uns das Mittel zur Problemlösung fehlte, die Möglichkeit, uns behilflich zu sein, er hat uns geholfen, und wir konnten, nachdem das Rad gewechselt war, jeder in sein Auto steigen und die Fahrt fortsetzen, jeder in seine Richtung.

Eines indes haben wir noch daraus gelernt: Es ist besser, wir sorgen dafür, zukünftig einen Wagenheber im Auto zu haben. Vielleicht können wir ihn ja dann auch einmal ausleihen, wenn jemand Hilfe braucht…

WERTE? – WERTE!

1

Kultur erweist sich nicht nur durch materielle Zeugnisse wie prachtvolle Gewänder, Elefanten, Wasseruhren und Wagenheber, sondern auch durch immaterielle Zeugnisse. Gewöhnlich spricht man von diesen als den geistigen Leistungen und Errungenschaften und den Idealen und Werten, die eine Gesellschaft hervorbringt und an denen sie sich orientiert.

Zugegeben, es fällt mir nicht ganz leicht hinzuhören, wenn immer wieder „unsere Werte" eingefordert werden. Jetzt sind es bevorzugt Migranten und Flüchtlinge, die so mancher Zeitgenosse sich berufen sieht aufzufordern, sich gefälligst an „unsere Werte" zu halten. Aber auch schon in der Vergangenheit erwies man hierzulande derart den Menschen ausländischer Herkunft seine Zuneigung, insbesondere jenen muslimischen Glaubens.

„Unsere Werte"? Was war damit gemeint? Werte – die Unklarheit wurde noch größer, wenn ich hörte, daß von „unseren Grundwerten" die Rede ist. Was diese konkret sein sollen, und wie sie sich von den Nicht-Grund-Werten unterscheiden, führte man dabei nicht aus. Anfangs meinte ich noch, Näheres darüber zu erfahren, wenn ich nur genau zuhören würde. Doch viel mehr als die Worthülse „Leitkultur" oder der Hinweis „Grundgesetz" kam dabei nicht heraus. Es schien, als ob jene, die von Werten und Grundwerten sprachen, nicht wirklich wußten, wovon sie redeten, auch, daß es ihnen letztlich gleichgültig war und sie eigentlich statt Werten nur Recht und Gesetze meinten.

Unsere Werte? Als Muslim hatte ich eine Vorstellung davon, was damit gemeint sein kann, denn als Muslim bin ich ein Mensch mit religiöser Bindung. Die deutsche Gesellschaft zu Anfang des 21. Jahrhunderts, in der ich lebe, verzichtet, um es diplomatisch auszu-

drücken, auf eine solche Bindung. Was kann unter dieser Voraussetzung mit Werten gemeint sein? Diejenigen, die sie ständig einfordern, beantworten diese Frage nicht.

2

Nun gut, wenn man sich auf Andere nicht verlassen kann, dann muß man es selbst versuchen. Keine Angst – ich beabsichtige nicht, der staunenden Welt eine neue Wertetheorie vorzulegen, sondern will nur zum eigenen besseren Verständnis der Frage nach „unseren Werten" notwendige Überlegungen anstellen: „Unsere Werte" – was sind „Werte" und wer sind „wir"?

Die von mir bevorzugte Methode, bei der Klärung von Begriffen die Etymologie zu berücksichtigen, hilft hier nur bedingt. Die Herkunft und ursprüngliche Bedeutung des Wortes „Wert" scheint nicht eindeutig geklärt zu sein. Immerhin läßt sich alten Urkunden entnehmen, daß dort in entsprechenden Zusammenhängen im Lateinischen das Wort *„pretium"* gebraucht wird, also „Preis" oder auch „Gegenleistung".

Ich definiere nun einen „Wert" als etwas, das einem etwas „wert" ist, d.h. etwas, das man haben möchte und wofür man deshalb bereit ist, etwas zu g e - b e n. Als Beispiel möge der Begriff der Gerechtigkeit dienen. Gerechtigkeit kann ein Wert sein, weil ich, um ihr

Bestand zu gewähren, bereit bin, auf Vorteile zu verzichten, die mir auf Grund von Ungerechtigkeit zufallen.

Und mit einem kleinen Umweg ergeben sich noch weitere Einsichten. Das englische Wort „value" für „Wert" ist aus dem altfranzösischen *„value"* entstanden, das „wert", aber auch „Ansehen" bedeutet, von *„valoir"*, und letztlich dem lateinischen *„valere* – stark sein, wertvoll sein" herrührt. Auch das Wort „valid", im Deutschen „valide" mit der Bedeutung „gültig" kommt vom lateinischen *„validus* – stark, wirksam" und letztlich von *„valere* – stark sein".

Bei dem Begriff „Wert" klingt also nicht allein die Bedeutung von „Preis, Gegenleistung" an, sondern auch die Bedeutung „Gültigkeit" klingt mit. Interessanterweise schließt sich hier auch noch an, daß mit dem deutschen Wort „gelten" nicht nur „gültig sein", sondern durchaus auch „etwas wert sein" ausgedrückt werden kann. Selbst das Wort „Geld" kommt ja von „gelten", und man kennt Sprichworte wie „Wer nichts hat, der gilt nichts" oder „Der Prophet gilt nichts im eigenen Land."

Letzeres ist übrigens gerade auch für Muslime von besonderem Interesse, denn es geht zurück auf eine Bibelstelle, genauer gesagt, auf ein Wort Jesu aus dem Neuen Testament. Dort sagt Jesus, als ihn die Bewohner seiner Heimatstadt Nazareth ablehnen:

„Ein Prophet gilt nirgend weniger als in seinem Vaterland und bei seinen Verwandten und in seinem Hause". [241]

Jesus spricht demnach von sich selbst als Prophet und nicht als Gott, genau wie man dies als Muslim auch aus dem Koran kennt. Doch zurück zu den Werten: Werte sind also neben dem, für das man etwas zu geben bereit ist, auch etwas, das Gültigkeit hat, etwas, das gilt, oder bescheidener gesagt, das gelten soll.

Des Weiteren beschränke ich die Betrachtung auf sogenannte „immaterielle" Werte. Darunter verstehe ich Vorstellungen von dem, was als gut und wünschenswert angesehen wird. Eigentlich sind es also „Ideale", und damit Orientierungspunkte und Leitlinien und zunächst nicht tatsächliches, reales Verhalten. Das reale Verhalten kann aus der Annahme der Ideale oder Werte folgen, ist aber mit ihnen nicht gleichzusetzen.

Nehmen wir als Beispiel die Vorstellung von der Gleichberechtigung der Geschlechter. Sie mag als anzustrebender Idealzustand noch so oft zitiert und betont werden und ist doch in der gesellschaftlichen Wirklichkeit unserer heutigen Bundesrepublik Deutschland nicht absolut gültig. Dafür gibt es mancherlei Indikatoren wie etwa die durchschnittlichen Löhne und Renten bis hin zur Besetzung von Führungspositionen in Wirtschaft oder Politik. Ob es überhaupt sinnvoll ist, die Gleichberechtigung zweier natürlicherweise Ungleicher erzwingen zu wollen, kann hier nur gefragt und nicht ausführlich erörtert werden.

3

Von den Werten und Idealen abgesehen, soll sich mein Verhalten aber vor allem an verbindlichen Normen orientieren, an Regeln und insbesondere Gesetzen. Diese sind, anders als Werte, insofern durchsetzbarer, als sie mit Sanktionen verbunden werden und so aus den Idealen zwangsweise Realverhalten machen können.

Wer in Deutschland lebt, muß die in Deutschland geltenden Gesetze einhalten, aber nicht zwingend die ihnen zugrunde liegenden Werte teilen.

Auf Dauer dürfte allerdings der fortwährende Zwang Unzufriedenheit bewirken, einer Rechtsordnung unterstellt zu sein, deren zugrunde liegende Werte man nicht teilt. Unter solchen Umständen kommt es langfristig gesehen dann entweder zu einem Wertewandel oder zu Gesetzesänderungen. Ein Beispiel für einen solchen Prozeß ist die sich seit langem vor unseren Augen entwickelnde Auseinandersetzung um den rechten Umgang mit diversen Rauschmitteln.

„Unsere" Werte … Der unmittelbare Bezug auf Religion als Grundlage wird in der Gesellschaft, in der wir leben, kaum noch geteilt. Auch sind die kulturellen Grundlagen mehr und mehr beliebig geworden. Man orientiert sich meist am „mainstream", an Mehrheitsmeinungen. Daß solche immer häufiger erst als Folge von Eingriffen der Massenmedien in den Meinungsbildungsprozess entstehen oder zu Mehrheitsmeinungen gemacht werden, ohne dies zunächst tatsächlich zu sein, ist in unserer Gesellschaft ständig zu beobachten. Die Frage, wie damit umzugehen ist, führt indes zu einer anderen Debatte, die an dieser Stelle außer Betracht bleiben muß.

Doch man darf sich nicht der Illusion hingeben, daß „Werte" unveränderlich und ewig feststehend seien. Dem ist nicht so. Der Wertehorizont, an dem wir uns orientieren, ist erkennbar instabil. Werte können sich verändern und können verändert werden. Je nach Beurteilung der Verhältnisse spricht man dann vom Werteverfall oder Wertewandel. Aber beides sind reale Phänomene.

4

Worauf also kann man sich im Hinblick auf „unsere" Werte verständigen? Ist es die Menschenwürde, wie der erste Artikel des Grundgesetzes anmahnt? Ist es die Rechtsstaatlichkeit? Ist es die Demokratie?

Und wer sind „wir"? Darüber mag es sehr unterschiedliche Ansichten geben, orientiert an verschiedenen Wertvorstellungen, doch eine allgemein verbindliche Aussage dazu läßt sich nur dann machen, wenn wir uns auf die

Normen statt auf die Werte beziehen, auf die für alle gleichermaßen geltende Rechtsordnung und nicht auf die jeweils individuellen Wertvorstellungen. Das „wir" ist also in erster Linie wohl die Gemeinschaft der „deutschen Staatsangehörigen", diejenigen, für die das Gesetzeswerk in vollem Umfang Anwendung findet. Darüber hinaus gehören aber auch Menschen mit anderer oder gar keiner Staatsangehörigkeit zu uns, sofern sie im Geltungsbereich unseres Rechtssystems leben, in dem sie ja, wenn auch teils eingeschränkte, aber dennoch vielerlei Rechte und Pflichten haben. Letztlich wird darum das „wir" auf das Territorium bezogen werden müssen. Und auch das ist keine ganz problemfreie Angelegenheit, weil sich bekanntermaßen unser deutsches Staatsgebiet wie auch unser deutsches Rechtssystem im Zuge der europäischen Entwicklung längst in Auflösung befindet.

Wer nun aber daraus folgert, wie das oft geschieht, daß alle, die sich an die geltende Rechtsordnung halten, auch zwingend die selben Werteauffassungen teilen, täuscht sich und andere. Ein allgemein verbindlicher Wert ist allenfalls noch darin zu sehen, daß man „gesetzestreu" sein will.

Aus verschiedenen Gründen, die ich vielleicht ein anderes Mal erläutern kann, war in der Erziehung, die ich heranwachsend erfuhr, die Vorstellung von der „Ritterlichkeit" bedeutsam.

Dabei ging es nicht in erster Linie, wie es dem Kind vielleicht erschien, um Rüstung, Schwert und Schild. Vielmehr war damit ein Wertekonglomerat gemeint, das in vielem den Vorgaben entspricht, die auch der Islam dem Menschen gibt. Manchmal meine ich, daß nicht zuletzt wegen dieser Wesens- und Werteverwandtschaft für mich persönlich der Weg hin zum bewußten Muslim trotz mancher Stolpersteine letztendlich – dank Allahs Hilfe – zu bewältigen war.

Zu den Kernelementen dieser „Ritterlichkeit" gehörten Werte und Verhaltensweisen wie Anstand, Aufrichtigkeit, Beständigkeit, Ehrlichkeit, Geduldigkeit, Gerechtigkeitsstreben, Glaubwürdigkeit, Gottvertrauen, Großmütigkeit, Haltung, Hilfsbereitschaft, Höflichkeit, Mäßigung, Nachsichtigkeit, Rücksichtnahme, Schamhaftigkeit, Schutzerweisen, Tapferkeit, Treue, Umsichtigkeit, Uneigennützigkeit, Unverzagtheit, Zurückhaltung, Zuverlässigkeit, um nur einige zu nennen. Es sind dies hohe Ideale, die – das liegt in der Natur der Sache – zu erfüllen man von sich nie behaupten kann. Aber sie können als Wegzeichen auf dem Weg des Lebens dienen, an denen man sich orientiert und mit deren Hilfe man überprüft, ob die Richtung stimmt.

Diese „Ritterlichkeit" mit den darunter subsumierten Werten ist der Kultur der Deutschen nicht fremd, sondern aus ihr gewachsen. Zur Wahrheit gehört aber auch zweierlei: Einerseits die unvermeidlich mangelnde Übereinstimmung von Ideal und Wirklichkeit, und andererseits eine gewisse Unsicherheit darüber, inwieweit diese Ideale heutzutage gesamtgesellschaftlich noch maßgeblich sind.

Denn es handelt sich bei ihnen letztendlich um Vorstellungen über und um Verhaltensweisen in den Beziehungen von Mensch zu Mensch, während die moderne Gesellschaft den Menschen in erster Linie als Individuum positioniert hat, für das nicht die zwischenmenschliche Beziehung im Mittelpunkt steht, die das Individuum einschränkt, sondern die Selbstverwirklichung, die den Mitmenschen beeinträchtigt.

OB DER ISLAM
ZU DEUTSCHLAND GEHÖRT?

1

Damit sind wir schließlich wieder beim Anfangspunkt unseres Erkundungsganges angelangt und können die Frage, „ob der Islam zu Deutschland gehört", nochmals resümierend und die gewonnenen Einsichten berücksichtigend betrachten.

Diese Frage wurde nicht zuletzt auch kurz vor der Bundestagswahl 2017 zur Bildung der öffentlichen Meinung in das Rampenlicht gerückt. Gleich zwei Umfragen gab es zum Thema Islam in Deutschland. Der sogenannte „Religionsmonitor" bescheinigte den Muslimen in Deutschland deutliche Fortschritte bei der Integration;

„Jeder zweite Muslim hat einen deutschen Pass und 96% von ihnen betonen ihre enge Verbundenheit mit Deutschland." [242]

Konkret danach, ob der Islam zu Deutschland gehört, fragte eine von der Bild-Zeitung initiierte Erhebung. Dieser zufolge bejahten dies nur 24% der Befragten, während 60% die Meinung äußerten, daß der Islam nicht zu Deutschland gehört.

Diese Mehrheit der Befragten befand sich damit in klarem Gegensatz zur Haltung von Christian Wulff mit seiner Aussage: „Der Islam gehört zu Deutschland!", dem ehemaligen Bundespräsidenten, der 2012 zurücktrat, nicht weil er unser Gemeinwesen und damit letztlich uns repräsentierte, sondern weil in seinem Fall das Zusammenspiel zwischen Politik und Medien sich in ein Gegeneinander gewandelt hatte und dabei der Sumpf langjähriger Beziehungspflege auch mit der Wirtschaft sichtbar geworden war, weit entfernt vom Alltagsleben der meisten Menschen hierzulande.

Vom Vorwurf strafbarer Handlungen wurde Wulff gerichtlich freigesprochen. Doch der Satz, daß der Islam zu Deutschland gehört, ist an ihm hängengeblieben. Dabei hatte lange vor ihm schon ein anderer CDU-Politiker dasselbe gesagt, doch das hat man vergessen. Wolfgang Schäuble wurde mit den Worten zitiert: „Der Islam ist längst Teil unseres Landes geworden." [243]

Es lohnt sich, nochmals in Erinnerung zu rufen: Was hatte Wulff tatsächlich gesagt? Und warum hatte er überhaupt vom Islam gesprochen?

2

In seiner Rede von 2010 anläßlich des Tags der Deutschen Einheit stellte Wulff die Frage, was „einig Vaterland" bedeute, und trug als eine erste Antwort vor: „Es ist die Erinnerung an unsere gemeinsame Geschichte."

Er hob heraus, daß die deutsche Einigung ohne die europäische Freiheitsbewegung nicht denkbar gewesen sei, erinnerte an Solidarnosc und an „Michail Gorbatschow, der im Zuge von Glasnost und Perestroika den Machtanspruch der Sowjetunion aufgab, über andere Länder zu herrschen und so Selbstbestimmung in Deutschland ermöglichte." Die zweite Antwort, so Wulff, sei „Unser Land ist offener geworden, der Welt zugewandter, vielfältiger – und unterschiedlicher." Wulff nannte dafür verschiedene Gründe, darunter auch „Zuzug von Einwanderern, demographischer Wandel… – echten Zusammenhalt" zu schaffen, „das ist die Aufgabe der ‚Deutschen Einheit' heute." „Wir sind ein Volk!"

Dieser Ruf der Einheit muss heute eine Einladung sein an alle, die hier leben. Eine Einladung, die nicht gegründet ist auf Beliebigkeit, sondern auf Werten, die unser Land stark gemacht haben. Mit einem so verstandenen „wir" wird Zusammenhalt gelingen – zwischen denen, die erst seit kurzem hier leben, und denen, die schon so lange einheimisch sind, dass sie vergessen haben, dass vielleicht auch ihre Vorfahren von auswärts kamen. Wenn mir deutsche Musliminnen und Muslime schreiben: „Sie sind unser Präsident" – dann antworte ich aus vollem Herzen: Ja, natürlich bin ich Ihr Präsident! Und zwar mit der Leidenschaft und Überzeugung, mit der ich der Präsident aller Menschen bin, die hier in Deutschland leben … Wir sind ein Volk. Weil diese Menschen mit ausländischen Wurzeln mir wichtig sind, will ich nicht, dass sie verletzt werden in durchaus notwendigen Debatten. Legendenbildungen, die Zementierung von Vorurteilen und Ausgrenzungen dürfen wir nicht zulassen. Das ist in unserem eigenen nationalen Interesse… Um Integration gelingen zu lassen: Zu allererst brauchen wir aber eine klare Haltung. Ein Verständnis von Deutschland, das Zugehörigkeit nicht auf einen Pass, eine Familiengeschichte oder einen Glauben verengt, sondern breiter angelegt ist. Das Christentum gehört zweifelsfrei zu Deutschland. Das Judentum gehört zweifelsfrei zu Deutschland. Das ist unsere christlich-jüdische Geschichte. Aber der Islam gehört inzwischen auch zu Deutschland. Vor fast 200 Jahren hat es Johann Wolfgang von Goethe in seinem West-östlichen Divan zum Ausdruck gebracht: „Wer sich selbst und andere kennt, wird auch hier erkennen: Orient und Okzident sind nicht mehr zu trennen." Die dritte Antwort auf die Frage, was „Deutschland, einig Vaterland" meine, sei, „unsere Verfassung und die in ihr festgeschriebenen Werte zu achten und zu schützen. Zu allererst die Würde eines jeden Menschen, aber auch die Meinungsfreiheit, die Glaubens- und Gewissensfreiheit, die Gleichberechtigung von Mann und Frau. Sich an unsere gemeinsamen Regeln zu halten und unsere Art zu leben, zu akzeptieren. Wer das nicht tut, wer unser Land und seine Werte verachtet, muss mit entschlossener Gegenwehr aller rechnen – das gilt für fundamentalistische ebenso wie für rechte oder linke Extremisten... Wir achten jeden, der etwas beiträgt zu unserem Land und seiner Kultur... Dieses Land ist unser aller Land, ob aus Ost oder West, Nord oder Süd und egal mit welcher Herkunft. Hier leben wir, hier leben wir gern, hier leben wir in Frieden zusammen – hier stehen wir ein für Einigkeit und Recht und Freiheit." [244]

3

In diesem Zusammenhang ist also der folgenschwere Satz vom Islam gefallen, der zu Deutschland gehört. Zehn Jahre liegt das zurück. Betrachten wir ihn noch etwas genauer:

„Das Christentum gehört zweifelsfrei zu Deutschland. Das Judentum gehört zweifelsfrei zu Deutschland. Das ist unsere christlich-jüdische Geschichte. Aber der Islam gehört inzwischen auch zu Deutschland."

Die Nuancen mögen fein erscheinen, aber sie sind wahrnehmbar. Wulffs Formulierung legt mehrere Schlüsse nahe. Christentum und Judentum gehören zweifelsfrei zu Deutschland. Beim Islam fehlt „zweifelsfrei". Man möchte fragen: Warum gibt es bei der Zugehörigkeit des Islam zu Deutschland vielleicht doch Zweifel? Und wer ist es, der da Zweifel hat?

Es gibt unsere christlich-jüdische Geschichte. Beim Islam gibt es keine „unsere Geschichte", nur ein „inzwischen". Man möchte fragen: Was meint hier „inzwischen"? Das Wort beschreibt ja einen Zeitraum. Sein Ende ist das Jetzt, im Fall der Rede von Wulff der 3. Oktober 2010. Aber wo war der Anfang, mit dem das „Inzwischen" begonnen hat? Und abgesehen davon, wo man den Anfang ansetzt – wieso ist das, was seither geschah, nicht auch Geschichte?

Aus dem Zusammenhang ist indes zu entnehmen, was mit dem „Inzwischen" gemeint war: Seitdem in Deutschland auch Anhänger des Islam leben, jedenfalls in merklicher Zahl leben und ihre Anwesenheit sich auf diese oder jene Weise bemerkbar gemacht hat. Das wäre spätestens seit in den 1960er Jahren die sogenannten „Gastarbeiter" mit muslimischem Glauben vor allem aus der Türkei, aber auch vom Balkan und aus Nordafrika nach Deutschland kamen und, anders als ursprünglich vorgesehen, geblieben sind. Wulff hatte das in seiner Rede direkt angesprochen, als er auf eine unserer „Lebenslügen" verwies: „Wir haben erkannt, dass Gastarbeiter nicht nur vorübergehend kamen, sondern dauerhaft blieben..."

Ein gutes halbes Jahrhundert war seither vergangen. In historischer Dimension vielleicht ein kurzer Zeitraum, ja, aber auch das ist Geschichte.

Jedenfalls hat aus dieser Perspektive gesehen die Zugehörigkeit des Islam zu Deutschland zu tun mit der Anwesenheit von Muslimen in diesem Land. Und eine Debatte darüber gab es schon lange, bevor Wulff seine Rede hielt. Sie wurde nicht durch Wulffs These ausgelöst, sondern durch die mehr und mehr sichtbar werdende Präsenz der Muslime in Deutschland. Je deutlicher sie sichtbar wurde, umso deutlich wahrnehmbare Reaktionen rief sie auch hervor. Das sollte nicht überraschen. Nach Jahrzehnten zunehmend heftiger werdender Islamkritik hatte sich dann einer der Sache angenommen, dessen Nachnahme ausgerechnet eine Assoziation mit der mittelalterlichen Bezeichnung „Sarazene" für „Muslim" zuläßt. Der damalige Berliner Finanzsenator Thilo Sarrazin verbreitete seine Sicht der Dinge auch mit teils beifälliger Unterstützung der Medien in diversen Veröffentlichungen und Redebeiträgen. Er sprach und schrieb vom Türken und Araber, der „ständig neue kleine Kopftuchmädchen produziert". Die zunehmende Anwesenheit von Migranten mit muslimischem Hintergrund in Deutschland beschädige die hiesige Gesellschaft. Diese für die Gesellschaft nicht Nutzen sondern Schaden bringenden Muslime sind darum unerwünscht. Sie sollen nicht da sein.

Nun muß man aber eingestehen: Faktisch sind sie nun einmal da, und so gehört selbst aus der Sicht jener, die das nicht wünschen, der Islam bereits zu Deutschland. Wäre es nicht so, gäbe es ja keinerlei Begründung, Bedenken dagegen vorzutragen. Ehrlicherweise müssen die Bedenkenträger deshalb dem ehemaligen Bundespräsidenten zustimmen: „Der Islam gehört inzwischen auch zu Deutschland". Danach können sie dann anfügen: „Aber das wollen wir nicht".

Stattdessen zu sagen: Der Islam könne nicht zu Deutschland gehören, weil er nicht zu Deutschland gehört, ist ein widersinniges Scheinargument. Sich dahinter zu verstecken, ist feige und kann nicht überzeugen. Doch irreführen und verwirren kann es schon und wird deshalb zweckdienlich verwendet. Mittlerweile gibt es mit der „Alternative für Deutschland" sogar eine neue politische Partei, die es in ihrem Grundsatzprogramm festgeschrieben hat: „Der Islam gehört nicht zu Deutschland". [245] Bei diversen Landtagswahlen hat sie damit aus dem Stand Erfolge erzielt hat, die manchen etablierten Politikern so bedenklich erschienen, daß sie nun ebenfalls solche Maßnahmen zur Zurückdrängung des muslimischen Einflusses in Deutschland befürworten, wie die AfD sie anstrebt, die damit inzwischen zur stärksten Oppositionspartei im Bundesparlament wurde. Wer kann da noch behaupten „Der Islam gehört nicht zu Deutschland"?

WORTSPIELEREIEN UND SCHEINDEBATTEN

Wer allerdings sagt: Der Islam gehört zu Deutschland! muß mit Widerspruch rechnen. Für die gegensätzliche Position werden in der Debatte vor allem zwei Argumente vorgebracht. Entweder heißt es: Die Muslime, die hier leben, gehören wohl – oder vielleicht – zu Deutschland, aber nicht der Islam. Oder es heißt: D e n Islam gibt es gar nicht, sondern er tritt in verschiedenen Formen auf, und es sind solche Formen des Islam – wie etwa der sogenannte „politische" Islam, – die nicht zu Deutschland gehören. Zum besseren Verständnis betrachten wir diese beiden Argumente noch etwas näher.

Die Muslime – nicht der Islam – gehören zu Deutschland

Lassen wir uns also nicht täuschen. Mit dem Satz „Der Islam gehört nicht zu Deutschland" ist nicht wirklich zugleich impliziert, daß die Muslime in Deutschland zu Deutschland gehören. Vielmehr ist mit „Der Islam gehört nicht zu Deutschland" immer gemeint: Die Muslime gehören nicht zu Deutschland, denn ohne die Muslime macht der ganze Satz ja gar keinen Sinn. Gäbe es keine Muslime in Deutschland, dann gäbe es auch die Debatte nicht, ob der Islam zu Deutschland gehört. Erst seit und weil es Muslime in Deutschland gibt, entstand die Frage, ob deren Religion, das ist der Islam, zu Deutschland gehört. Und wer diese Frage verneint,

müßte meinen, zwischen den Muslimen und ihrer Religion trennen zu können. Das aber ist widersinnig.

Menschen ohne die Religion des Islam sind keine Anhänger des Islam, also keine Muslime. Wer also die Religion des Islam aus Deutschland ausschließt, meint damit, daß es in Deutschland keine Anhänger der Religion des Islam geben soll. Er sagt: „Der Islam gehört nicht zu Deutschland" und meint damit zugleich „Die Muslime gehören nicht zu Deutschland."

In diesem Zusammenhang stellt sich für die Muslime natürlich dann auch die Frage, was mit der Integration gemeint ist, die beständig von ihnen gefordert wird. Wenn gilt, daß der Islam nicht zu Deutschland gehört und das zugleich bedeutet, daß die Muslime nicht zu Deutschland gehören, müssen sich nach diesem Verständnis die Muslime, sofern sie zu Deutschland gehören wollen, von ihrer Religion, d.h. vom Islam trennen. Insofern machen dann auch die verschiedenen Forderungen nach Einschränkung ihres religiösen Lebens Sinn. Wer sich von der Religion des Islam getrennt hat, also kein Muslim ist, braucht keine Moschee, kein Minarett, keinen Gebetsruf, keine religionskonforme Ernährung, Kleidung und überhaupt religionskonforme Lebensweise.

D e n Islam gibt es nicht

Dieses Argument ist nicht neu. Es wurde auch schon in der Vergangenheit in anderen Zusammenhängen vorgebracht und sollte dem Zweck dienen, das Bild eines fragmentierten Etwas zu zeichnen, für das wohl die Bezeichnung „Islam" geläufig ist, das aber kein einheitliches Ganzes darstellt. Der vereinheitlichenden Vorstellung von der „*ummah*", der Gesamtgemeinschaft der Muslime, sollte ihre Uneinheitlichkeit und Aufsplitterung entgegengesetzt werden. Besondere Mühe gab man sich damit seit und während der Kolonialzeit, als es galt, die Ausbreitung von Widerstandsgedanken und -bewegungen mit sogenanntem panislamischem Charakter zu behindern. Fachwissenschaftler wie manche der Orientalisten und Wegbereiter und Förderer der Kolonialherrschaft wie manche der Missionare halfen, die Vorstellung, daß es d e n Islam in Wirklichkeit nicht gibt, über das Bildungswesen in die Köpfe der Eliten einzupflanzen.

Die einfachste Differenzierung, die vorgenommen wurde, betraf die nach Sprache und Regionalkultur. Davon ausgehend redete man nun vom arabischen Islam im Gegensatz zum türkischen oder persischen, vom indischen Islam im Gegensatz zum afrikanischen, um nur ein paar Beispiele zu nennen. Darüber hinaus ergaben sich je nach Blickwinkel des Betrachters weitere Unterscheidungen. Man betrachtet den sunnitischen Islam im Gegensatz zum schi'itischen, den mystischen Islam im Gegensatz zum orthopraxen, den liberalen Islam im Gegensatz zum konservativen, den Volks-Islam im Gegensatz

zum Islam der Gelehrten und anderes mehr. All dies unterstreicht die Ansicht: D e n Islam, d.h. den einen, einheitlichen geschlossenen Islam gibt es nicht.

Aus meiner Sicht sprechen allerdings wenigstens zwei beträchtliche Einwände gegen ein solches Verständnis:

Eine differenzierte Betrachtungsweise, die sprachliche, regionale und kulturelle Eigenheiten in den Blick nimmt, mag psychologisch gesehen beruhigend wirken, weil sie das ansonsten große Bedrohliche zerstückelt, zerlegt, und so das Ausmaß des Erschreckens mindert und die Gefahr als eher zu bewältigen erscheinen läßt. Doch die Fragmentierung bedeutet nicht zugleich, daß nur, weil es aus bestimmten Blickwinkeln betrachtet, Unterschiede gibt, keine grundlegenden Gemeinsamkeiten bestünden. Tatsächlich ist es ja auch so, daß man weiterhin immer dann, wenn es um Abgrenzung geht, sich auf diese Gemeinsamkeiten bezieht. Wie anders würde man ansonsten überhaupt einen Unterschied beispielsweise zum Christentum oder Judentum machen können?

Dies führt zugleich zum zweiten Einwand gegen die These, daß es d e n Islam nicht gibt. Denn wenn man das sagt, muß man auch sagen: D a s Christentum gibt es ebenso nicht, auch nicht d a s Judentum, überhaupt keine verbindliche Religion, keine verbindliche Weltanschauung, keine verbindliche Kultur. Man erinnere sich nur kurz der zwei Jahrtausende Kirchengeschichte oder betrachte die heutigen über alle Erdteile verbreiteten Kirchen und Konfessionen.

Und so gesehen gibt es dann übrigens auch d i e Deutschen nicht, von denen beispielsweise immer mehr ihren Alterssitz inzwischen an die Küsten der Mittelmeerländer und sogar die Thailands oder der Dominikanischen Republik verlegt haben.

Man sieht: Das alles ist lediglich eine Sache der Betrachtungsweise, aber keine unumstößliche Erkenntnis, und schon gar keine wissenschaftliche. Es sind nur Scheindebatten.

Fehlende Wörter

An dieser Stelle noch der Hinweis auf eine Merkwürdigkeit des Sprachgebrauchs: Im Deutschen spricht man vom Christentum und vom Judentum, aber nicht vom Muslimtum. (Beim Hinduismus und Buddhismus ist das ebenso, doch ist an dieser Stelle darauf nicht weiter einzugehen). Anders als im Fall der Muslime wird die Religion der Christen und der Juden nach ihren Anhängern bezeichnet. Christentum bedeutet nicht nur die Religion, sondern ebenso die Gesamtgemeinschaft der Christen, und Judentum auch die Gesamtgemeinschaft der Juden.

Im deutschen Sprachgebrauch hat man dies, aus welchen Gründen auch immer, im Zusammenhang mit den Muslimen nicht fertiggebracht. Statt von Muslimtum, d.h. von der Gesamtgemeinschaft der Muslime spricht man vom Islam. Ebenso fehlt der deutschen Sprache ein Wort, das im Hinblick auf die Muslime den Wörtern Christenheit und Judenheit entsprechen würde.

Hierin kommt wohl die eigentliche Unfähigkeit zum Ausdruck, die Muslime entsprechend den Christen und Juden als eine Gesamtgemeinschaft von Menschen zu sehen und damit eben als M e n s c h e n und insofern auch als M i t m e n s c h e n. Statt dem Mitmenschen sieht man sich lediglich einem Etwas gegenüber, mit dem man nicht übereinstimmt und von dem man sich bedroht fühlt. Und daß man dem Ganzen gegenüber kein Verständnis aufbringt, ist nur natürlich, weil man ja nicht einmal die passenden Wörter dafür hat. Das, was man nicht benennen kann, kann man auch nicht verstehen und hat man demnach auch nicht verstanden. Man ist als Deutscher in dieser Hinsicht übrigens nicht allein. Auch in anderen europäischen Sprachen verhält es sich so. Vielleicht erklärt das zumindest ein Stück weit die ähnlichen Schwierigkeiten, die sich in anderen europäischen Ländern im Umgang mit den Muslimen zeigen.

Sinnvoller nach dem Dazugehören des Islam gefragt muß es heißen:

Gibt es Bezüge zwischen islamischer Kultur und deutscher Kultur? Aber auch dabei wird man mit der Vor-

stellung „D e n Islam gibt es nicht!"
nicht weiterkommen.

Unter islamischer Kultur muß man
eine von den Muslimen getragene, beeinflußte Kultur verstehen, ebenso unter deutscher Kultur eine von Deutschen getragene, beeinflußte Kultur. Es
ist richtig, daß im Fall der islamischen
Kultur, die ich um der Präzision willen
lieber als muslimische Kultur bezeichnen möchte, der prägende Faktor ein religiöser ist, während man es bei der
deutschen Kultur nicht primär mit einem religiösen Faktor zu tun hat, sondern wohl mit der Sprache. Allerdings
ist auch für den Islam die Sprache, nämlich die arabische Sprache des Korans,
von tiefprägender Bedeutung. Das läßt
sich schon allein daran ablesen, daß in
all den verschiedenen Sprachen, die
von Muslimen gesprochen werden,
zahlreiche Lehnwörter aus dem Arabischen zum Wortschatz gehören. Vom
Zusammenhang zwischen „Kultur und
Sprache" war ja schon die Rede.

Dem Islam fehlt die Aufklärung

Ein Hauptargument, das ins Feld geführt wird, um zu bekräftigen, daß der
Islam nicht zu Deutschland gehört, lautet: Der Islam hat nichts Nennenswertes
zu unserer deutschen und abendländischen Kultur beigetragen. Diese beruht
vielmehr auf dem „jüdisch-christlichen
Erbe" und, weniger religiös gesehen,
auf dem griechisch-römischen sowie
dem der Aufklärung. Mit diesem alles
überragend erscheinenden Hinweis

meint man sich der eher lästigen Frage
entledigt zu haben: Der Islam habe eben
diese Aufklärung noch nicht durch-ge-
macht und müsse sie erst einmal nach-
holen, bevor ernsthaft darüber nachzudenken sei, daß er in Europa und in
Deutschland als zugehörig oder gar hei-
misch gelten könne.

Wer hier kurz innehält und seinen
Verstand benutzt – was ja von Menschen erwartet werden darf, deren Denken vom Geist der Aufklärung durch-
drungen ist – erkennt natürlich den pu-
ren Ethnozentrismus, der dieser Argu-
mentationsstrategie zugrunde liegt. Es
ist die seit Jahrhunderten bekannte
Sicht, nach der wir in Europa und auch
in Deutschland fortschrittlicher, und die
anderen eben einfach zurückgebliebe-
ner sind als wir. So erklärten und erklären sich die fortwährenden Übergriffe
der Menschen von angeblich überlege-
nerer Kultur gegenüber den Menschen,
die mit unseren kulturellen Errungenschaften nicht mithalten können. Wo
wir es gut mit ihnen meinen, möchten
wir sie befähigen, so zu werden, wie
wir sind, und wo wir es übel mit ihnen
meinen, bemächtigen wir uns ihrer Res-
sourcen, weil ja nur wir und nicht sie
diese am besten zu nutzen wissen…

Tatsächlich aber beruht die Aufklärung in Europa nicht etwa auf einer na-
turgegebenen Überlegenheit des europäischen Menschen. Vielmehr hat das
notwendigerweise Aufkommen der
Aufklärung in Europa wie alles eine
Vorgeschichte. Sie ist begründet in dem

bis heute fortwirkenden Konflikt zwischen geistlicher und weltlicher Macht, zwischen Kirche und Reich, zwischen Religion und Staat. Das Eindringen der Kirche im Übermaß in die Angelegenheiten der Welt widersprach der Lehre Jesu „Mein Reich ist nicht von dieser Welt". Anders als das Judentum, hat das kirchliche Christentum kein offenbartes Gesetz. Alle Kirchenregeln und Gesetze sind Menschenwerk. Jesus war nach eigener Aussage nicht gekommen, um das Gesetz der jüdischen Religion aufzuheben, nicht ein Iota…

Er wollte es stattdessen wieder mit dem Geist füllen, der dem Gesetz Sinn gab, und er wandte sich lediglich gegen die Pharisäer, nicht gegen das Religionsgesetz als solches. In diesem Sinn war Jesus und blieb Jesus Jude.

Erst Paulus verwarf das jüdische Gesetz und machte das Christentum gewissermaßen „gesetzlos". In der Folge verband sich die Kirche dann mit dem Staat und entwickelte ihre eigenen Gesetze. Gegen diese Entwicklung wiederum wandte sich der vom Propheten Muhammad (s) verkündete Islam, der sich in vielem vom Judentum und dessen Religionsgesetz wenig unterscheidet, d.h. das Gesetz in gewissem Sinne beibehielt und zugleich die Rolle Jesu bestätigte, d.h. den Geist des Gesetzes, der ihm Sinn gibt, gleichfalls zu würdigen. Somit stellt der Islam also den verlorengegangenen Ausgleich zwischen Gesetz und Geist dar. Derart ausgewogen muß er nicht, wie die mittel-alterliche Kirche, die Welt als das Reich des Bösen dämonisieren, sondern kann in angemessener Weise mit ihren Vorzügen umgehen, auch und gerade, weil deren Endlichkeit und Beschränktheit ihm nicht unbekannt sind.

Angst ist ein schlechter Ratgeber

Angst mit dem Islam macht man vielen Deutschen offenbar nicht erst neuerdings. Seit Jahrhunderten kennt man dieses Schreckgespenst, und seit Jahrhunderten wird es auf verschiedene Weise weitervermittelt. Wie weit dabei manchmal die Fiktion von der Realität entfernt ist, zeigt das folgende Beispiel:

Das spätmittelalterliche Deutsche Heldenbuch, erstmals 1479 gedruckt, hielt die weit älteren und zunächst noch mündlich überlieferten Geschichten schriftlich fest. Darin wird unter anderem über Dietrich von Bern berichtet, und im Zusammenhang damit kommt der böse „Machmet" vor:

„Als des berners muter sein swanger ward da machet ein böser geist machmet sein gespenst…" und sagte zu ihr: „der sun den du treist wirt der sterckest geist de ye geborn ward. Darum das dir also getraumet ist, so würt feür auß seinem mund schiessen wann er zornig wirt, und wirt gar ein frumer held." [246]

Dies zeigt, wie wenig Wert in der Überlieferung des Sagenstoffs auf tatsächliche geschichtliche Zusammenhänge gelegt wurde. Nur wenn man Dietrich von Bern nicht mit Theoderich dem Großen gleichsetzt, der 526 verstarb, d.h. fast 100 Jahre v o r dem Auftreten des Propheten des Islam, kann es Sinn machen, den „bösen Geist" Machmet genannt zu haben. Damit wäre die Person des Dietrich von Bern in eine Zeit zu setzen, in der im Abendland der Name des Propheten des Islam zumindest schon so weit bekannt war, daß er für den „bösen Geist" gebraucht werden und von den Zuhörern derart verstanden werden konnte. Diese Zeit könnte man vielleicht ab dem 9. Jahrhundert denken, nachdem die Muslime in Spanien und zuvor vorübergehend in Südfrankreich und sogar in der Schweiz Fuß gefasst hatten. Bis an den Bodensee sollen sie gekommen sein.

Es kommt nicht darauf an, daß die Geschichte stimmt, sondern daß die Bedrohung verständlich wird. Dazu ist der „Machmet" da.

Machmet kommt noch an verschiedenen anderen Stellen im „Heldenbuch" vor, wobei gleichfalls die geschichtlichen Zusammenhänge und religiösen Voraussetzungen vollkommen bedeutungslos erscheinen. So wird Machmet beispielsweise in der Sage von Elberich und König Ortnit, wie in der mittelalterlichen Literatur weit verbreitet, zusammen mit Apollo von den Heiden angerufen. [247] Ortnit aber gilt allgemein als Odoaker, der von Theoderich dem Großen nach der „Rabenschlacht" 493 umgebrachten König von Italien.

Obwohl nun schon weit mehr als ein Jahrtausend vergangen ist, kann der Islam noch immer schrecken. Das erste, was in den Sinn kommt, wenn man sich in unseren Tagen Gedanken über den Islam in Deutschland macht und fragt, was der Islam eventuell zu Deutschlands Geschichte und Kultur beigetragen hat, ist das Feindbild Islam. Weite Teile Europas und auch Deutschland haben sich über Jahrhunderte im Gegensatz zum Islam gesehen und so sich überhaupt erst definiert und ein entsprechend geprägtes Selbstverständnis entwickelt. Ohne den Islam gäbe es wohl kein Europa in dem Sinn, wie wir es verstehen. Die empfundene Bedrohung durch den Islam hat sogar dazu beigetragen, innereuropäische Konflikte abzubauen. Ein besonders deutliches Beispiel dafür ist die europäische Allianz gegen die osmanische Ausdehnung bis nach Wien, deren Folgen ja bereits zur Sprache kamen.

SCHLUSSGEDANKEN

1

Zugegeben, die Situation ist nicht leicht. Denn Umfragen zeigen, daß mittlerweile wenigstens 60% der Menschen in Deutschland die Ansicht äußern: Der Islam gehört nicht zu Deutschland. Im Vergleich zu früheren Jahren ist dieser Anteil merklich gestiegen. Die 2010 von Bundespräsident Wulff geäußerte Ansicht, der Islam gehöre zu Deutschland, lehnten damals 47% der Befragten ab. Das liegt nun zehn Jahre zurück. Es spricht wenig für die Annahme, daß sich inzwischen mehr Menschen näher mit dem Islam beschäftigt und deshalb ihre Meinung geändert haben.

Vielmehr bestimmt und prägt das Bild vom Islam aus den inzwischen tagtäglichen Medienberichten über aktuelle Geschehnisse weitestgehend die Ansichten über den Islam. Als Muslim weiß man aber auch: Dieses Bild deckt sich nicht mit der Auffassung vom Islam, nach dem die meisten Muslime leben. Diese Auffassung und damit ihr Selbstverständnis aufzuzeigen und zu vermitteln und so zu einem besseren Verständnis zu verhelfen, ist die ureigene Angelegenheit der Muslime selbst. Dies ist gewiß nicht einfach, doch vielleicht konnten die vorausgegangenen Zeilen dazu etwas beitragen.

2

„Ob der Islam zu Deutschland gehört", ist weiterhin eine strittige Frage. Wäre die Antwort ein eindeutiges „Ja!", so würde wohl niemand die Frage noch stellen. Gleich ob man nun diese Frage mit „Ja!" oder „Nein!" beantwortet, wird man indes weitere Fragen hervorrufen, nämlich solche nach Begründungen für die jeweilige Haltung. Wenn, wie man des Öfteren vernimmt, der Islam nicht zu Deutschland gehört, sollte man erklären können, woran es fehlt, und wenn, wie man es eher selten vernimmt, der Islam zu Deutschland gehört, bleibt auch das zu begründen.

Mir scheint, gute Gründe, die dafür sprechen, daß der Islam zu Deutschland gehört, sind irgendwie nicht sichtbar. Teils werden sie schlicht übersehen, sei es aus Unkenntnis oder auch Unachtsamkeit. Teils werden sie auch zugedeckt und manchmal bewußt aus dem Blickfeld gerückt. Ja, es gibt Dinge, die man, warum auch immer, nicht sehen kann und nicht einsehen kann, aber es gibt auch Dinge, die man nicht sehen will, sondern übersehen will.

Mit diesem Buch habe ich eingeladen zu einem Gang durch die Kulturgeschichte der Deutschen. Sein Zweck sollte es sein, der Frage nachzugehen, „ob der Islam zu Deutschland gehört". Um Antworten darauf zu finden, wurden unterwegs Haltepunkte aufgesucht und von dort aus verschiedene Besonderheiten von Literatur, Musik und Kunst bis hin zur Zeitgeschichte betrachtet. Überraschungen waren dabei nicht ausgeschlossen. Wer mitging, hat mancherlei aus ungewohnten Perspektiven sehen können und darüber hinaus bislang Unbeachtetes und auch Unbekanntes kennengelernt.

Der Streifzug hat sich gelohnt, wenn dadurch das Blickfeld erweitert werden konnte. Zustimmung zu allem, das hier dargelegt wurde, ist nicht unbedingt zu erwarten. Jeder hat seine eigene Betrachtungsweise, doch sollte man diese auch anpassen und fortentwickeln, wenn man auf neue, bislang unberücksichtigte Blickpunkte aufmerksam wird.

Der Islam hat auf unterschiedliche Weise, je nach den historischen Bedingungen, Einfluß auf die kulturelle Entwicklung Europas und auch Deutschlands nehmen können. Überwiegend, wenn auch nicht immer, geschah das über das Bild vom Islam, das man sich in Europa machte. Dies habe ich anhand einiger ausgewählter Phänomene aufzeigen wollen.

Die Betrachtungen waren gelegentlich mit kleinen autobiographischen Andeutungen verknüpft. Daran mag man meinen ganz persönlichen Bezug zur Thematik ablesen.

Wie ersichtlich habe ich, wo ich zitierte, weniger die allerneueste Literatur herangezogen. Man möge mir das nachsehen. Ich stütze mich auf die Literatur, die zu der Zeit aktuell war, als sich viele, wenn nicht die meisten meiner Gedanken und Ansichten herauszubilden begannen. Dies liegt ja nun auch überwiegend mehrere Jahrzehnte zurück und kann insofern gar nicht auf erst später erschienene Werke Bezug genommen haben. Hin und wieder sind natürlich auch neue Einsichten hinzugekommen, doch in den meisten Fällen wird sich bei grundlegenden Sachverhalten Entscheidendes nicht wirklich ergeben haben. Dort, wo es entgegen meinen Erwartungen doch erfolgt sein sollte, bleibt mir dann nur übrig, bei der einen oder anderen Frage mit meiner Ansicht überholt oder gar antiquiert zu sein. Damit kann ich leben und bin zudem zumindest so selbstsicher annehmen zu dürfen, daß dies nicht der Regelfall ist. Ohnehin ist kein Mensch vollkommen.

Eine Frage sei noch kurz angesprochen: Kann man unterscheiden zwischen dem arabischen und dem muslimischen kulturellen Beitrag?

Ja, das muß man sogar, doch es steht außer Zweifel, daß der arabische Einfluß Europa durch die Muslime erreicht hat. Ob es eine arabische Expansion nach Europa ohne den Islam gegeben hätte, ist müßig zu diskutieren. Die Geschichte ist verlaufen, wie sie verlaufen ist.

Der Islamwissenschaftler und anglikanische Theologe William Montgomery Watt (1909-2006) meinte:

„Hält man sich alle Aspekte der mittelalterlichen Konfrontation von Christentum und Islam vor Augen, so wird klar, daß der Einfluß des Islam auf das westliche Christentum größer ist, als für gewöhnlich angenommen wird. Der Islam gab an Westeuropa nicht nur viele materielle Erzeugnisse und technische Entdeckungen weiter, er gab Europa nicht nur geistige Anregungen auf dem Gebiet der Naturwissenschaften und der Philosophie; er gab ihm auch den Anstoß, ein neues Bild von sich selbst zu entwerfen." [248]

Ich möchte sagen: „Neu" trifft nicht zu. Der Islam gab Europa überhaupt erst den Anstoß und die Möglichkeit, ein Bild von sich selbst zu entwerfen. Denn es gab kein eigenes Bild von Europa zur Zeit der Entstehung des Islam in Arabien und der schon kurz darauf beginnenden Anwesenheit der Muslime auf der iberischen Halbinsel, wo die frühen Begegnungen mit den Goten stattfanden. Und ein Deutschland gab es damals auch noch nicht. Zur Zwangschristianisierung der Sachsen durch den „Sachsenschlächter" Karl der Große mit all ihren Begleiterscheinungen kam es erst ab etwa dem Jahr 772, also gut 150 Jahre später als die Verkündigung des Korans in Mekka und Medina, wohin der Prophet Muhammad (s) 622 ausgewandert war.

Und ich möchte ergänzen: Der Islam hat Europa seit seiner ersten Berührung bis heute begleitet in Europas noch immer fortwährendem Prozeß der Selbstfindung und Entwicklung des Eigenverständnisses und wird das wohl auch zukünftig noch lange tun.

Europa und Deutschland verdanken der muslimischen Kultur zahlreiche Anregungen auf verschiedenen Gebieten. Doch darüber hinaus verdanken Europa und Deutschland dem Islam die fortwährende Hilfe bei der Entwicklung des eigenen Selbstverständnisses.

Das positive Bild vom edlen Europa leuchtet nur angesichts des üblen Anderen. Europas nächster Nachbar war und ist der Islam.

3

Ich sehe drei wesentliche Beiträge des Islam zur deutschen Kultur, die im Laufe der jahrhundertewährenden Begegnungen wirksam geworden sind. Manchmal treten diese Kulturtransfers vermischt auf, manchmal auch einzeln, doch das ist hier unerheblich:

Erstens der Transfer von Wissen, theoretischem sowie in Technik und Künsten angewandtem, durch die muslimische Kultur, vor allem über Spanien, aber auch über Sizilien und während der Zeit der Kreuzzüge.

Zweitens der Transfer eines Menschenbildes verbunden mit Toleranzfähigkeit durch Infragestellung der kirchlichen Lehre zum Heidentum.

Drittens der Gebrauch der Schablone vom üblen Islam als Mittel zur Abgrenzung und Hilfe bei der Entwicklung des eigenen Selbstverständnisses.

Und noch neu hinzugekommen ist schließlich die unmittelbare Auswirkung des Islam auf die politischen Verhältnisse, wie im Hinblick auf die deutsche Einheit und auch ganz aktuelle Entwicklungen, auf die hier einzugehen über den gesteckten Rahmen hinausgehen würde.

Der geschichtliche Rückblick ergibt: Die abendländisch-muslimischen Beziehungen pendeln zwischen Phasen der Bedrohung eigener Interessen und Phasen des Definierens eigener Interessen. Dies gilt im Übrigen für beide Seiten. Sowohl Nichtmuslime als auch Muslime können ihre Interessen und damit sich selbst bedroht fühlen und haben sich bedroht gefühlt. Dabei sind unter den Bedrohungen neben eingebildeten und konstruierten durchaus auch solche, die als wirklich gelten müssen. Und ebenso können Nichtmuslime wie Muslime ihre Interessen und damit sich selbst gemessen an den Interessen des jeweils anderen und damit über den jeweils anderen definieren und haben sich so definiert.

Europa und Deutschland bildeten sich heran und definierten sich bis

heute gegenüber der muslimischen Welt und dem Islam. Die muslimische Welt und mit ihr der Islam sind allein schon dadurch wesentliches Element der abendländischen und der deutschen Selbstwahrnehmung und des Selbstverständnisses.

Doch damit nicht genug. Achtung der Menschenwürde, Toleranz und Friedensbereitschaft sollen zu den Grundmustern der deutschen Kultur von heute gehören. An diesem Teppich haben auch die Muslime mit gewebt. Wie hier an mancherlei Beispielen gezeigt, haben sie im Laufe einer mehr als 1200 jährigen Geschichte der Begegnungen unterschiedlichster Art immer wieder Impulse gegeben, und so ist auch die Frage beantwortet, ob der Islam zu Deutschland gehört.

Die Geschichte zeigt aber auch: Gerade die Deutschen haben lange gebraucht, sich auf Achtung der Menschenwürde, Toleranz und Friedensbereitschaft zu verständigen und diese als Werte in ihrem Grundgesetz festzuschreiben. Seither jedoch sollte es ihnen eigentlich leichter fallen zu sehen, daß Achtung der Menschenwürde, Toleranz und Friedensbereitschaft dem Islam nicht fremd sind, sondern ebenso zu seinen Wesenszügen gehören, auch wenn die Sprache, in der dies beschrieben wird, eine andere ist. Darüber muß man sich nicht wundern.

Das Grundgesetz entstand vor sieben Jahrzehnten in einer modernen Industriegesellschaft Mitteleuropas angesichts der menschenverachtenden Folgen von Nationalsozialismus und Kommunismus. Der Koran wurde vor mehr als 1400 Jahren in den altarabischen Siedlungen Mekka und Medina angesichts der menschenverachtenden Verhältnisse jener Welt und Zeit verkündet. Bei allen Unterschieden ist doch beiden gemeinsam, daß sie den Menschen als Leitlinie dienen sollen.

Wenn schon das Grundgesetz in der Anwendung ständig der Auslegung und Interpretation bedarf, wie dies die fortwährende Rechtsprechung zeigt, wäre es widersinnig, beim Koran eine solche Notwendigkeit zu bestreiten. Zugleich gilt es klarzustellen, um Mißverständnissen vorzubeugen: Auslegung bedeutet nicht Aufhebung, und Interpretation bedeutet nicht Widerrufung. Es geht vielmehr darum, das eigentliche Anliegen verständlich zu machen, und dies geschieht immer aus der jeweiligen Zeit heraus und in sie hinein und kann auch nur so geschehen. Es ist eine Eigenart der Zeit, daß es nicht anders geht.

4

Der Koran lehrt, daß alle Menschen gleichermaßen Gottes Geschöpfe und von Gott mit Würde versehen sind:

„Ihr Menschen, fürchtet euren Herrn, der euch aus einer einzigen Seele geschaffen hat und aus ihr seine Gattin geschaffen hat und von ihnen beiden viele Männer und Frauen verbreitet hat…" (4:1)

„Und Wir haben schon die Kinder Adams geehrt…" (17:70)

Im Koran steht für „Wir haben geehrt" – „*karamnaa*", und im Arabischen heißt das, was wir „Würde" nennen, „*karaama*", und „Menschenwürde" heißt „*karaamatu-l-insaan*".

Der Koran lehrt, daß jeder Mensch seine Überzeugung selbst verantwortet:

„Kein Zwang in der Religion, das rechte Handeln ist schon klar geworden gegenüber dem Fehlgehen…" (2:256)

„Und wenn dein Herr gewollt hätte, bestimmt hätten sie geglaubt, wer auf der Erde ist, alle, insgesamt, – und zwingst du die Menschen, bis sie Gläubige sind?" (10:99)

„Für euch eure Religion, und für mich meine Religion." (109:6)

Das hier und anderswo üblicherweise mit „Religion" übersetzte Wort heißt im Koran „*din*". Es bedeutet im weiteren Sinn auch „Weltanschauung".

Der Koran lehrt, daß Bereitschaft zu Freundschaft und Frieden richtig sind:

„Allah untersagt euch nicht gegen diejenigen, die nicht mit euch wegen der Religion kämpfen und euch nicht heraustreiben aus euren Heimstätten, daß ihr ihnen gut seid und sie richtig behandelt. Allah liebt ja die Richtighandelnden." (60:8)

„Und wenn sie dem Frieden zugeneigt sind, so seid ihr ihm zugeneigt und vertraut auf Allah, Er ist ja, Er, der Hörende, der Wissende." (8:61)

Über den Zusammenhang zwischen dem arabischen Wort für „Frieden" – *salam* – und dem Wort „Islam" habe ich so oft gesprochen und geschrieben, daß hier nicht näher darauf eingegangen werden sondern der Hinweis genügen soll:

Islam bedeutet nicht einfach „Hingabe" oder „Ergebung" in Gottes Willen. Islam heißt auch – und wie ich meine in erster Linie – „Friedenmachen".

Der Islam ist, entgegen vielem, was man gerade in unseren Tagen darüber zu hören und zu sehen bekommt,

die Religion und Lebensweise des Friedenmachens des Menschen

mit Gott,
mit sich selbst,
mit seinen Mitmenschen und
mit der Welt, in der er lebt. [249]

ANMERKUNGEN

[1] Goethe, Johann Wolfgang: Von deutscher Baukunst, o.O., 1773, 11.

[2] Spengler, Oswald: Der Untergang des Abendlandes, München 1920, Kap. 14, 291.

[3] Grodecki, L.: Gotik (Weltgeschichte der Architektur), Stuttgart 1986, 5.

[4] Schack, A. F. v.: Poesie und Kunst der Araber in Spanien und Sicilien, Berlin 1865, Bd. II, 258.

[5] Preuß, A.: Der Gothische Baustyl und die Evangelische Kirche, 188, in: Suckow, C. A. (Hg.): Der Prophet. Eine Monatsschrift für die evangelische Kirche, Breslau 1844, Bd. 4, 174-205.

[6] Abel Otto: Kaiser Karls Leben von Einhard, Berlin 1850, 36 f.

[7] Abel, Otto: Einhards Jahrbücher, Leipzig 1888.

[8] Kurze, Fridericus: Annales Regni Francorum, Hannover 1895, 114.

[9] Abel, Otto: Einhards Jahrbücher, Leipzig 1888, 101 f.

[10] Abel, Otto: Einhards Jahrbücher, Leipzig 1888, 102.

[11] Abel, Otto: Einhards Jahrbücher, Leipzig 1888, 119.

[12] Abel, Otto: Einhards Jahrbücher, Leipzig 1888, 112 f.

[13] Dieser Beitrag erschien zuerst in Al-Islam, Zeitschrift von Muslimen in Deutschland, München 1/1986, 23-25.

[14] Dahn, F.: Urgeschichte der germanischen und romanischen Völker 3/2, Berlin 1883, 985.

[15] Kartschoke, Dieter (Hg.): Das Rolandslied des Pfaffen Konrad. Mittelhochdeutscher Text und Übertragung, Frankfurt 1970, 9079; 395.

[16] Kartschoke, Dieter (Hg.): Das Rolandslied des Pfaffen Konrad. Mittelhochdeutscher Text und Übertragung, Frankfurt 1970, 4654-4658; 205.

[17] Kartschoke, Dieter (Hg.): Das Rolandslied des Pfaffen Konrad. Mittelhochdeutscher Text und Übertragung, Frankfurt 1970, 3929-3935; 173 f.

[18] Viretzsch, K.: Altfranzösische Literatur, Halle 1925, 174.

[19] Einhard: Vita Karoli Magni. Das Leben Karls des Großen, Stuttgart 1995, 23 f.

[20] Conde, J.A.: Geschichte der Herrschaft der Mauren in Spanien, Erster Band, Karlsruhe 1824, 202.

[21] Conde, J.A.: Geschichte der Herrschaft der Mauren in Spanien, Erster Band, Karlsruhe 1824, 202, Anm.

[22] Conde, J.A.: Geschichte der Herrschaft der Mauren in Spanien, Erster Band, Karlsruhe 1824, 202 f.

[23] Kartschoke, Dieter (Hg.): Das Rolandslied des Pfaffen Konrad. Mittelhochdeutscher Text und Übertragung, Frankfurt 1970, 9022 ff.; 391 ff.

[24] Kohl, H.: Der Chronik des Bischofs Otto von Freising sechstes und siebentes Buch, Leipzig 1894, 63.

[25] Vgl. Hofmeister, A.: Ottonis Episcopi Frisingensis Chronica sive historia de duabus civitatibus, Hannover 1912, Lib. VII, 317 f.

[26] Kartschoke, Dieter (Hg.): Das Rolandslied des Pfaffen Konrad. Mittelhochdeutscher Text und Übertragung, Frankfurt 1970, 2275-2276; 103.

[27] Vgl. Klein, H.: La Chanson de Roland, München 1963, 38 ff.

[28] Kartschoke, Dieter (Hg.): Das Rolandslied des Pfaffen Konrad. Mittelhochdeutscher Text und Übertragung, Frankfurt 1970, 2275-2276; 102.

[29] Kartschoke, Dieter (Hg.): Das Rolandslied des Pfaffen Konrad. Mittelhochdeutscher Text und Übertragung, Frankfurt 1970, 4679-4688; 207.

[30] Kartschoke, Dieter (Hg.): Das Rolandslied des Pfaffen Konrad. Mittelhochdeutscher Text und Übertragung, Frankfurt 1970, 8134-8139; 353 f.

[31] Klein, H.: La Chanson de Roland, München 1963, 182 f., 194 f.

[32] Kartschoke, Dieter (Hg.): Das Rolandslied des Pfaffen Konrad. Mittelhochdeutscher Text und Übertragung, Frankfurt 1970, 3489-3499; 154 f.

[33] 853-855; Klein, H.: La Chanson de Roland, München 1963, 54 f.; Hertz, W.: Das Rolandslied. Das älteste französische Epos, Stuttgart 1861, 35.

[34] Kartschoke, Dieter (Hg.): Das Rolandslied des Pfaffen Konrad. Mittelhochdeutscher Text und Übertragung, Frankfurt 1970, 201-205; 15.

[35] Wechssler, E.: Das Kulturproblem des Minnesangs, Halle 1909, 18.

[36] Burdach, K.: Der Gral. Forschungen über seinen Ursprung und seinen Zusammenhang mit der Longinuslegende, Darmstadt 1974, 543 ff.; Ponsoye, Pierre: L'Islam et le Graal, Milano 1976.

[37] Kartschoke, D.: Wolfram von Eschenbach. Willehalm, Berlin 2003.

[38] Willehalm 10,18-20.

[39] Kartschoke, D.: Wolfram von Eschenbach. Willehalm, Berlin 2003, 215, 10 ff.

[40] Kartschoke, D.: Wolfram von Eschenbach. Willehalm, Berlin 2003, 220, 14 ff.

[41] Kartschoke, D.: Wolfram von Eschenbach. Willehalm, Berlin 2003, 306, 4 - 310, 30.

[42] Kartschoke, D.: Wolfram von Eschenbach. Willehalm, Berlin 2003, 305, 18 - 307, 20.

[43] Kartschoke, D.: Wolfram von Eschenbach. Willehalm, Berlin 2003, 306, 27-30.

[44] Kartschoke, D.: Wolfram von Eschenbach. Willehalm, Berlin 2003, 307, 25-30.

[45] Tudschibi, muhtasar min tafsir al-imam at-Tabari, (Kairo) 1390/1968 zu 7:172.

[46] Abu Huraira; Sahih al-Buchari, kitab al-dschana'is; Sahih Muslim, kitab al-qadr.

[47] Willehalm 307, 17-20.

[48] Lappenberg, G.H.: Arnoldi Chronika Slavorum, Hannover 1968.

[49] Laurent, J.C.M.: Die Chronik Arnolds von Lübeck. Nach der Ausgabe der Monumenta Germaniae übersetzt, Berlin 1853, 217 f.

[50] Laurent, J.C.M.: Die Chronik Arnolds von Lübeck. Nach der Ausgabe der Monumenta Germaniae übersetzt, Berlin 1853, 218.

[51] Laurent, J.C.M.: Die Chronik Arnolds von Lübeck. Nach der Ausgabe der Monumenta Germaniae übersetzt, Berlin 1853, 219 ff.

[52] Wilken, F.: Geschichte der Kreuzzüge…, Leipzig 1829, Bd. 5, 56.

[53] Wilken, F.: Geschichte der Kreuzzüge…, Leipzig 1829, Bd. 5, 52, Anm. 56.

[54] Wilken, Bd. 5, 47 f., Anm. 87.

[55] Kulturgeschichte der Kreuzzüge, Berlin 1883, 25 f.

[56] Stein: Die Ungläubigen in der mittelhochdeutschen Literatur von 1050 bis 1250, (Diss. 1933), Darmstadt 1963, 76, mit Verweis auf Prutz, 26.

[57] Naumann, C.; Der Kreuzzug Kaiser Heinrichs VI., (Diss. 1988), Frankfurt 1994, 189-195; 192.

[58] Röhricht, R. Geschichte des Königsreichs Jerusalem (1100-1291), Innsbruck 1898, XX.

[59] Leonhardt, W.: Der Kreuzzugsplan Kaiser Heinrich VI, Bonn-Leipzig 1913, 36.

[60] Leonhardt, W.: Der Kreuzzugsplan Kaiser Heinrich VI, Bonn-Leipzig 1913, 37.

[61] Leonhardt, W.: Der Kreuzzugsplan Kaiser Heinrich VI, Bonn-Leipzig 1913, 38; 39, Anm.1.

[62] Neue deutsche Biographie, Berlin 1953, Bd. 1, 381.

[63] Laurent, J.C.M.: Die Chronik Arnolds von Lübeck. Nach der Ausgabe der Monumenta Germaniae übersetzt, Berlin 1853, Vorwort XII.

[64] Lappenberg: Zur bevorstehenden Ausgabe des Arnold von Lübeck, in: Archiv der Gesellschaft für ältere deutsche Geschichtskunde 6, Hannover 1831, 570.

[65] Laurent, J.C.M.: Die Chronik Arnolds von Lübeck. Nach der Ausgabe der Monumenta Germaniae übersetzt, Berlin 1853, 206.

[66] Laurent, J.C.M.: Die Chronik Arnolds von Lübeck. Nach der Ausgabe der Monumenta Germaniae übersetzt, Berlin 1853, Vorwort XI.

[67] Beirut 1424/2003, Bd. 10, 247.

[68] al-bidajah wa-n-nihajah – Der Anfang und das Ende, Beirut 1405/1985, Band 7/Teil 13, 18.

[69] 306,3 306,18 311, 7 u.a.m.

[70] 205 f.

[71] Röhricht, R.: Die Deutschen im Heiligen Land, Innsbruck 1894, 89 f.

[72] 3, 8-11.

[73] Register Innozenz' III.I. Nr. 13 nach Naumann, C.: Der Kreuzzug Heinrichs VI., Frankfurt 1994, 194, 252.

[74] Leonhardt, W.: Der Kreuzzugsplan Kaiser Heinrich VI, Bonn-Leipzig 1913, 11.

[75] Röhricht, R.: Die Deutschen im Heiligen Land, Innsbruck 1894, 90, mit Verweis auf Doebenecker,O.: Regesta diplomatica nec non epistolaria historiae Thuringiae 2 (1152-1227), Jena 1900, Nr. 1100; Röhricht ebd. 210.

[76] Kartschoke, D.: Wolfram von Eschenbach. Willehalm, Berlin 2003, 305, 18 - 307, 20.

[77] Laurent, J.C.M.: Die Chronik Arnolds von Lübeck. Nach der Ausgabe der Monumenta Germaniae übersetzt, Berlin 1853, 218.

[78] Qurtubi: al-dschami'u-l-ahkami-l-qur'an, Bd. 8/Teil 16, 340 ff.

[79] Brüder Grimm: Die schönsten Sagen von Rhein, Mosel und Saar, Stuttgart o.J.

[80] Münch, E.: Des teutschen Ritters Ulrich von Hutten auserlesene Werke, Dritter Theil, Leipzig 1823, 236-302.

[81] Münch, E.: Des teutschen Ritters Ulrich von Hutten auserlesene Werke, Dritter Theil, Leipzig 1823, 236 f.

[82] Münch, E.: Des teutschen Ritters Ulrich von Hutten auserlesene Werke, Dritter Theil, Leipzig 1823, 237.

[83] Münch, E.: Des teutschen Ritters Ulrich von Hutten auserlesene Werke, Dritter Theil, Leipzig 1823, 238.

[84] Münch, E.: Des teutschen Ritters Ulrich von Hutten auserlesene Werke, Dritter Theil, Leipzig 1823, 240.

[85] Münch, E.: Des teutschen Ritters Ulrich von Hutten auserlesene Werke, Dritter Theil, Leipzig 1823, 241.

[86] Münch, E.: Des teutschen Ritters Ulrich von Hutten auserlesene Werke, Dritter Theil, Leipzig 1823, 246 f.

[87] Münch, E.: Des teutschen Ritters Ulrich von Hutten auserlesene Werke, Dritter Theil, Leipzig 1823, 247.

[88] Münch, E.: Des teutschen Ritters Ulrich von Hutten auserlesene Werke, Dritter Theil, Leipzig 1823, 253.

[89] Münch, E.: Des teutschen Ritters Ulrich von Hutten auserlesene Werke, Dritter Theil, Leipzig 1823, 257.

[90] Münch, E.: Des teutschen Ritters Ulrich von Hutten auserlesene Werke, Dritter Theil, Leipzig 1823, 258 f.

[91] Münch, E.: Des teutschen Ritters Ulrich von Hutten auserlesene Werke, Dritter Theil, Leipzig 1823, 259.

[92] Münch, E.: Des teutschen Ritters Ulrich von Hutten auserlesene Werke, Dritter Theil, Leipzig 1823, 261.

[93] Münch, E.: Des teutschen Ritters Ulrich von Hutten auserlesene Werke, Dritter Theil, Leipzig 1823, 263 f.

[94] Münch, E.: Des teutschen Ritters Ulrich von Hutten auserlesene Werke, Dritter Theil, Leipzig 1823, 265.

[95] Münch, E.: Des teutschen Ritters Ulrich von Hutten auserlesene Werke, Dritter Theil, Leipzig 1823, 283 f.

[96] Münch, E.: Des teutschen Ritters Ulrich von Hutten auserlesene Werke, Dritter Theil, Leipzig 1823, 286 ff.

[97] Münch, E.: Des teutschen Ritters Ulrich von Hutten auserlesene Werke, Dritter Theil, Leipzig 1823, 297 f.

[98] Münch, E.: Des teutschen Ritters Ulrich von Hutten auserlesene Werke, Dritter Theil, Leipzig 1823, 298.

[99] Münch, E.: Des teutschen Ritters Ulrich von Hutten auserlesene Werke, Dritter Theil, Leipzig 1823, 299.

[100] Münch, E.: Des teutschen Ritters Ulrich von Hutten auserlesene Werke, Dritter Theil, Leipzig 1823, 300.

[101] Münch, E.: Des teutschen Ritters Ulrich von Hutten auserlesene Werke, Dritter Theil, Leipzig 1823, 300.

[102] Münch, E.: Des teutschen Ritters Ulrich von Hutten auserlesene Werke, Dritter Theil, Leipzig 1823, 301 f.

[103] Münch, E.: Des teutschen Ritters Ulrich von Hutten auserlesene Werke, Dritter Theil, Leipzig 1823, 302.

[104] Flake, O.: Ulrich von Hutten, Frankfurt 1985;

[105] Münch, E.: Des teutschen Ritters Ulrich von Hutten auserlesene Werke, Dritter Theil, Leipzig 1823, 248.

[106] Luthers Werke. Kritische Gesamtausgabe 53, Weimar 1920, 569-72.

[107] Luthers Werke. Kritische Gesamtausgabe 30/II, Weimar 1909, 107 ff.

[108] Luthers Werke. Kritische Gesamtausgabe 30/II, Weimar 1909, 122-127.

[109] Luthers Werke. Kritische Gesamtausgabe 53, Weimar 1920, 261-396.

[110] Luthers Werke. Kritische Gesamtausgabe 53, Weimar 1920, 267.

[111] Luthers Werke. Kritische Gesamtausgabe 53, Weimar 1920, 272.

[112] Walch, J.G.: Dr. Martin Luthers Sämmtliche Schriften 1/1, St. Louis (1880), 1009; Luthers Werke. Kritische Gesamtausgabe 42, Weimar 1911, 603.

[113] Luthers Werke. Kritische Gesamtausgabe 30/II, Weimar 1909, 637.

[114] Luthers Werke. Kritische Gesamtausgabe 53, Weimar 1920, 311.

[115] Luthers Werke. Kritische Gesamtausgabe 53, Weimar 1920, 296.

[116] Luthers Werke. Kritische Gesamtausgabe 53, Weimar 1920, 296.

[117] Luthers Werke. Kritische Gesamtausgabe 53, Weimar 1920, 338.

[118] Luthers Werke. Kritische Gesamtausgabe 53, Weimar 1920, 347.

[119] Luthers Werke. Kritische Gesamtausgabe 30/II, Weimar 1909, 191.

[120] Luthers Werke. Kritische Gesamtausgabe 53, Weimar 1920, 394.

[121] Luthers Werke. Kritische Gesamtausgabe 53, Weimar 1920, 276.

[122] Luthers Werke. Kritische Gesamtausgabe 30/II, Weimar 1909, 195.

[123] Luthers Werke. Kritische Gesamtausgabe 53, Weimar 1920, 393.

[124] Luthers Werke. Kritische Gesamtausgabe 30/II, Weimar 1909, 187 f.

[125] Luthers Werke. Kritische Gesamtausgabe 53, Weimar 1920, 391.

[126] Luthers Werke. Kritische Gesamtausgabe 30/II, Weimar 1909, 189 f.

[127] Luthers Werke. Kritische Gesamtausgabe 30/II, Weimar 1909, 190.

[128] Luthers Werke. Kritische Gesamtausgabe 30/II, Weimar 1909, 160.

[129] Luthers Werke. Kritische Gesamtausgabe 53, Weimar 1920, 388 f.

[130] Luthers Werke. Kritische Gesamtausgabe 51, Weimar 1914, 617.

[131] Luthers Werke. Kritische Gesamtausgabe 30/II, Weimar 1909, 121 f.

[132] Luthers Werke. Kritische Gesamtausgabe 53, Weimar 1920, 272.

[133] Luthers Werke. Kritische Gesamtausgabe 53, Weimar 1920, 388.

[134] Luthers Werke. Kritische Gesamtausgabe 53, Weimar 1920, 338 f.

[135] Luthers Werke. Kritische Gesamtausgabe 30/II, Weimar 1909, 140.

[136] Luthers Werke. Kritische Gesamtausgabe 53, Weimar 1920, 276.

[137] Luthers Werke. Kritische Gesamtausgabe 53, Weimar 1920, 276.

[138] Luthers Werke. Kritische Gesamtausgabe 53, Weimar 1920, 278.

[139] Luthers Werke. Kritische Gesamtausgabe 53, Weimar 1920, 594.

[140] Chronica und beschreibung der Türkey… von einem Siebenbürger XXI jar darin gefangen gelegen… mit eyner vorrhed D. Martini Lutheri, Nürnberg 1530, 19.

[141] Chronica und beschreibung der Türkey… von einem Siebenbürger XXI jar darin gefangen gelegen… mit eyner vorrhed D. Martini Lutheri, Nürnberg 1530, 20.

[142] Luthers Werke. Kritische Gesamtausgabe 30/II, Weimar 1909, 116.

[143] Luthers Werke. Kritische Gesamtausgabe 6, Weimar 1888, 462 ff.

[144] Luthers Werke. Kritische Gesamtausgabe 30/II, Weimar 1909, 110 f..

[145] Luthers Werke. Kritische Gesamtausgabe 30/II, Weimar 1909, 113.

[146] Luthers Werke. Kritische Gesamtausgabe 30/II, Weimar 1909, 182.

[147] Luthers Werke. Kritische Gesamtausgabe 30/II, Weimar 1909, 129 f.

[148] Luthers Werke. Kritische Gesamtausgabe 30/II, Weimar 1909, 161.

[149] Luthers Werke. Kritische Gesamtausgabe 51, Weimar 1914, 609 f.

[150] Luthers Werke. Kritische Gesamtausgabe 51, Weimar 1914, 620.

[151] Luthers Werke. Kritische Gesamtausgabe 30/II, Weimar 1909, 173 f.

[152] Luthers Werke. Kritische Gesamtausgabe 30/II, Weimar 1909, 174.

[153] Luthers Werke. Kritische Gesamtausgabe 30/II, Weimar 1909, 137 ff.

[154] Luthers Werke. Kritische Gesamtausgabe 30/II, Weimar 1909, 192 f.

[155] Luthers Werke. Kritische Gesamtausgabe 30/II, Weimar 1909, 197.

[156] Luthers Werke. Kritische Gesamtausgabe 53, Weimar 1920, 394 f.

[157] Luthers Werke. Kritische Gesamtausgabe 53, Weimar 1920, 395 f.

[158] Luthers Werke. Kritische Gesamtausgabe 30/II, Weimar 1909, 195.

[159] Luthers Werke. Kritische Gesamtausgabe 53, Weimar 1920, 388 f.

[160] Ibn Hischam: as-sirah an-nabawijjah, Beirut o.J. 1, 266; Ibn Kathir, as-sirah an-nabawijjah, Beirut 1403/1983, 1, 474.

[161] Schloemann, M.: Luthers Apfelbäumchen?, Göttingen 1994, 145.

[162] musnad al-imam Ahmad ibn Hanbal, Kairo 1313 (1895), 3, 184; Beirut 1418/1997, 20, 251, Nr. 12902.

[163] musnad al-imam Ahmad ibn Hanbal, Kairo 1313 (1895), 3, 191; Beirut 1418/1997, 20, 296, Nr. 12981.

[164] Buchari: adabu-l-mufrad, Beirut/Mekka o.J., 69, Nr. 2.

[165] Zuerst erschienen in: Al-Islam. Zeitschrift von Muslimen in Deutschland 3/1987, 22-26.

[166] Lessing, G.E.: Kleinigkeiten, Stuttgart 1769, 18.

[167] Vgl. Briefe an seinen Bruder Karl, Elise Reimarius, Johann Gottfried Herder in: Lachmann, K.: Gotthold Ephraim Lessings Sämtliche Schriften 18 (Briefe), Leipzig 1907, 285, 286, 302.

[168] Lachmann, K.: Gotthold Ephraim Lessings Sämtliche Schriften 18 (Briefe), Leipzig 1907, 286, 289.

[169] Lachmann, K.: Gotthold Ephraim Lessings Sämtliche Schriften 18 (Briefe), Leipzig 1907, 293.

[170] Lachmann, K.: Gotthold Ephraim Lessings Sämtliche Schriften 18 (Briefe), Leipzig 1907, 314.

[171] Lachmann, K.: Gotthold Ephraim Lessings Sämtliche Schriften 12, Leipzig 1897, 202-254.

[172] Lachmann, K.: Gotthold Ephraim Lessings Sämtliche Schriften 12, Leipzig 1897, 254-271.

[173] Lachmann, K.: Gotthold Ephraim Lessings Sämtliche Schriften 12, Leipzig 1897, 267.

[174] Allgemeine Deutsche Biographie 37, Leipzig 1894, 285 f.

[175] Reich, W.: Mozarts Briefe, Zürich 1948 (26.9.1781).

[176] Reich, W.: Mozarts Briefe, Zürich 1948 (13.10.1781).

[177] Calvino, I.: Mozarts Zaide, München 1991.

[178] Calvino, I.: Mozarts Zaide, München 1991.

[179] Reich, W.: Mozarts Briefe, Zürich 1948 (10.4.1782).

[180] Reich, W.: Mozarts Briefe, Zürich 1948 (17.8.1782)

[181] Reich, W.: Mozarts Briefe, Zürich 1948 (20.7.1782; 27.7.1782; 31.7.1782).

[182] Calvino, I.: Mozarts Zaide, München 1991.

[183] Gespräche mit Eckermann, 31.1.1827.

[184] Goethe, Maximen und Reflexionen.

[185] Der Islam und Goethe. Auf der Suche nach islamischen Spurenelementen in Goethes Werk und Leben, in: Al-Islam, Zeitschrift von Muslimen in Deutschland, München 1/1990 bis 4/1994, mittlerweile auch als Buch erschienen: Denffer, Ahmad von: Der Islam und Goethe, Norderstedt 2020.

[186] Al-Islam, 2/1990, 20-22; Denffer, Ahmad von: Der Islam und Goethe, Norderstedt 2020, 26-29. Hier auch die Quellenhinweise im Einzelnen.

[187] Al-Islam 1/1991, 30; Denffer, Ahmad von: Der Islam und Goethe, Norderstedt 2020, 63.

[188] Al-Islam 1/1993, 29 f.; Denffer, Ahmad von: Der Islam und Goethe, Norderstedt 2020, 95-97.

[189] Al-Islam 4/1994, 30; Denffer, Ahmad von: Der Islam und Goethe, Norderstedt 2020, 122.

[190] Goethe: Aus meinem Leben. Dichtung und Wahrheit, Tübingen 1814, Dritter Theil, Vierzehntes Buch, 456.

[191] Schorlemer, F.: Das Buch der Werte, Stuttgart 1995, 86 f.

[192] Hebel, J. P.: Schatzkästlein des rheinischen Hausfreundes, Nachdruck der Ausgabe von 1811 sowie sämtliche Kalendergeschichten…, Frankfurt 1984, 17 f.

[193] Hebel, J. P.: Schatzkästlein des rheinischen Hausfreundes, Nachdruck der Ausgabe von 1811 sowie sämtliche Kalendergeschichten…, Frankfurt 1984, 18.

[194] Schorlemer, F.: Das Buch der Werte, Stuttgart 1995, 86 f.; Hebel, J. P.: Schatzkästlein des rheinischen Hausfreundes, Nachdruck der Ausgabe von 1811 sowie sämtliche Kalendergeschichten…, Frankfurt 1984, 58 ff.

[195] Petri Alfonsi Disciplina Clericalis, hg. v. F.W.V. Schmidt, Berlin 1827, 28; a. Hermes, E.: Die Kunst, vernünftig zu leben, Zürich 1970.

[196] Der Rheinländische Hausfreund oder Neuer Kalender auf das Jahr 1813, Lahr und Pforzheim.

[197] Islamische Zeitung Nr. 253, Juli 2016, 8.

[198] Hammer, Josef von: Auszüge aus der Sunna oder mündlichen Ueberlieferung Mohammeds, 174, in: Hammer-Purgstall, Josef von: Fundgruben des Orients, I, Wien 1809.

[199] Vgl. u.a. Boetticher, F. v.: Malerwerke des 19. Jahrhunderts II/1, Dresden 1891/1901, 2-4; Rhein, Karin: Deutsche Orientmalerei in der zweiten Hälfte des 19. Jahrhunderts, Berlin 2003.

[200] Said, E. W.: Orientalismus, Frankfurt 1981, 216.

[201] Said, E. W.: Orientalismus, Frankfurt 1981, 28.

[202] Berliner Tageblatt, 3.6.1893.

[203] Berlin o.J., wohl 1893.

[204] Asad, M.: Der Weg nach Mekka, Berlin 1955, 359 ff.

[205] Asad, M.: The Message of the Qur'an, Gibraltar 1980; Asad, M.: Die Botschaft des Koran. Aus dem Englischen übertragen von Ahmad von Denffer und Yusuf Kuhn, Düsseldorf 2009.

[206] Maltzan, Heinrich von: Meine Wallfahrt nach Mekka. Reise in der Küstengegend und im Innern von Hedschas, Leipzig 1865.

[207] Kandolf, Franz: In Mekka, (Radebeul) 1923.

[208] Al-Islam. Muslimischer Almanach, Sinzig 1969, 61-67, auch abgedruckt in: Mitteilungen der Karl-May-Gesellschaft 1/1969, 15-17.

[209] Schmiede, Achmed: Wir und Karl May, in: Al-Islam. Muslimischer Almanach, Sinzig 1969, 61 ff.

[210] Mühlbauer, Muhammad Ajjub: Karl May und der Islam, in: Al-Islam. Zeitschrift von Muslimen in Deutschland, München 3/1987, 14, 19-21; 4/1987, 11-14; 5/1987, 20-22; 6/1987, 19-21; 1/1988, 27-30.

[211] Mühlbauer, Muhammad Ajjub: Karl May und der Islam, in: Al-Islam 1/1988, 30.

[212] Bach, Svenja: Karl Mays Islambild und der Einfluß auf seine Leser, Karl May Gesellschaft Sonderheft Nr. 142, Radebeul 2010.

[213] Bach, Svenja: Karl Mays Islambild und der Einfluß auf seine Leser, Karl May Gesellschaft Sonderheft Nr. 142, Radebeul 2010, 28 f.

[214] Bach, Svenja: Karl Mays Islambild und der Einfluß auf seine Leser, Karl May Gesellschaft Sonderheft Nr. 142, Radebeul 2010, 35.

[215] Bach, Svenja: Karl Mays Islambild und der Einfluß auf seine Leser, Karl May Gesellschaft Sonderheft Nr. 142, Radebeul 2010, 40.

[216] Bach, Svenja: Karl Mays Islambild und der Einfluß auf seine Leser, Karl May Gesellschaft Sonderheft Nr. 142, Radebeul 2010, 64.

[217] Bach, Svenja: Karl Mays Islambild und der Einfluß auf seine Leser, Karl May Gesellschaft Sonderheft Nr. 142, Radebeul 2010, 44.

[218] Bach, Svenja: Karl Mays Islambild und der Einfluß auf seine Leser, Karl May Gesellschaft Sonderheft Nr. 142, Radebeul 2010, 60.

[219] Bach, Svenja: Karl Mays Islambild und der Einfluß auf seine Leser, Karl May Gesellschaft Sonderheft Nr. 142, Radebeul 2010, 56.

[220] Bertelsmann Religionsmonitor 2013, 10 f.

[221] Falin, Valentin: Politische Erinnerungen, München 1993, 399.

[222] Gaarev, M.A.: Afghanistan nach dem Abzug der sowjetischen Truppen, Zürich 1996, 226.

[223] Falin, Valentin: Politische Erinnerungen, München 1993, 461 f.

[224] Bulletin Presse- und Informationsdienst der Bundesregierung 15.6.1989.

[225] Vgl. Gorbatschow, Michail: Erinnerungen. Das Vermächtnis eines Reformers, Berlin 1995, 577 ff.

[226] Falin, Valentin: Politische Erinnerungen, München 1993, 410 f.

[227] Falin, Valentin: Politische Erinnerungen, München 1993, 400.

[228] Gromyko, Andrej: Erinnerungen, Düsseldorf 1989, 333.

[229] Gromyko, Andrej: Erinnerungen, Düsseldorf 1989, 334.

[230] Gromyko, Andrej: Erinnerungen, Düsseldorf 1989, 344.

[231] Gorbatschow, Michail: Erinnerungen. Das Vermächtnis eines Reformers, Berlin 1995, 991 f.

[232] Contemporary Cultural Challenges facing the Islamic Ummah. Muslim Culture, Christian Missions and the West, arab.: *at-tahadijaat al-thaqafijjah al-mu'asirah allati tawadschaha al-*

umma al-islamijjah, in: *munadsamatu-n-nadwah al-'alamijjah li-schabbab al-islami: al-islam wa-l-hadarah wa dauru-sch-schababi-l-muslim,* Riyadh 1401/1981, Bd. II, 59-84.

[233] Grousset, R.: Orient und Okzident im geistigen Austausch, Stuttgart 1955, 30.

[234] Grousset, R.: Orient und Okzident im geistigen Austausch, Stuttgart 1955, 27 ff.

[235] Wolf, Alois: Deutsche Kultur im Hochmittelalter 1150-1250, Essen 1986, 280.

[236] Köne, J.R.: Heliand, Münster 1855, 75; vgl. Matthäus 5, 8 f.

[237] Annales Regni Francorum, Monumenta Germaniae Historica, Hannover 1895, 80; Abel, O.: Einhards Jahrbücher, Leipzig 1850, 78.

[238] Osman, Nabil: Kleines Lexikon deutscher Wörter arabischer Herkunft, München 1982, 113. Dort weitere Wörter und Hintergrundinformationen.

[239] Ibn Khaldun: Buch der Beispiele. Die Einführung al-Muqaddima, Leipzig 1992, 96

[240] Ibn Khaldun: Buch der Beispiele. Die Einführung al-Muqaddima, Leipzig 1992, 97, verkürzt schon in Ibn Chaldun. Ausgewählte Abschnitte aus der muqaddima, Tübingen o.J. (1951), 62 f.

[241] Markus 6:4, ähnlich Matthäus 13:57, Lukas 4:24.

[242] Bertelsmann Stiftung, Religionsmonitor 24.8.2017.

[243] Frankfurter Allgemeine Zeitung, 1.3.2008.

[244] Der Bundespräsident, Rede zum 20. Jahrestag der Deutschen Einheit am 3. Oktober 2010 in Bremen.

[245] Programm für Deutschland, 2016, 7.6.1.

[246] Keller, A. v.: Das Deutsche Heldenbuch nach dem muthmasslich ältesten Drucke, Stuttgart 1867, 6.

[247] Keller, Das Deutsche Heldenbuch nach dem muthmasslich ältesten Drucke, Stuttgart 1867, 73.

[248] Watt, W.M.: Der Einfluß des Islam auf das europäische Mittelalter, Berlin 1988, 83 f.

[249] Denffer, Ahmad von: Der Koran. Die Heilige Schrift des Islam in deutscher Übertragung, München 1996; Denffer, Ahmad von: Zu Islam, Frieden und Friedenmachen, München 2007.